Bettina Schubert-Golinski

Annik Le Guérer

# Die Macht der Gerüche

*Eine Philosophie der Nase*

Aus dem Französischen
von Wolfgang Krege

Klett-Cotta

Verlagsgemeinschaft Ernst Klett Verlag –
J. G. Cotta'sche Buchhandlung
Die Originalausgabe erschien unter dem Titel
»Les pouvoirs de l'odeur«
bei Éditions François Bourin

Printed in Germany
Schutzumschlag: Klett-Cotta-Design
Im Bleisatz gesetzt aus der 10 Punkt Garamond
von Alwin Maisch, Gerlingen
Auf säurefreiem und holzfreiem Werkdruckpapier
im Buchdruck gedruckt von Verlagsdruck, Gerlingen
Gebunden bei Lachenmaier, Reutlingen

Die Deutsche Bibliothek – CIP-Einheitsaufnahme
*Le Guérer, Annik:*
Die Macht der Gerüche: eine Philosophie der Nase /
Annik Le Guérer. Aus dem Franz. von Wolfgang Krege. –
Stuttgart: Klett-Cotta, 1992
Einheitssacht.: Les pouvoirs de l'odeur ⟨dt.⟩
ISBN 3-608-93154-6

# Inhalt

## Dritter Teil:
*Blut und Weihrauch – woher stammt die Macht der Düfte?*



## Vierter Teil:
*Die Nase der Philosophen*

# Einleitung

»So hat nun alles Odem erhalten und Gerüche« [1], sagte Empedokles fünf Jahrhunderte vor Christus. Aber hat eine solche Behauptung heute noch Sinn? Verstehen wir überhaupt noch, unsere Nase zu gebrauchen? Lehnt unsere Welt nicht vielmehr Gerüche generell ab und ist hauptsächlich auf die Beseitigung von Ausdünstungen bedacht?

Die Werbung hat nur für das Anziehende dieses oder jenes Duftes Verwendung oder für den Ekel vor den Ausdünstungen ungespülten Geschirrs, des Abfalleimers oder kaltem Tabakrauch. Es geht ihr im wesentlichen um die Verführung zum Kauf durch den Wohlgeruch oder um die Neutralisierung schlechter Gerüche. Über das Unangenehme scheint der stärkste Konsens zu herrschen: Der faulige Geruch sich zersetzender Stoffe, der Gestank biologischer Vorgänge werden einmütig verabscheut. Die Unterdrückung der als ekelhaft eingeschätzten Dünste trifft sich mit dem erweiterten Einsatz der Parfüms, die nun aus ihrem traditionellen Bereich der Körper- und Schönheitspflege in die Sphäre des Hausputzes und manchmal gar des Publikumsverkehrs vordringen. Durch ihre Beharrlichkeit tragen Werbebotschaften dazu bei, die Abscheu-Reaktionen zu verstärken und zur Austreibung der mißliebigen Gerüche zu ermutigen. Geben sie aber nicht damit, wenn man die Übertreibung und Vereinfachung in Rechnung stellt, ein bezeichnendes Bild davon ab, wie die Gerüche in den industriellen Gesellschaften aufgefaßt und wie gering ihre Kräfte eingeschätzt werden?

Die Wein- und Parfümkenner beklagen schon seit einigen Jahren den Schwund der Geruchsempfindlichkeit, eine verbreitete »Anosmie«. Nach Max Léglise, dem Ehren-Direktor des Forschungsinstituts für Weinanbau der Bourgogne, haben Geschmack und Geruchssinn in Anpassung an die Lebens- und Ernährungsgewohnheiten eine solche »Rückentwicklung« durchgemacht, »daß sie einer langen Wiederbelebung bedürfen, um ihre volle Leistungsfähigkeit zu erlangen.« [2] Von diesen beiden Sinnen ist übrigens der Geruch auch beim Kosten und Schmecken der vorrangige. Nach Brillat-Savarin wirken beide osmotisch zusammen: »Ich bin davon überzeugt, daß ohne die Teilnahme des Geruches nicht allein eine vollkommene Geschmacksempfindung undenkbar ist, sondern ich bin auch zu glauben versucht, daß Geruch und Geschmack nichts als einen und denselben Sinn bilden, für den der Mund die Werkstatt und die Nase der Rauchfang ist ... Man ißt nichts, was man nicht mit mehr oder weniger Bewußtsein riecht; und bei unbekannten Nahrungsmitteln versieht die Nase stets den Dienst einer vorgeschobenen Schildwache, welche ›halt – wer da?‹ ruft.« [3] Die Zunge unterscheidet ja nur süß und salzig, sauer und bitter, und die eigentliche Information über den Geschmack geben die Sinneszellen der Nasenhöhle. Auch Jacques Puisais, der Präsident der Weinakademie und Begründer des Französischen Instituts für Geschmacksforschung, äußert sich besorgt über das Ausmaß der Unkenntnis in Sachen Gerüche: Von zehn typischen Gerüchen erkennen Kinder im Durchschnitt fünf oder sechs, Erwachsene nur zwei. Der Erklärungen gibt es viele: Entbehrungen der Kriegs- und Nachkriegszeit, zunehmender Verbrauch an Zucker, Genuß von Alkoholika in Form von Spirituosen und die Gewohnheit des Rauchens, die wesentlich zur »Verarmung der Nase« [4] beiträgt. Alle diese Faktoren könnten ein echtes Trauma hervorgerufen haben, das sich bei einer Generation, die zumeist ohne Muttermilch und mit Fertignahrung aus Gläschen großgeworden ist, in denen das Aroma vom Zucker überdeckt wird, noch verstärkt bis hin zu einer bedenklichen Uniformisierung der sensorischen Profile auswirkt. Um dieser Entwicklung entgegenzuwirken, hat man seit einigen Jahren an mehreren Gymnasien praktische Übungen zur »Sinnesweckung« veranstaltet. Zwischen den Mathematik- und Französischstunden lernen die Schüler Gerüche zu unterscheiden. Diese pädagogische Absicht ist auch in der Entwicklung von Geruchsspielen zu erkennen, durch die Kinder und Erwachsene den Duft von Blumen und Früchten kennenlernen sollen, und im Angebot von Probekästchen, mit denen die Weinliebhaber sich in der Unterscheidung der in den Flakons eingeschlossenen Aromen üben können.

Es ist möglich, die Schärfe, die Qualität des Sinnes zu verbessern und durch regelmäßige Übungen sogar das Gedächtnis für Gerüche zu schulen. Auf diese Entwicklungsfähigkeit berufen sich übrigens auch die Erfinder neuer Parfüms, wenn sie die intellektuelle und ästhetische Aufwertung des Geruchssinnes fordern. Edmond Roudnitska zum Beispiel versichert, daß dies ein ästhetischer Sinn und fähig sei, eine Kunst zu tragen. Ein großes Parfüm wäre demnach ebenso ein Kunstwerk wie eine Sonate von Beethoven, ein Gemälde von Goya oder eine Plastik von Rodin – ein Anspruch, der ganz selbstverständlich auf die Forderung gesetzlichen Schutzes für solche geistigen Schöpfungen hinausläuft. Aber diese Erhebung des Geruchssinns in den Rang des Schöpferischen und der Gerüche in den von Kunstgegenständen stößt auf ein großes Hindernis: die Schwierigkeit, Geruchsempfindungen zu objektivieren. Von hier geht ein dringlicher Wunsch der Parfüm-»Komponisten« aus, die Wissenschaft möge eine Theorie des Geruchs und ein System zur quantitativen und qualitativen Aufzeichnung der olfaktorischen Eindrücke entwickeln.

Tatsächlich scheint es heute ganz so, als könne der Geruchssinn den Adelsbrief nur unter der Bedingung erlangen, daß er seiner Subjektivität entkleidet, der wissenschaftlichen Beobachtung zugänglich gemacht und mit einer ihm gemäßen Sprache beschrieben wird. Bei der quantitativen (die Stärke oder Intensität des Geruchs angebenden) und besonders bei der qualitativen (die Art des Geruchs oder das wirksame Molekül angebenden) Bestimmung ergeben sich aber zahlreiche Probleme. Die qualitativen Merkmale eines Geruchs mögen zwar gut wahrnehmbar und erinnerlich sein, entziehen sich dafür aber der objektiven Klassifizierung. Während es für den Geschmack vier Hauptqualitäten gibt, nach denen sich jeder Eindruck durch den Grad seiner Zugehörigkeit zu den Kategorien bitter, süß, salzig oder sauer einordnen läßt, bestehen für die Gerüche solche reinen und unabhängigen Kategorien nicht. Allerdings haben seit Aristoteles schon viele eine Klassifikation versucht. Die Parfümeure unterscheiden manche Abstufungen (Zitrus-, Anis-, Moschus-, pflanzliche und tierische Gerüche). Die Weinanbauspezialisten klassifizieren die Aromen auf ähnliche Weise (Blumen-, Früchte-, Gewürz-, Dörraromen). Was die Naturwissenschaftler angeht, so haben sich seit der von Linné vorgeschlagenen Einteilung in sieben Gruppen die Klassifikationsweisen vervielfacht. Alle diese Versuche sind gescheitert. Die Subjektivität bleibt ihnen tief eingeprägt, wie sich schon in der verwendeten Terminologie zeigt.

Der außerordentlichen Vielfalt der Gerüche ist kein Vokabular gewachsen. Man erkennt sie ja leichter, als man sie charakterisieren kann, denn für sie gilt keine der für die anderen sensorischen Informationen angebbaren räumlichen Bestimmungen. »Allein die Quelle eines Geruchs wird wirklich als Objekt aufgefaßt, was schon daraus hervorgeht, daß wir ihn nur nach dieser benennen können. Sobald wir ihn näher beschreiben wollen, fehlt es uns an einer eindeutigen Sprache, und wir müssen uns mit Metaphern behelfen.« [5] Da sie keinen bestimmten Orten anhaften und nach dem Ausdruck Ernst Cassirers »eine kautschukartige Dehnbarkeit« besitzen, sind die Gerüche aus dem semantischen Feld ausgeschlossen. All dies steht einer objektiven Beurteilung im Wege. Trotz einiger Forschungen müssen auch die Neurophysiologen zugeben, daß ihre Kenntnis der Mechanismen, die es den Neurorezeptoren in der Nase ermöglichen, aus chemischen Signalen eine Botschaft zu gewinnen, lückenhaft bleibt. Und schließlich haben sich zwar etliche wissenschaftliche Disziplinen (Psychologie, Physiologie, Biochemie, Chemie und Physikochemie) mit den an der Geruchswahrnehmung beteiligten Mechanismen beschäftigt, aber eine echte Wissenschaft von Geruchssinn und den ihn ansprechenden Molekülen ist aus diesen verschiedenen Arbeiten nicht erwachsen, und eine allgemeine Theorie der Gerüche wurde noch nicht wirklich aufgestellt. Eine enttäuschende Bilanz, die jedoch für manche Spezialisten eine günstige weitere Entwicklung nicht ausschließt.

Ein umfassendes Forschungsprogramm, das kürzlich vom französischen Nationalen Forschungszentrum, dem Centre national de la recherche scientifique, in Abstimmung mit den Fachleuten aus der Parfüm-Herstellung in Gang gebracht wurde, geht in diese Richtung. Es zielt auf die Begründung der ersten Datenbank über die Duftstoffe unserer Welt ab. Das Unternehmen besteht zunächst einmal darin, die über zehntausend heute bekannten Duftmoleküle zu inventarisieren. Wenn jedes davon einmal nach ungefähr zwanzig Merkmalen beschrieben ist, wird es möglich, so etwas wie ein Lexikon der Grundwirkstoffe aufzustellen, das von aller Subjektivität frei ist und in dem jedes Wort nur als Mittel gilt, ein Geruchsbild von der jeweiligen Substanz zu zeichnen. Eines der Ziele dabei ist, »dem Parfümeur Gelegenheit zu geben, das Parfum, das er schaffen möchte, auf einem Bildschirm zu visualisieren.« [6] Die Herstellung des Parfüms setzt dann ein gründlicheres Studium der verschiedenen Kombinationen von Molekülen voraus, denn was die Gerüche angeht, kommt es nicht allein auf die Beschaffenheit der Atome, sondern auch auf ihre Verteilung im Raum an. So könnten die Parfüm-»Komponisten« auch beim Erproben einer Duftmischung ganz wie die Musiker verfahren, die eine Musik »hören«, wenn sie nur die Partitur lesen. Das Gelingen des Projekts gäbe ihnen ein Instrument in die Hand, mit dem sie Zusammensetzungen entdecken könnten, ohne sie vorher wirklich erproben zu müssen, was eine beträchtliche Zeitersparnis bedeuten würde.

In weitem Abstand zu diesen naturwissenschaftlichen Erwägungen berufen sich Historiker und Soziologen oft auf eine Vergangenheit, in der Geruchsempfindlichkeit und Geruchsumwelt unermeßlich vielfältiger gewesen sein sollen als in der Gegenwart. So schildert Piero Camporesi eine antike Gesellschaft, wo man materiell wie geistig in Gerüchen »schwamm« und wo »die diffuse Empfänglichkeit für das Duftende, Pikante, Balsamische und Aromatische eine Kultur der Gerüche entstehen ließ.« [7] Naturgemäß spielte der Geruchssinn dort auch in den sozialen Beziehungen eine größere Rolle: »Niemals sind die Nase und der Geruchssinn so sehr wie in der alten Gesellschaft, wo jede Zunft oder Gilde und jeder Beruf von seinem eigentümlichen aromatischen Kokon umgeben war, untrügliche Instrumente zur sozialen Identifizierung und zum Erkennen der Berufszugehörigkeiten gewesen.«[8] Dies ist charakteristisch für diejenigen Gesellschaften, die von den Soziologen als geruchsfreundlich (»odoriphil«) eingeschätzt werden, im Gegensatz zu den geruchsfeindlichen (»odoriphoben«), die sich wie die unsrige, »weniger mit der Deutung als mit der Beherrschung, Bändigung und Ausmerzung des olfaktorischen Zeichens abgeben.«[9] Der intensive Gebrauch von Körpersprays macht aus den USA ein olfaktorisch neutrales und einförmiges Land, aber auch die meisten westlichen Industrieländer streben diesem Vorbild nach und hüllen sich in ein »olfaktorisches Schweigen«, dessen Ursprung nach Alain Corbin in einer »kollektiven Hyperästhesie«[10], das heißt Überempfindlichkeit der Gefühls- und Sinnesnerven, liegt, die um die Mitte des 18. Jahrhunderts aufgekommen sei.

Der Gegensatz zwischen Heute und Einst läßt sich, was den kognitiven Status des Geruchssinns und der Gerüche angeht, bis in die Gegenwart hinein verlängern. Den Ethnologen zufolge wird in vielen vorindustriellen Gesellschaften der Geruchssinn noch immer als »Quelle wichtiger systematischer Erkenntnisse«[11] bewertet. Dasselbe galt nach Ansicht mancher Historiker auch in Europa: »Die außerordentliche Bedeutung, die die antike Gesellschaft der Nase und dem mit ihr verbundenen Geruchssinn zuwies, verlieh ihnen ein Ansehen, das heute, in einer völlig verwandelten Hierarchie der Sinne, sehr tief gesunken und von der Überzeugung angefochten ist, daß die Bahnen sensorischen Erkennens zu ungewiß und trügerisch seien, um von einer Kultur benutzt zu werden, die angeblich die Welt allein mit Hilfe kognitiver, abstrakter und rein intellektueller Methoden erkennt.«[12]

Untersuchungen von sehr unterschiedlicher Herkunft zeigen also eine Vergangenheit, mit der unsere heutige, in jeder Hinsicht »desodorisierte« Gesellschaft vollständig gebrochen hat. Ob man dabei an die Geruchsempfindlichkeit und die Geruchsumwelt denkt, an die Bedeutung des Geruchssinns und der Gerüche oder gar an ihre theoretischen Möglichkeiten: In unserer Welt, am Ende eines langen Verfallsprozesses, wären nur noch Spuren eines entschwundenen Goldenen Zeitalters der Gerüche erhalten. Ist diese Sicht vollkommen richtig, oder entspringt sie vielleicht teilweise einer Phantasie, die allzu schnell bereit ist, untergegangene oder im Verschwinden begriffene Elemente zu glorifizieren, was hier um so leichter wäre, als sie ja angeblich am »Duft des Vergangenen« Anteil haben?

Daß die Geruchsumwelt einst dichter und voller war, ist nicht zu bestreiten. Dies bestätigt der Prozeß der Desodorisierung, der den Aufstieg der noch ein wenig archaischen Gesellschaften auf das technische Niveau der moderneren Länder begleitet: »L'Europe, Air-Wick und Dior haben den zeitgemäßen Weihrauch im spanischen Tempel verbreitet, und das unselige Olivenöl wird seither ... raffiniert. Und sofort hat Spanien sehr viel von seinem einst charakteristischen Geruch verloren.«[13] Was dagegen die größere Schärfe des Geruchssinns und seinen höheren Status angeht, so scheint ein eher reserviertes Urteil geboten. Man darf annehmen, daß der Urmensch, der diesen Sinn, besonders bei der Nahrungssuche, ständig zum Überleben brauchte, darin leistungsfähiger war als wir. Kann man aber deshalb behaupten, daß auch dem Zivilisationsmenschen der jüngeren Vergangenheit dieser Vorteil weiterhin voll zugute gekommen ist? Allenfalls kann man sich vorstellen, daß er, da er zahlreicheren, stärkeren und beständigeren Reizen ausgesetzt war, mehr gerochen hat. Nicht sicher ist jedoch, daß diese erzwungene Übung ihm wirklich eine schärfere Geruchswahrnehmung als unseren Zeitgenossen verleiht.

Was die Macht der Gerüche angeht, so gibt es zumindest ein Gebiet, auf dem sie immer wieder angerufen wurde, nämlich die Literatur und Poesie. Ihre Beschwörungskraft, ihre Fähigkeit, Erinnerungen zu wecken, werden von Charles d'Orléans bis zu Charles Cros und Colette in Anspruch genommen. Baudelaire sagt, daß der Duft den Gedanken und die ihm entsprechende Erinnerung »provoziere«. So ersteht »ein Hafen voller Segel und Masten« aus dem Geruch einer weiblichen Brust, und der des Kopfhaars gemahnt an die »Welt von Fernen, die schon fast verglimmen«.[14] Des Esseintes, der Held von Huysmans' *Gegen den Strich,* ein Meister in der Grammatik und Syntax der Gerüche, stellt raffinierte Bouquets zusammen, die ihn in duftende

Harmonien wiegen und verflossene Jahrhunderte voller wechselhafter und kontrastreicher Szenen vor ihm erstehen lassen. Aus seinen Zerstäubern steigen Duftbilder von Falbeln und Reifröcken, rosigen und fleischigen Venusfigürchen, geschminkten und gepuderten Damen, Fabriken mit riesigen Schloten und Blumenwiesen zwischen Linden und Fliederbüschen.[15] Ihren vollen Sinn erlangt diese beschwörende Kraft bei Proust, weil sie den Keim seines Werkes bildet: Als Asthmatiker, der gegen Gerüche allergisch ist, baut er paradoxerweise seine Ästhetik gerade auf Geruchs- und Geschmacksempfindungen auf.

Die Überlegenheit der Geruchsempfindungen über die anderen Sinneseindrücke liegt darin, daß sie vor der analytischen Zergliederung besser geschützt sind und daher als Zeichen wirken, die ganz für den Einzelnen bestimmt sind. Wie durch ein Wunder lassen sie das Vergangene in voller Frische wiedererstehen und machen Erinnerungen auffindbar, die man nicht mehr zu haben glaubte, »wie ein Gaukler eine lange Kette bunter Taschentücher aus einem Zylinderhut zieht, den man für leer gehalten hatte«.[16] Das Fehlen der Gerüche im semantischen Feld und ihre besonderen Beziehungen zum Gedächtnis wären demnach Gründe jener außergewöhnlichen Kraft, die sie zu »Symbolen schlechthin« macht.[17]

Die evokatorischen und suggestiven Eigenschaften müssen außerdem zu den sofortigen und extremen Reaktionen auf Gerüche in Beziehung gesetzt werden, für die sich in der *Suche nach der verlorenen Zeit* so viele Beispiele finden. Immer wieder sucht der Erzähler »mit uneingestandener Begehrlichkeit ... die vermittelnden weichen, faden, unassimilierbaren und fruchtigen Gerüche der geblümten Bettdecke«. Aber mit den gewinnenden Düften des Hauses in Combray kontrastieren andere, die der Baron Charlus in rohen Worten bezeichnet: »Die Nähe dieser Dame genügt, damit ich mir plötzlich sage: ›Ja, zum Kuckuck, sollte meine Abortgrube schadhaft geworden sein?‹ Statt dessen aber hat die Marquise einfach in irgendeiner einladenden Absicht den Mund aufgetan.«[18]

Wenden wir uns nun von dem Sonderbereich der literarischen

Schöpfungen zur Vergangenheit unserer Zivilisationen hin, so finden wir auch hier den Umfang der dem Geruch zugeschriebenen Kräfte über jeden Zweifel hinaus bestätigt. Dabei aber drängt sich eine Unterscheidung auf: Manche dieser Kräfte scheinen auch in den gegenwärtigen westlichen Gesellschaften, wenngleich oft nur in abgeschwächter Form, immer noch wirksam, andere dagegen scheinen vollkommen verschwunden zu sein. Zur ersten Kategorie gehören diejenigen Kräfte, die unmittelbar mit den instinkthaften und primitiven Reaktionen auf den Geruch verbunden sind: Anziehung und Abstoßung. Der anziehende Geruch packt und umhüllt; er ist ein Werkzeug der Jagd oder der Magie. Zugleich erlaubt er, unter den Dingen und Lebewesen die auf Grund eines bestimmten Geschmacks, einer bestimmten Geruchsnorm bevorzugten zu erkennen. Der abstoßende oder einfach unangenehme Geruch dagegen ist ein Signal, sich von etwas fernzuhalten, es abzulehnen. Heute wie eh und je ist der Geruch eine Stütze sozialen und rassischen Akzeptierungs- oder Abweisungsgebarens. Heute wie eh und je kann er zum Werkzeug der Überwältigung und Verführung werden.

Die zweite Kategorie bilden diejenigen Kräfte, die in unserer jetzigen Gesellschaft nur winzige Spuren hinterlassen haben. Dennoch waren sie einst weithin anerkannt. Ich meine die tödlichen und die heilenden Kräfte. Bis zum Ende des 19. Jahrhunderts wurden enge Beziehungen des Geruches zu Leben und Tod angenommen. Um deren Ausmaß zu erfassen, wären zwei Vorgehensweisen denkbar. Entweder man versucht allgemein die Beziehungen zwischen Geruch und Krankheit zu bestimmen. Oder aber man konzentriert sich auf die Analyse einer bestimmten Krankheit von exemplarischem Charakter. Dieser zweite Weg wurde hier gewählt, nämlich die Untersuchung einer der großen Seuchen, die seit der Antike ungeheure Verheerungen bewirkt haben: der Pest. Daraus wird hervorgehen, daß die von verschiedenen Autoren punktuell schon aufgezeigten Beziehungen, besonders hinsichtlich der ärztlichen Behandlungsweisen, im Rahmen einer von den Gerüchen ausgehenden Konzeption zu verstehen sind, die die Epidemie in allen ihren

Aspekten umfaßt: denen der Ätiologie, der Ausbreitung und der Therapie.

Woraus erwuchsen dem Geruchssinn solche Kräfte? Welches waren die Wurzeln seiner Macht über Leben und Tod? Sonderbar genug, aber ein Echo dieser Fragen schwingt in den Werbebotschaften mit, die heute den Absatz der Parfüms begleiten. Darin ist die Rede von einem Geheimnis (»Mystère« von Rochas), von Magie (»Magie noire« von Lancôme, »Sortilège« von Le Galion), Reinheit (»Cristal« von Chanel), dem Göttlichen (»Kouros» von Yves Saint Laurent, »das Parfüm der lebendigen Götter«), vom Leben (»Vivre« von Molyneux) und vom Tod (»Poison« von Christian Dior). Daß dies von ihrem heutigen Zweck, der Verführung, so weit abgeht, gibt zu denken. Sind dies nur die üblichen Sprachexzesse der Werbung, schlichte Verkaufsargumente im Dienste rein merkantiler Interessen, oder muß man in diesem Vokabular eine unbewußte Widerspiegelung antiker Vorstellungen sehen? Die Geschichte der Düfte und die Mythen, die sich um sie ranken, sprechen für das letztere.

Die Herkunft der verschiedenen aromatischen Harze blieb in den antiken Zivilisationen, die viel Gebrauch von ihnen machten, von einem Geheimnis umgeben. Ihre Sonderarten sowie die Orte und Bedingungen ihrer Gewinnung waren nur vage bekannt. Nach Ansicht der Ägypter kamen die seltenen und exotischen Düfte aus dem »Land des Gottes und des Punt« – was etwa den an das Rote Meer grenzenden Ländern entsprach. Herodot gab seinerseits an, daß sie aus Arabien stammten, »dem einzigen Land auf der Welt, wo Weihrauch und Myrrhe, Kasia (Zimt), Zimtholz und Ladanum wachsen«.[19] Die griechischen Naturforscher schrieben sogar gern aromatischen Pflanzen, die aus verschiedenen Gegenden stammten, eine gemeinsame Herkunft zu, was manchmal so weit ging, daß man sich vorstellte, Weihrauch und Myrrhe seien am gleichen Baume gewachsen.[20]

Diese Aura des Mysteriösen hat jedenfalls die Entstehung einer Anzahl mythischer Ideen begünstigt. So gewährt uns die auf dem Papyrus von Petersburg überlieferte Legende vom Schiffbrüchigen einen Einblick in die Vorstellungen der Ägypter des Mittleren Reiches vom Land der Düfte. Ein mächtiges Schiff ist unterwegs zu den Bergwerken des Königs, als sich ein Sturm erhebt. Die ganze Mannschaft kommt um, bis auf den Erzähler, der an den Strand einer blühenden Insel gespült wird. Plötzlich, mit einem Donnerschlag, erscheint eine riesige Schlange. »Sie war 30 Ellen lang, und ihr Bart war länger als zwei Ellen. Ihr Leib war mit Gold überzogen, und ihre Augenbrauen waren aus echtem Lapislazuli.« Der Gestrandete bietet dem Reptil aus Dankbarkeit, daß es ihn verschont, Opfergaben und duftendes Öl an, »mit dem man die Götter erfreut«. Aber die Schlange bricht in Lachen aus: »Ich bin der Herrscher von Punt, und mir gehören die Myrrhen. Jenes Heken-Öl, das du mir bringen lassen willst, das ist das Größte auf dieser Insel.« [21]

Auch die griechischen Berichte sind stark mit Wunderdingen durchmischt. Plinius der Ältere und Theophrast betonen den sakralen Charakter der Weihrauchgewinnung. Die Ernte von Zimtholz und Kasia ist nach Herodot ein Abenteuer. Wer sie vornimmt, muß sich mit geflügelten Tieren auseinandersetzen, die seine Augen bedrohen, oder er muß List anwenden, um zum Ziele zu kommen. Aus der gleichen Gegend stammt auch der Phönix, der sagenhafte Vogel, der aus der eigenen Asche wiedergeboren wird: Zwischen ihm und den Duftstoffen, sagt Marcel Detienne, bestehe eine »Stoffgemeinschaft« (»Konsubstantialität«).[22] Nach Herodot ernährt sich der Phönix von aromatischen Säften, baut sich ein Nest, das ihm dann als Scheiterhaufen dienen wird, und kommt alle fünfhundert Jahre nach Ägypten, um die Überreste seines Vaters, in Myrrhe gehüllt, dort niederzulegen.

In diesen Sagen zeichnen sich mehrere Themen ab: Die Duftstoffe stammen von geheimen, verborgenen oder schwer zugänglichen Orten, und etliche Gefahren warten auf den, der sich dort hinwagt. Den Baum, der den Weihrauch trägt, hüten kleine, bunte, geflügelte Schlangen. Geburt, Wachstum und Ernte der Duftstoffe vollziehen sich in einer geheiligten Umgebung. Der Schlangenkönig, der den schiffbrüchigen Ägypter in Angst versetzt, ist zugleich ein Gott, der mit allen Zeichen seiner Macht auftritt, mit Donnergrollen und Erdbeben. Das Ägypten der Pharaonen identifiziert übrigens die aromatischen Harze mit den Göttern, die als die »Duftenden«, die »Gesalbten« bezeichnet werden. Die Weihrauchsammler im minoischen Kreta gelten als heilige Männer. Von den Arabern werden die geernteten Stoffe in den Tempel der Sonne gebracht, wo der Priester einen Tribut für den Gott einbehält. Manchmal bemächtigt sich die Sonne auch direkt des ihr zustehenden Anteils, indem sie ihn augenblicklich verzehrt. Was den Phönix, das Symbol der Wiedergeburt angeht, so verläßt er Arabien nur, um sich ins Heiligtum der Sonne zu begeben. »Soviel über die Wohlgerüche in Arabien«, schließt Herodot, »wo es überhaupt wunderbar süß duftet.«[23] Dank ihrer geheimnisvollen Herkunft und ihrer Kostbarkeit, die um so größer ist, als sie eher erobert denn geerntet werden, besitzen die Duftstoffe Eigenschaften, die sie mit dem Übernatürlichen, dem Heiligen und mit dem innersten Prinzip des Lebens verbinden. Darin finden sich manche Bahnen angedeutet, die uns zu den Ursprüngen der außerordentlichen Kräfte führen können, die man den Düften zuschrieb.

Aber es genügt nicht, die Größe dieser Macht zu bestimmen und zu erklären, um den Status, den der Geruchssinn einst innehatte, ganz zu erfassen. Ein wesentlicher Teil dieses Status ist die Bedeutung, die dem Geruchssinn und den Gerüchen im philosophischen Denken beigemessen wurde. Wir müssen daher auch prüfen, wie sie aus theoretischer, ästhetischer und sogar ethischer Sicht eingeschätzt wurden. So werden wir hoffentlich den Abstand besser ermessen können, der eine Welt, in der »alles durch die Nase ging« und wo »das Heilige und die moralischen Kategorien, ganz wie die hauchfeinen Aspekte des Unmöglichen, jeweils ihren Eigengeruch hatten«[24], von unserer aseptischen Welt trennt, wo Gespräche, wie in den von Bachelard analysierten Bürgerhäusern, »fern von den Küchengerüchen« stattfinden und wo keine Träume mehr möglich sind.[25]

# Erster Teil

## *Vom wohlriechenden Panther bis zu den Schweißfüßen der Deutschen: Anziehung und Abstoßung durch den Geruch*

# 1. Kapitel: Geruch und Überwältigung

## Geruch, Jagd und Fischfang

Bei Jagd und Fischfang spielt der Geruch eine wichtige Rolle, in den primitiven Völkern zweifellos noch mehr als in den industrialisierten Gesellschaften, wo die Technik die Künste des Anschleichens und Fallenstellens wenn nicht zum Verschwinden gebracht, so doch erheblich zurückgedrängt hat.

Zuerst hat der Geruch des Wildes den Jäger geleitet. Dann hat der Mensch sich des Hundes bedient, dessen Nase feiner ist als die seine, und sogar noch versucht, die natürlichen Fähigkeiten dieses Gehilfen zu verbessern. Lévy-Bruhl berichtet, daß in Neu-Guinea die für die Wildschweinjagd dressierten Hunde durch den Geruch von Zwiebeln, den man ihnen in die Nasenlöcher bläst, noch schärfer gemacht werden.[1] Erwähnenswert ist, daß nach manchen Autoren die Zähmbarkeit dieser Tiere mit ihrer ausgeprägten Neigung für den Geruch menschlichen Kots zusammenhängt. Könnte daher das Kotessen, das bei ihnen später oft zu beobachten ist, nicht den Anfang eines Prozesses der Selbstdomestizierung darstellen?[2]

Abgesehen von den Techniken, die eine Annäherung an das Tier erleichtern, gibt es noch andere, bei denen es durch einen Geruch angelockt wird. Viele Methoden der Fallenstellerei beruhen auf diesem Prinzip. Oft ist ein Köder aus der Lieblingsnahrung des Tieres, manchmal aber auch die Falle selbst, nur mit dem richtigen Duft versehen, der anziehende Reiz. Auf Nauru, einer kleinen Insel Mikronesiens, wo der Geruchssinn eine beträchtliche Rolle spielt, werden die Fische unter Ausnutzung ihrer Geruchsempfindlichkeit gefangen. Die Nauruaner, die eine sehr genaue Kenntnis der verschiedenen Arten von Meerestieren besitzen, wählen für jede Art die ihr besonders gemäßen Köder. Außerdem verstehen sie sich auch auf den Fang mit Reusen, die mit Gerüchen von so dauerhafter Wirkung präpariert werden, daß sie später ohne Köder verwendet werden können.[3] In Neu-

Guinea verbrennen die Eingeborenen aromatische Hölzer über den Gruben, in die sie das Wild locken wollen, das dann, wie sie glauben, unfehlbar kommen müsse.

Der Geruch des Beutetiers ist zwar dem Jäger dienlich, aber der eigene Geruch kann ihn verraten. Darum wird er versuchen, ihn unter anderen Gerüchen zu verbergen. In Melanesien werden dazu die Darmdrüsen der Beuteltiere, die einen starken und hartnäckigen Geruch ausströmen, herausgeschnitten, getrocknet und aufbewahrt. Bevor man zur Jagd aufbricht, befeuchtet man sie und reibt sich damit ein. So wird der Geruch der Menschen von dem stärkeren tierischen Geruch überdeckt, das Wild läßt sich täuschen, und die Annäherung wird erleichtert.[4] Außerdem wird der Körper der jungen Melanesier bei der Initiation mit einer Salbe bestrichen, die dazu bestimmt ist, die »Schutzgeister des Wildes« gegen sie »freigebig« zu stimmen. Wenn die Ngbaka-Pygmäen im Walde ihre Fallen stellen wollen, unterziehen sie sich einer Vorbereitung, die dazu dient, ihnen einen besonderen Geruch zu verleihen. Dazu beachten sie zunächst bestimmte Verbote (keine Waschungen, keine saubere Kleidung) und reiben sich mit stark riechenden Rinden ein, die sie von ihrem priesterlichen Heiler erhalten. Außerdem bestreuen sie sich mit einem aromatischen Puder und legen einen Gürtel von aromatischer Baumrinde um. Dieser komplizierte und schwer zu erzielende Geruch hat die Kraft, die Geister des Waldes, die »Mimbo», gefangenzunehmen, die nun ihrerseits das Wild in die Fallen lenken werden. Bevor sie in ihr Dorf zurückkehren, entledigen die Jäger sich des Geruchs, der ihnen bei diesem doppelten Fang dienlich gewesen ist, denn im Lager würde er Unglück bringen. Sie geißeln sich mit Zweigen von Kopf bis Fuß, damit die Waldgeister in ihrem Bezirk bleiben können. Der Geruch grenzt also zwei Bereiche voneinander ab, die nicht ohne Gefahr für die Menschen miteinander in Verbindung treten können.[5] Es ist gewiß nicht leicht, bei diesen Gepflogenheiten diejenigen Elemente, die durch die Technik der Jagd im engeren Sinne bedingt sind (Vermeidung eines Geruchs, an dem das Wild den Jäger erkennt), von denen zu unterscheiden, die mit den religiösen

Überzeugungen primitiver Gesellschaften zusammenhängen. Aber die Verwendung der Gerüche gewinnt hier einen rituellen Aspekt, der ihre engen Beziehungen zum Heiligen und zur Magie bezeugt.

## Geruch, Magie, Besessenheit und Schutz

Schriften über Magie und Hexerei erwähnen immer wieder die anziehende, gefangennehmende Kraft von Gerüchen. Seit der Antike gehören duftende Essenzen und Salben zum Rüstzeug des Magiers. Lukian und Apuleius haben die griechischen und römischen Vorstellungen über diesen Gebrauch der Düfte geschildert. Um sich in einen Vogel zu verwandeln, muß sich die Magierin nackt vor eine Lampe stellen, in die sie einige Körner Weihrauch gelegt hat, und einige Formeln aufsagen. Dann reibt sie sich von Kopf bis Fuß mit einem Salböl ein, das ihr Federn und Flügel wachsen läßt.[6] Aber diese Levitationssalbe hat ihre Tücken für den Neugierigen, der hinter ihr Geheimnis kommen möchte. Durch eine fatale Verwechslung der Dosen wird Lucius in einen Esel verwandelt. Als er den Zuschauern im Theater seine Talente als animalischer Liebhaber vorführen soll, findet er das wundersame Heilmittel: »Da auf einmal geht ein Mensch mit einem Blumenkorbe vorüber, und sieh da – unter den Blumen befinden sich auch einige Rosen. Die sehen und aufspringen, war für mich eins. Die Zuschauer glaubten, ich sei aufgestanden, um zu tanzen. Ich aber durchstöbere den Blumenkorb, hole geschwind alle Rosen daraus hervor und schlinge sie herunter. Ehe die Leute noch recht begriffen hatten, was das bedeuten sollte, fällt plötzlich die Tiergestalt wie eine Maske von mir ab und verschwindet. Der Esel ist nicht mehr vorhanden, und statt seiner steht Lucius da, vollkommen nackt.« [7]

Die den Willen bezwingende Kraft der Gerüche wird auch in Fällen von Besessenheit deutlich. Der berühmte Prozeß, der sich im 17. Jahrhundert in Loudun abspielte und zur Hinrichtung des Priesters Urbain Grandier führte, ist in dieser Hinsicht beispielhaft. Der Duft von Moschus beflügelte die Besessenen ebenso wie die Exorzisten, die sich zum größten Vergnügen der zusammengelaufenen Schaulustigen miteinander stritten, zu hysterischen Ausbrüchen. Die Nonnen, die mit den Rosen nicht so viel Glück hatten wie Lukians Esel, erklärten sich für behext, nachdem sie an einem unheilbringenden Strauß gerochen hatten: »Am gleichen Tag, als Schwester Agnès, eine Novizin bei den Ursulinerinnen, das Gelübde ablegte (am 11. Oktober 1632), wurde sie vom Teufel in Besitz genommen, wie die Mutter Oberin mir selbst gesagt hat. Der Zauber war ein Strauß Moschusrosen, der sich auf einer Stufe des Schlafsaals befand. Die Mutter Oberin hob ihn auf und roch daran, was nach ihr noch einige andere taten, die alle sogleich besessen wurden.« [8] Es ist ein Zauber, der sich des Körpers wie des Geistes bemächtigt, und der Duft erweist sich hier als Teufelswerkzeug.

Die Hexerei bedient sich zwar je nach Umständen guter wie schlechter Gerüche, doch diejenigen, die sie praktizieren, verbreiten so ekelhafte Ausdünstungen, daß ihr satanischer Charakter unterstrichen wird. Als Handlangerin des Teufels, der mit seinen Talenten als Parfümeur Leib und Seele zu berücken versteht, richtet sich die Hexe des 16. und 17. Jahrhunderts nach einer Logik des Imaginären, deren Regeln durch den Gestank angezeigt werden. Aus ihrem melancholischen Blut und ihren von Zorn und Begehrlichkeit aufgewühlten Körpersäften steigen giftige Dämpfe auf, die Tiere und Menschen verseuchen. Ihre Ernährung mit Hülsenfrüchten, Zwiebeln und Kohl und ihre Paarungen mit dem »widerwärtigen Bock« [9] verleihen ihr mit der Zeit einen wahrhaft mörderischen Geruch, den sie als Waffe zu benutzen weiß. »Verzärtelte« Kinder [10] und entkräftete Organismen sind die ersten Opfer ihres bösen Anhauchs, der sogar imstande ist, auch die Robustesten niederzustrecken.[11] In ihrer finsteren Höhle köcheln infame Brühen, mit denen sie die Pest ausstreuen, sich in einen Wolf [12] verwandeln oder besenreitend auf dem Luftweg zum Sabbat gelangen kann.

Abgesehen von gewöhnlichen Heilkräutern, giftigen Pflanzen (Schierling), Narkotika und Halluzinogenen (Belladonna, Bilsenkraut), Kinderschmalz, Menschen- und Fledermausblut, Katzenhirn, Reptilien, Pech, Exkrementen von Kröten und Raben enthalten diese Mixturen oft auch den Alraun. Diese Wurzel, die eine vage Ähnlichkeit mit einer menschlichen Gestalt aufweist, wächst in fetten und übelriechenden Böden, besonders unter Galgen, wo sie vom Schweiß und Sperma der Gehängten gedüngt wird. Unter anderen ungewöhnlichen Eigenschaften besitzt sie auch die Kraft, die Samenflüssigkeit zu vermehren und der Impotenz abzuhelfen. Weil sie nichts anderes sei »als im Boden durch die alleinige Wirkung der Natur verwestes, gesottenes und verarbeitetes männliches Sperma«, meint der Apotheker Laurent Catelan, werde diese Wurzel sich unfehlbar »mit dem natürlichen Sperma desjenigen, der sie durch den Mund eingenommen hat, verbinden, vermengen und zusammenschließen ... in die Gebärmutter gelangen und sodann den einen mit dem anderen Mann erzeugen und zur Welt bringen.« [13]

Weil das Sammeln der Ingredienzen das Wühlen in Gräbern und Herumlungern an Hinrichtungsstätten erforderlich macht, nimmt die Zauberin einen abstoßenden Geruch an, über den man sich, wie uns Pierre de Lancre versichert, »nicht zu wundern« brauche [14] und der an die Ausdünstungen des Teufels und der Pest, »die anderen Modalitäten des Stinkenden, Verdorbenen und Verwesten« [15], erinnere. Als Jean Bodin die Klage des Flickschusters Abel de la Ruë gegen eine dieser dämonischen Kreaturen entgegennimmt, hält er darum ganz selbstverständlich für die Nachwelt einen Geruch »von Schwefel, vermischt mit Schießpulver und stinkendem Fleisch« [16] fest.

Die Formeln, mit denen die Geister und Dämonen gefangengenommen werden, sind von der gleichen Zwiespältigkeit und außerdem abhängig von den Tagen und der Konjunktur der Planeten und Tierkreiszeichen. Ein »schlechtes Werk«, zum Beispiel Haß und Unglück auf jemanden zu lenken, erfordert eine »stinkende und billige Räucherung«, ein gutes Werk dagegen, mit dem man Wohlwollen und Liebe erlangen, sich das Glück geneigt machen oder den bösen Blick abwehren will, erfordert kostbare und wohlriechende Ingredienzen.[17] Auch bei den heutigen Formen der astralen Magie spielen Gerüche eine große Rolle. Auf Grund einer Verflüchtigung von Materieteilchen senden die Gerüche, Georges Mucherey zufolge, Schwingungen aus, die einen verborgenen Einfluß auf das Verhalten und auf den übersinnlichen, dem Leib innewohnenden Zweitkörper jedes Lebewesens (Astralleib) ausüben. Ein dem astralen Zeichen angepaßter Geruch muß sich durch die unbewußten Reaktionen, die er im Organismus hervorruft, dahingehend auswirken, daß das angeborene Gleichgewicht der Lebenssäfte und der Selbstschutz-Reflexe erhalten bleibt. Es wirkt also geradezu wie ein Talisman, der dem Einzelnen die Entwicklung seiner Fähigkeiten und die Vermeidung von Ungleichgewichten ermöglicht. Jedem Tierkreiszeichen und jedem Tag des Monats entspricht ein Aroma, das den Erfolg begünstigt.[18]

Dem gleichen Bestreben dienen – und zwar wiederum heute – in sehr verschiedenartigen Gesellschaften eine große Anzahl Praktiken, die sich an die wichtigsten Ereignisse im Leben knüpfen. Die Geburt, dieser heikle Augenblick in der menschlichen Existenz, geschieht im Schutz von Düften: Duftkissen in Südfrankreich wie auch in China oder eine Knoblauchzehe um den Hals des Neugeborenen wie in Mexiko.[19] In Nordafrika wird der Säugling mit Räucherwerk und durch Einreiben mit Safran- oder Hennaöl vor den »Dschinns«, den bösen Geistern, geschützt. Auch die Hochzeit, ein wichtiger Übergangsritus für die Frau, ist von mancherlei aromatischen Vorsichtsmaßnahmen begleitet. Vor der Zeremonie unterzieht sich das Mädchen, das sich eines eifersüchtigen »Dschinns« zu erwehren hat, einer ganzen Reihe von Reinigungen und Räucherungen. Allein schon die des Haares erstrecken sich über mehrere Tage. Außerdem umgibt sich die Braut mit Räucherkerzen und geruchsverbreitendem Schmuck, insbesondere einem Halsband aus kleinen schwarzen Kugeln, die aus Safran, Iris, Moschus und Benzoeharz bestehen. Diese Verwendung parfümierten Schmucks, um die Geister zu versöhnen, ist besonders in Schwarzafrika und in Asien weit verbreitet.

# Geruch und Verführung

## *Körpergerüche und Sexualität*

Die Geruchsabsonderungen, die im Geschlechtsleben der Tiere eine Rolle spielen, stammen aus den Talg- sowie aus den Anal- und Genitaldrüsen. Manche Tierarten wie die Zibetkatze, Moschusziege, Moschusratte und der Biber sind übrigens wegen der Stärke und Menge ihrer bei der Herstellung von Duftstoffen verwendeten Sekrete besonders gefragt. Bei den Ameisen werden die Gerüche aus Schädeldrüsen abgesondert, bei den Schmetterlingen durch Organe, die bei den Männchen am Rande der Flügel und bei den Weibchen an der Spitze des Bauches sitzen. Die Bedeutung der Geruchsempfindlichkeit für die Schmetterlinge wurde von dem großen Zoologen Fabre nachgewiesen. Das Schmetterlingsweibchen lockt auch in der Gefangenschaft dank eines Geruchsstoffs, den es verströmt, viele Männchen aus mehreren Kilometern Entfernung an. Hält man es aber unter einer Glasglocke, so verlieren die Männchen jedes Interesse, was wohl die entscheidende Rolle des Geruchs bei der sexuellen Annäherung zeigt. Viele Untersuchungen haben seither, an den Versuch von Fabre anknüpfend, den olfaktorischen Charakter des sexuellen Reizes bei den Schmetterlingen bestätigt[20], und zahlreiche Arbeiten sind zu ähnlichen Ergebnissen in bezug auf vielerlei andere Tierarten gekommen.

Die Entdeckung der Sexuallockstoffe (»Pheromone«)[21] vor etwa fünfzehn Jahren hat es ermöglicht, die Bedeutung des Geruchs für die Kommunikation und das Verhalten der Tiere besser zu verstehen. Dies sind Geruchsstoffe, die vom Körper nach außen sekretiert werden und nicht auf den Träger selbst, sondern auf seine Artgenossen wirken und deren Sozialverhalten, Sexualität und Nachwuchspflege bestimmen. Bei den Wirbeltieren werden diese chemischen Signale, die direkt oder, durch Duftmarkierung, zeitversetzt in die Nah- und Fern-Kommunikation eingreifen, entweder durch den Geruchssinn oder das vomeronasale Organ aufgenommen. Dieses Organ, das schon 1809 von dem Dänen Ludwig Levin Jacobson bei den Säugetieren nachgewiesen wurde, ist dennoch erst in den letzten zwölf Jahren näher bekanntgeworden. Es ist auch beim menschlichen Embryo noch vorhanden, verschwindet aber, von wenigen Ausnahmefällen abgesehen, nach den ersten Monaten des fötalen Lebens. Es liegt an der Basis der Nasenscheidewand und besteht aus einem Paar langer, schmaler Säckchen, die mit einer ähnlichen Schleimhaut wie der des Riechorgans bedeckt sind, ist kleiner als dieses und wurde lange Zeit zu Unrecht selbst als ein rudimentäres Riechorgan angesehen.[22]

Die Pheromone als Auslöser der sexuellen Anziehung sind bei Insekten, Krustentieren, Fischen, Salamandern und Schlangen bekannt. Bei den Säugetieren sind sie wegen ihrer Komplexität noch nicht alle bestimmt worden, haben aber auch hier Einfluß auf die Fortpflanzung und das Verhalten. So bringt zum Beispiel der Geruch der Hündin während ihrer Läufigkeit die Rüden auf drei Kilometer im Umkreis in Erregung, und der Dunst des Ebers lockt die brünstige Sau an. Die Tierärzte benutzen heute den Geruch des Ebers, um die künstlich zu befruchtenden Säue herauszufinden. Das geschieht mit Hilfe von Sprühmitteln, die Androsteron, ein auf die Entwicklung der sekundären Geschlechtsmerkmale wirkendes Hormon der Nebennierenrinde, enthalten, das dem Fleisch des nicht kastrierten Schweins den charakteristischen Moschus- und Uringeruch verleiht, der notwendig ist, um die Sau während ihrer Hitze paarungsbereit zu machen.[23] Ebenso wie beim Schaf- und beim Ziegenbock haben auch beim männlichen Schwein die Pheromone einen erheblich beschleunigenden Einfluß auf die geschlechtliche Reifung der Jungtiere.[24] In Säugetiergesellschaften kommt es, Yveline Leroy zufolge, häufig vor, daß die am markantesten riechenden Männchen ihre Rivalen auf dem Umweg über die Pheromone einer physiologischen Kastration unterwerfen. Die dominierenden Männchen sind nicht die stärksten, sondern diejenigen, die am meisten Geruchssignale abgeben. So wechseln etwa die männlichen Lemuren bei ihren Auseinandersetzungen »nicht so sehr

Schläge oder Bisse als vielmehr ›Duftwolken‹: Jedes Männchen versetzt sich mit dem Schwanz rhythmische Schläge auf den Kopf, von denen jeder eine Wolke duftender Substanzen freisetzt, ähnlich wie eine Staubwolke beim Teppichklopfen. Dabei steht einiges auf dem Spiel, denn der Geruch des Rivalen hat notwendig, nämlich physiologisch, eine kastrierende Wirkung«.[25]

Noch erstaunlicher: Dieselben Sexual-Pheromone wie beim Eber wurden auch im Urin und im Achselhöhlenschweiß des Mannes gefunden.[26] Auch im Vaginalsekret von Affen wurden Pheromone isoliert, die zur Paarung anreizen. Es handelt sich dabei um ungesättigte Fettsäuren, die die Geruchszentren stimulieren. Die gleichen Stoffe wurden nun auch in den Vaginalsekreten der Frau gefunden. »Aufgetragen auf die Geschlechtsorgane eines Affenweibchens, dessen Empfängnisfähigkeit zeitweise künstlich unterbunden wurde, lösen sie beim Männchen den Paarungsreiz aus.« [27] Damit stellt sich eine Grundfrage: Gibt es Sexualduftstoffe beim Menschen? Manche Forscher glauben es. Demnach wäre eines der Sexual-Pheromone des Ebers, das An-α, das auch im männlichen Achselschweiß vorhanden ist, zugleich ein menschliches Sexual-Pheromon. P. Langley-Danysz zufolge wird diese Vermutung durch vielerlei Beobachtungen gestützt. Bei Volkstänzen in manchen Mittelmeerländern versetzen die Tänzer ihre Partnerinnen in Erregung, indem sie ihnen ein mit Achselschweiß getränktes Taschentuch unter der Nase schwenken. Ein Experiment, das 1978 im psychologischen Fachbereich der Universität Birmingham durchgeführt wurde, deutet in die gleiche Richtung. Um festzustellen, ob An-α ein menschliches Sexual-Pheromon sei, wurden freiwilligen Versuchsteilnehmern, die man An-α-Dämpfe hatte einatmen lassen, Fotos von Frauen vorgelegt, mit der Aufforderung, ihnen eine »Schönheits-Note« zu geben. Die von den Versuchspersonen gegebenen Noten waren sehr viel höher als die einer Kontrollgruppe.[28] Biologen wie Ernest Schoffeniels meinen, daß »die chemische Kommunikation, ganz wie bei den anderen Säugetieren, nicht wenige unserer Verhaltensweisen bestimmen muß« [29], und bedauern, daß diese Probleme bei Psychiatern und Psychologen noch wenig Beachtung gefunden haben.

Aber schon lange vor der Entdeckung der Pheromone waren Verbindungen zwischen menschlichem Sexualverhalten und Körperausdünstungen festgestellt worden. 1886 schrieb Auguste Galopin, auf die Thesen des Biologen Gustav Jaeger eingehend, wonach der Geruch an der Sexualität teilhaben sollte: »Die reinste Vereinigung zwischen einem Mann und einer Frau ist diejenige, die durch den Geruchssinn gestiftet und im Gehirn durch die gewöhnliche Assimilation bewegter Moleküle bekräftigt wird, die von den Sekreten und Ausdünstungen zweier miteinander in Kontakt und Sympathie befindlicher Körper hervorgebracht werden.« [30] Einige Jahre später behauptet Wilhelm Fließ, daß zwischen der Nase und den Geschlechtsorganen enge und wechselseitige Verbindungen bestehen. Während der Menstruation, des Zeugungsakts und der Schwangerschaft würden Veränderungen an den unteren Nasenknochenplättchen und am »tuberculum septi« auftreten, die er als »genitale Lokalisationen« bezeichnet. Schwellungen, erhöhte Empfindlichkeit und Nasenbluten treten gerade zu diesen Zeiten auf. Überdies sei auch das ersatzweise auftretende Nasenbluten der Menstruation ähnlich, weil es nicht nur zum Zeitpunkt der erwarteten Blutung in der Gebärmutter erfolge, sondern auch unter den gleichen Umständen wie diese ausbleiben könne, nämlich bei Schwangerschaft. Die Beziehung der Nase zu den Geschlechtsorganen wäre also bei der Frau besonders deutlich. Die Schwellkörper an den »genitalen Punkten« seien höhlenartig aufgebaut, ähnlich denen der Klitoris, und stünden mit dem Sympathikus-System in Verbindung. Fließ untermauert seine Thesen mit gynäkologischen Beobachtungen während chirurgischer Eingriffe an der Nase oder Kokain-Betäubungen. Bei der Behandlung von schmerzhaften Monatsblutungen beeinflußt er durch Nasentherapie die Dauer des Monatszyklus und scheut sich auch nicht, bestimmte Geruchszonen völlig zu zerstören. Die Resultate bestätigen ihn in seinen Folgerungen: Die Nase sei nicht nur als Atmungs- und Riechorgan wichtig, sondern auch wegen ihres Zusammenhangs mit den Geschlechtsorganen.[31] Über diese einfache Entsprechung hinaus stellen Collet[32], Jouet[33] und Freud einen engen Zusammenhang zwischen Geruchssinn und Sexualität fest. Freud sieht eine Verbindung zwischen der Verdrängung des Geruchssinns und der Unterdrückung der Sexualität. Er bemerkt allerdings auch, daß es »trotz der unleugbaren Entwertung der Geruchsreize selbst in Europa Völker gibt, die die starken, uns so widrigen Genitalgerüche als Reizmittel der Sexualität hochschätzen und auf sie nicht verzichten wollen«.[34] Dies alles sind Vorläufer und Wegbereiter der modernen Forschung über den Anteil des Geruchssinns am Geschlechtsleben, insbesondere von Untersuchungen wie denen Jacques Le Magnens, die funktionale Zusammenhänge zwischen den Geruchsorganen und dem System der Sexualhormone aufgezeigt haben.[35]

Wenn nun aber heute auch wissenschaftlich erhärtet ist, daß die Körpergerüche auf die Sexualität Einfluß nehmen, so ist doch ebenso klar, daß nicht alle diese Gerüche einen sexuellen Reiz darstellen. Manche können anziehend, andere abstoßend wirken. Swann ist wie berauscht vom Geruch der Madame de Surgis: »... seine Nasenflügel, vom Duft der Frau berauscht, erbebten wie ein Falter, der sich auf der von weitem erspähten Blume niederzulassen gedenkt.«[36] Encolpius aber, in Petronius' *Satyricon,* wird von Circe, als er nach seinem Schiffbruch von ihr aufgelesen wird und ihre Erwartung enttäuscht, folgendermaßen zur Rede gestellt: »Rieche ich vielleicht aus dem Mund, wie eine, die fastet? Habe ich mich vielleicht unter den Achseln nicht gewaschen und rieche nach Schweiß?«[37] Der griechische Mythos von den Lemnierinnen verdeutlicht diese Ambivalenz: Die Frauen von Lemnos sind zur Strafe für eine Kränkung Aphrodites mit einem abscheulichen Geruch behaftet. Ihre Männer wenden sich von ihnen ab und nehmen Sklavinnen zu Konkubinen. Wahnsinnig vor Wut, trennen die Verlassenen sich für immer von ihren Gatten und schneiden ihnen die Kehle durch. Sie werden zu wilden, übelriechenden Kriegerinnen und können sich ihres Gestanks erst wieder entledigen, als sie mit den Argonauten Beziehungen eingehen, die ganz von der Lust geprägt sind. Nachdem sie Aphrodites Gunst zurückgewonnen haben, werden sie wieder zu wohlriechenden Gattinnen.[38]

### *Duftstoffe und Verführung*

Es gibt eine konstante Beziehung zwischen den Duftstoffen und dem sexuellen Verlangen. Als Circe den Odysses auf ihrer Insel festhalten will, versucht sie ihn mit starken aromatischen Lösungen zu gewinnen. Als die Königin von Saba nach Jerusalem kommt, erobert sie Salomos Herz mit Hilfe der kostbaren Harze, die den Ruhm Arabiens ausmachen und mit denen sie sich reichlich versehen hat.[39] In diesem Verhältnis der Düfte zur Sexualität und zur Verführung erkennt man zwei Funktionen, die beide auf das gleiche hinauslaufen: Die Vereinigung der Geschlechter wird begünstigt.

Die wohlriechenden Substanzen helfen zunächst einmal die Körpergerüche zu maskieren oder ihr Übermaß abzumildern, während zugleich manche ihrer Komponenten verstärkt werden. Diesem Zweck dient zum Beispiel das Mastkraut, die Sarghine, bei den Beduinen Tunesiens. »Man verbrennt die Sarghine wegen ihres lieblichen und flüchtigen Geruchs; bei den Zelt- oder Hütten-Beduinen ist sie das Parfum der Intimität. Die Gatten durchräuchern sich damit, indem sie das Pfännchen unter der Kleidung tragen, unter dem Hemd oder der Melhafa, wenn sie miteinander zu schlafen gedenken. Der Rauch der Sarghine hat die Eigenschaft, im Geruch der Geschlechter, und besonders in dem des weiblichen Geschlechts, diejenigen Anteile zu neutralisieren, die geeignet sein könnten, eine Abwendung hervorzurufen oder den vollen Ausdruck des Begehrens zu verhindern. Darum dringen aus der Wärme des Bettes nur noch die mildesten Ausdünstungen und von den Äthern, die aus dem Fleisch aufsteigen, nur noch die am wenigsten brutalen und zugleich verlockendsten in die Nase.« [40]

Außerdem vermögen die Aromate durch die ihnen eigene Anziehungskraft noch eine spezifischere Wirkung zu erzielen. Dabei dienen sie nun nicht mehr als bloße Geruchsfilter, sondern werden zu nahezu selbständigen Wirkstoffen erotischer Eroberung. Bevor Esther zu Ahasver ging, wurde sie sechs Monate mit Myrrhenöl und sechs Monate mit Balsam und den übrigen weiblichen Schönheitsmitteln behandelt. Judit, um den Holofernes zu betören, badet und salbt sich mit kostbarem Öl; und Kleopatra, wenn man Shakespeare glauben darf, geizte nicht mit Wohlgerüchen, als sie zum ersten Mal dem Antonius begegnete: »Die Bark, in der sie saß, ein Feuerthron, / Brannt auf dem Strom: getriebnes Gold der Spiegel, / Die Purpursegel duftend, daß der Wind / Entzückt nachzog ...«

In manchen traditionalen Gesellschaften geschieht die Verführung auf gleichsam rituelle Weise unter intensivem und raffiniertem Gebrauch von Duftstoffen. So unterziehen sich die Frauen von der Insel Nauru einer sowohl inneren wie äußerlichen Behandlung. Sie nehmen wohlriechende Dampfbäder und reiben sich Körper und Haar mit Blumenölen und Kokosmilch ein, aber außerdem verwenden sie auch Mischungen von duftenden Blättern und aromatische Getränke, um sich »von innen zu parfümieren«. Diese letzteren Vorbereitungen sollen von unwiderstehlicher Wirkung sein: »Alle Männer werden zu dir kommen, sagen die Nauruanerinnen, sie werden sich von dir angezogen fühlen, so viele, daß du ganz erschöpft sein wirst.«[41] Mehrere unter diesen Praktiken, wie etwa das Dakaré-Dampfbad[42], sind von Verboten bestimmter Nahrungsmittel begleitet und finden außerhalb des Dorfes und im geheimen statt, was für die Beziehung der Duftbehandlung zur Magie zeugt. Auf Nauru sind die Duftmischungen zugleich echte Liebestränke.

### *Der Mythos vom wohlriechenden Panther*

Die Beziehungen zwischen Geruch und sexueller Eroberung verdichten sich in der griechischen Überlieferung vom wohlriechenden Panther. Von allen Tieren ist dieser Überlieferung zufolge der Panther aus irgendeinem rätselhaften Grund das einzige von

Natur aus wohlriechende. »Warum«, so fragt sich Aristoteles, »ist kein Lebewesen wohlriechend außer dem Panther – dieser aber sogar für die Tiere selbst, denn man sagt, daß sie ihn gern riechen?« [43] Dieser Wohlgeruch hat nun aber zugleich mit der Jagd, der Magie und der erotischen Verführung zu tun, und auf Grund einer merkwürdigen Verwandlung sollte er sogar in der christlichen Symbolik zum Bild einer mystischen Ergriffenheit werden, wie sie das Wort Christi in den Seelen der Menschen bewirkt.

Nach Auffassung der Griechen dient dem Panther sein Geruch dazu, Beutetiere anlocken und schlagen zu können. »Der Panther verströmt einen Geruch, der allen anderen Tieren gefällt, und darum hält er sich bei der Jagd versteckt und zieht die Tiere durch seinen Geruch an«, erklärt Theophrast.[44] Plutarch und Aelianus geben an, daß vor allem die Affen für seine Ausdünstungen empfänglich seien. Der Panther, ein Geschöpf für sich, das jagt, aber nicht gejagt wird, es sei denn vom Menschen, der die gleichen Waffen zu gebrauchen versteht wie er selbst und ihm mit dem Duft des Weines, auf den er versessen ist, Fallen stellt [45], besitzt die Tugenden der Vorsicht und Intelligenz. Er vermag List zu gebrauchen. Sein Köder ist sein köstlicher Duft, ein Werkzeug tödlicher Verführung: »Der Panther, so sagt man, hat den Vorzug, einen herrlichen Duft zu verbreiten, für den wir im übrigen nicht empfänglich sind, und er kennt diesen Vorzug. Obendrein kennen die anderen Tiere ihn ebensogut wie der Panther, und doch werden sie auf die folgende Weise geschlagen. Wenn es den Panther nach Nahrung verlangt, verbirgt er sich in einem Dickicht oder unter einer dichten Laubschicht; man kann nichts von ihm sehen, seine Bewegungen beschränken sich auf die Atmung. Nun kommen Rehe, Gazellen, wilde Ziegen und dergleichen Tiere und nähern sich, von diesem Wohlgeruch angezogen wie von einer Art Iunx. Darauf springt der Panther aus seinem Versteck hervor und schlägt seine Beute.« [46] Diese Erwähnung des »Iunx« ist bemerkenswert, denn sie verweist auf einen weiteren Bezug des Mythos: den zur Magie.

Der Iunx, ein Rädchen, mit einem Loch durchbohrt und an

einer Schnur befestigt, ist eigentlich ein Instrument, das ein merkwürdiges Summen erzeugt und eine gewisse Faszination ausübt.[47] Der Vergleich mit dem Geruch des Panthers erscheint als um so bezeichnender, als der Iunx besonders beim Liebeszauber eingesetzt wird. Marcel Detienne hat auf meisterliche Weise die Verbindungen zwischen dem Iunx, der Erotik, der Magie und dem Lockreiz des Duftes aufgezeigt.[48] Für die Griechen symbolisiert der Panther die schöne Kurtisane: Dasselbe Wort »párdalis« bezeichnet die Raubkatze und die Hetäre. Auf die aromatischen Zaubereien der letzteren, die ebenfalls mit denen des magischen Rädchens verglichen werden, verweist der Wohlgeruch des Panthers, der somit zum Symbol für alle erotischen Eroberungen und Verführungen wird.

Das Christentum sollte sich später dieses Glaubens bemächtigen und ihn durch eine kühne Umwandlung zu einem Bestandteil seiner eigenen Symbolik machen. Der wohlriechende Panther wird zu einem Bild, das für Christus selbst steht. Diese Anverwandlung scheint sich in mehreren Etappen vollzogen zu haben. Insbesondere durch die verschiedenen überlieferten Fassungen des *Physiologus* [49] können wir diese Entwicklung verfolgen. In der ersten von Sbordone edierten Fassung findet sich eine Parallele zwischen dem Ruf des aus einem dreitägigen Schlaf erwachten Panthers, einem Ruf voll duftendem Atem, der die anderen Tiere bezaubert, und dem Ruf Christi, der drei Tage nach seinem Tode den Menschen einen köstlichen Wohlgeruch bringt: »Wenn er sich sattgefressen hat, schläft er in seiner Höhle und erwacht dann am dritten Tage und ruft mit lauter Stimme; und die Tiere, angelockt vom Duft dieses Rufes, nähern sich dem Panther. Ebenso hat Unser Herr Jesus Christus, als er am dritten Tage von den Toten auferstanden ist, gerufen: ›Gegrüßt sei mir heute die Welt, die sichtbare und die unsichtbare!‹ und über uns alle, ob fern, ob nah, ist ein herrlicher Wohlgeruch gekommen, und Friede, sagt der Apostel.« [50]

In der dritten Fassung in Sbordones Edition wird der Vergleich präzisiert, und der duftende Atem des Panthers symbolisiert nun das mitreißende und stärkere Wort Christi: »Der Panther nimmt die Maske und das Bild Unseres Herrn Jesus Christus an. Denn sobald einmal U.H.J.C. vom Vater zu uns gekommen war und sich als Mensch in der Welt gezeigt hatte, verströmte die Lehre aus seinem Munde einen Wohlgeruch, und dank diesem Wohlgeruch liefen die Propheten um ihn zusammen, die Apostel und die Märtyrer und der ganze Chor der Heiligen und kehrten alle voll Freude wieder heim in ihre eigenen Wohnstätten.«[51] Diese Gleichsetzung bewirkt nun eine Verwandlung der Raubkatze aus einem gefürchteten, einzelgängerischen und wilden zu einem guten und geselligen Tier. »Es gibt ein Tier namens Panther. Der *Physiologus* hat gesagt, er sei das bei weitem schönste und liebenswürdigste von allen Tieren. Wenn er schläft, strömt ein Duft aus seinem Munde, und auf Grund dieses Wohlgeruchs umringen alle andern Tiere den Panther und ergötzen sich an ihm, und wenn sie ihre Freude gehabt haben, dann gehen sie alle frohlockend von dannen, jedes zu seinem Feld oder Dickicht.«[52] Also die vollkommene Umkehrung: Sein Geruch ist keine tödliche Falle mehr, sondern ein Geschenk, das er den anderen Tieren freigebig darbringt. Das Raubtier bringt nicht mehr Tod, sondern Wohlbehagen.

Aber die vollendetsten Formen dieser Symbolik finden sich in den mittelalterlichen Bestiarien, die vielerlei Elemente aus dem *Physiologus* übernommen haben. Im *Ashmole-Bestiarium*[53] wird sie zum Beispiel in drei Hauptpunkten ausgeführt:

Die Schönheit des Panthers verkörpert die Herrlichkeit Gottes, und die Tupfen auf seinem Fell, die wie »goldene Augen« seien, würden die vielerlei Facetten dieser Vollkommenheit darstellen. Seine Sanftheit und Geschmeidigkeit sei ein Sinnbild der göttlichen Güte.

Die Gleichsetzung seines wohlriechenden Atems mit dem Wort Christi wird bestätigt, aber der Akzent verschiebt sich in Richtung auf die Instinkthaftigkeit und Unwiderstehlichkeit des Reizes: so seien Christi Worte »süß wie Honig auf den Lippen«.

Und schließlich obsiege der Panther wie Christus über die Macht des Bösen. Vor seinem Geruch fliehe der Drache, so wie der Satan vor Christi Wort zurückweiche. – Wie in einem Triptychon versinnbildlicht der wohlriechende Panther der mittelalterlichen Bestiarien die Herrlichkeit Christi und zugleich die beiden Aspekte seiner irdischen Mission: die Menschen zum Licht der Wahrheit hinzuziehen und sie vom Geist der Finsternis zu befreien.

# 2. Kapitel: Geruch und Diskriminierung

»Das Menschliche ist ein feiner Duft, der sich über alles Tun verbreitet.«

Hegel, *Vorlesungen über die Philosophie der Religion*

»Und ich, in Versen muß ich singen, inmitten der zotteligen Horden, betäubt von den Lauten der Germanensprache ... Welch ein Glück für dein Auge, welch ein Glück für dein Ohr, welch ein Glück selbst für deine Nase! Muß sie doch nicht zehnmal vom Morgen an den Gestank von Knoblauch und Zwiebel riechen!«

Sidonius Apollinaris, *Briefe*

In der Alltagssprache werden Widerwille und Abneigung oft olfaktorisch ausgedrückt. Wir sagen, daß wir von etwas »die Nase voll haben«, daß uns etwas »stinkt« oder daß wir jemand »nicht riechen können«. Der Mensch verleiht der ihn umgebenden Luftschicht seine charakteristische Duftnote, und diese wird bestimmt von seiner Ernährung, seinem Gesundheitszustand, Alter, Geschlecht, von seiner Tätigkeit und Stammeszugehörigkeit. Und zweifellos ist der Geruch wegen der Physiologie der Riechorgane der intimste und tiefste Eindruck, den wir von einem anderen gewinnen können. Er dringt ja direkt in den ältesten Teil des Gehirns vor, das Rhinenzephalon, das »Riechhirn«, wie es die Griechen nannten, ohne den Umweg über die Schaltstation des Thalamus.[1] Er durchdringt uns und erfüllt uns, ob wir wollen oder nicht, mit Freude oder Abscheu. »Der Geruch eines Körpers, das ist der Körper selbst, den wir durch Mund und Nase einatmen, den wir mit einem Male in Besitz nehmen, in seiner geheimsten Substanz und, womit alles gesagt ist, in seiner Natur. Der Geruch in mir, das ist die Verschmelzung des Geruchs des anderen mit meinem Körper. Aber es ist dieser entfleischte, verdampfte Körper, der zwar ganz er selbst geblieben, aber auch zu Geist verflüchtigt ist«, schreibt Sartre.[2] Der eindringende Geruch zeitigt eine spontane, instinktive Reaktion, die positiv oder negativ, annehmend oder abweisend sein kann. Von vornherein stellt sich die Geruchsempfindung so als ein Mittel zur Unterscheidung des Angenehmen vom Unangenehmen, des Bekannten vom Unbekannten dar. Ein Gesprächspartner wird auf diese Weise sofort identifiziert, und die qualitative Einschätzung, die dabei zustande kommt, kann Anhalt oder Vorwand der Zustimmung oder Ablehnung sein.

## Erkennen des anderen

Zahlreiche Untersuchungen haben die Bedeutung von Duftmarkierungen für das Verhalten von Müttern und für die Beziehungen zwischen Mutter und Kleinkind aufgewiesen. Beachs Versuche mit Ratten zeigen, daß die Muttertiere ihre Jungen am Geruch erkennen und von denen aus einem anderen Wurf unterscheiden können.[3] Umgekehrt hält der Geruch des Muttertiers die Jungen in seiner Nähe fest und bewahrt sie damit vor Gefahren. Ebenso kann heute als gesichert gelten, daß das menschliche Neugeborene den Geruch seiner Mutter erkennt, was sich aus den intrauterinen Geschmacks- und Geruchswahrnehmungen der Leibesfrucht im Kontakt mit dem Fruchtwasser erklären ließe.[4]

Diese Erkennungsfunktion, die der Geruch für Mutter und Kind besitzt, gilt ebenso auch für die Beziehung des Individuums zur Gruppe, sowohl in tierischen wie in menschlichen Gesellschaften. Bei den Bienen zum Beispiel ermöglichen biologische Düfte, die aus über den ganzen Körper und besonders den Bauch verteilten Drüsen ausströmen, das Erkennen derer, die zum gleichen Volk gehören, und die Verdrängung der Fremden.[5] Die Beobachtungen Henri Piérons an Ameisen bestätigen, daß der Geruch bei friedlichen ebenso wie bei feindseligen Beziehungen eine Rolle spielt. Taucht man eine Ameise in das Duftgemisch von Individuen einer anderen Art, so erkennen ihre Stammesgenossen sie nachher nicht mehr wieder und greifen sie an. Bestreicht man umgekehrt eine fremde Ameise mit dem Geruchsstoff einer

Art, so wird sie als Artgenossin behandelt. Erkennt eine Ameise eine Feindin, so gerät sie in Wut und beißt in den Boden. Schneidet man ihr aber die Fühler ab, verliert sie den Geruchssinn und greift ohne Unterschied Fremde und Stammesgenossen an.[6]

Ähnliche Verhaltensweisen finden wir auch in menschlichen Gruppen. Gegen Ende des vorigen Jahrhunderts beschrieb Herbert Spencer die Grußformen bei bestimmten Völkern wie den Eskimos, den Samoanern, Maoris und Philippinos, die dem Geruchssinn hohen Wert beimessen. Sie reiben, wenn sie sich miteinander bekanntmachen, die Nasen aneinander oder beschnüffeln sich die Gesichter.[7] Der arabische Brauch, dem Fremden ins Gesicht zu blasen – wobei es als Beleidigung erscheint, den Hauch des anderen nicht zu beachten –, beruht auf dem gleichen Prinzip.[8] Lebensweise, Ernährung, Tätigkeit und Hygiene beeinflussen den Körper und seine Ausdünstungen. In verschiedenem Maße, je nach Gruppe oder Kultur, bieten diese den Individuen Orientierungszeichen.

Auch über die Erkennungsfunktion hinaus kann der Geruch manche sozialen Verhaltensweisen bestimmen. Auguste Galopin ging so weit, die sozialen und berufsbedingten Gerüche für ein wichtiges Moment bei der Gattenwahl zu halten: »... Ehen werden unter Arbeitern meistens zwischen zwei Personen gleichen Berufs geschlossen. Eine Hauptursache dafür ist, daß der Geruch der Frau sich dann mit dem des Mannes verträgt: der Coiffeur liebt die Parfümverkäuferinnen, und der Ladenbedienstete die Angestellten aus dem Louvre. Die Kloakenräumer, Gerber, Milchhändler, Fleischer, Metzger, Talgschmelzer etc. heiraten oft die Töchter von Kollegen. Kinder- und Dienstmädchen heiraten Diener oder Stallknechte, die nach Pferden und Mist riechen. Die Marseillerin atmet wollüstig den Duft ihres Gatten nach Zwiebeln und Knoblauch ein; die Phosphor-Arbeiter heiraten fast immer Mädchen aus dem gleichen Beruf. Man wird uns vielleicht sagen, das liege am täglichen Umgang in diesen Gewerbezweigen: möglich, aber es liegt auch an etwas anderem – am Geruch dieser Frauen, der ihren Arbeitskollegen gefällt und andere Liebhaber in die Flucht schlägt. Nicht jeder liebt den Geruch von Phosphor, Zwiebeln, Knoblauch oder ungebleichter Leinwand!«[9]

Die »Wahlverwandtschaften« wären demnach nichts anderes als Geruchsverwandtschaften ...

## Ablehnung von Fremdgeruch

Derselbe Geruch, der die Zugehörigkeit eines Individuums zu einer Gruppe, deren Zusammenhalt er verstärkt, erkennen läßt, markiert dieses Individuum für andere Gruppen als fremd und richtet gegen sie eine Schranke auf. Er wird dann zum Grund, Vorwand oder einfach zum Zeichen rassischer, sozialer oder gar moralischer Ablehnung.

Die durch die Haut abgesonderten und durch den Atem beförderten Ausdünstungen werden oft zum Anlaß für rassistisches Gebaren. Der polnische Schriftsteller Boleslav Prus schildert in seinem Roman *Lalka*, wie der Knoblauch dem Antisemitismus das Stichwort geben kann: »Der neue Angestellte machte sich sofort an die Arbeit, und nach einer halben Stunde schon flüsterte Herr Lisiecki Herrn Klein zu: ›Was stinkt hier bloß so nach Knoblauch?‹ Und nach einer weiteren Viertelstunde fügte er hinzu: ›Wenn man sich das vorstellt – jetzt dringt dieses Judenpack schon in die Vororte von Krakau ein! Diese Teufelsjuden, können die denn nicht in Nalewski oder in der Sankt-Georgs-Straße bleiben?‹ Schlangbaum sagte nichts, aber seine geröteten Augen bebten.«[10]

Die Versöhnung der Rassen, meinte Georg Simmel 1908, werde durch eine Intoleranz des Geruchssinns behindert. Die Aufnahme von Negern in die Oberschicht der nordamerikanischen Gesellschaft scheine allein schon wegen ihrer »Körperatmosphäre« ausgeschlossen zu sein, und auf dieselbe Ursache werde auch die »vielfache und dunkle Aversion« zwischen Germanen und Juden zurückgeführt.[11] Haß und Verachtung äußern sich hier unter Berufung auf üble Ausdünstungen. Dem angeblichen Gestank des Juden hält Ernst Bloch den des Nazis entgegen: »Der Nazi riecht noch nach ganz anderem als Blut; er riecht auch nach Urin in dem riesengroßen Nachttopf, Stinktopf seines Habitus, seiner Abscheulichkeit, seiner Verbrechen, seiner Ideologie, er ist ein höllischer Strizzi ... Dem Blutgeruch bisheriger Bestialitäten fehlte der hämische Muff, der typische Naziduft ungelüfteter Betten, eben die Beimengung von Uringeruch.«[12]

Dieses dem Feind entgegengeschleuderte olfaktorische Verdammungsurteil war nichts Neues. Schon 1915 hatte der Arzt Bérillon sein ganzes Fachwissen aufgeboten, um eine »rationale« Erklärung für die Bromidrosis der Deutschen zu geben: »Der urotoxische Koeffizient ist bei den Deutschen mindestens um ein Viertel höher als bei den Franzosen. Das bedeutet, daß, wenn 45 Kubikzentimeter französischen Urins nötig sind, um ein Kilo Meerschweinchen zu töten, dasselbe Resultat mit 30 Kubikzentimetern deutschen Urins zu erzielen ist ... Die wichtigste organische Besonderheit des Deutschen von heute ist, daß er aus Unfähigkeit, die Ausscheidung der urischen Stoffe durch seine überlastete Nierenfunktion zu leisten, die plantare Region zu Hilfe nimmt. Man kann dies so ausdrücken, daß man sagt, der Deutsche uriniert durch die Füße.«[13]

Der deutsche Soldat habe so übelriechende Füße, versichert der Arzt Deschamps um die gleiche Zeit, daß sich 1870 in Metz während der Kapitulation alle Leute die Nasen zugehalten hätten, wenn ein Regiment vorübermarschierte. Die einzige Rettung für viele Elsässer und Lothringer vor den alltäglichen Qualen, die das Zusammensein in den Mannschaftsstuben ihnen aufzwang, sei die Desertion und die Flucht nach Frankreich gewesen. Der Grund für diesen Gestank der deutschen Rasse, der sich übrigens auch auf die Tiere erstrecke, sei in der »endemischen und chronischen Gefräßigkeit« dieses Volkes zu suchen.[14] In Pouilly an der Côte-d'Or habe die Autopsie eines vermeintlich an einer Vergiftung gestorbenen Infanteristen die widersinnige Freßsucht des Teutonen an den Tag gebracht. Die Bauchdecke war ihm geplatzt, weil sie von elf Pfund rohem Speck aufgebläht und bis zum Äußersten gespannt gewesen war! »Und man denke sich, daß er das alles, wenn er es nicht ohne zu kauen hinuntergeschlungen hätte, vielleicht sogar hätte verdauen können!« bemerkt Deschamps voll Entsetzen. Diesen Exzessen der Ernährung, die der Haut die Funktion einer dritten Niere aufzwingen und sie vielerlei abstoßende Dünste verströmen lassen, entspricht »eine ganz fabelhafte Produktion von Exkrementen«.[15] Ein Trupp Arbeiter habe eine ganze Woche gebraucht, um die Fäkalien von fünfhundert deutschen Kavalleristen auszuräumen, die drei Wochen in den Papierfabriken von Chenevières (Meurthe-et-Moselle) einquartiert gewesen seien, dreißig Tonnen seien es gewesen! Die Ungeheuerlichkeit der von den deutschen Truppen hinterlassenen Darminhalte wird auch von dem Arzt Dr. Petrovich, dem serbischen Delegierten beim Internationalen Amt für Hygiene, bestätigt: »An manchen Stellen waren die Flure der Häuser, die Höfe, Gäßchen und der Boden in den Häusern selbst bis zu einem Meter hoch damit bedeckt.«[16] Weder der saure Geruch des Engländers noch der ranzige des »Negers« oder der fade und süßliche des »Gelben« kämen an Kraft und Widerwärtigkeit dem unerträglichen Gestank des Deutschen gleich. Das *Bulletin de la Société de médecine de Paris* spricht ihm 1916 ohne zu zögern den Weltrekord im Stinken zu ...

Ebenso wie zwischen den Rassen und Völkern stellen die Gerüche auch zwischen den sozialen Kategorien Barrieren auf. Die Dünste, die sich bei der Ausübung bestimmter Berufe ergeben, sind manchmal zur Ursache gesellschaftlicher Absonderung geworden. Das galt im alten Frankreich besonders für die Färber, Gerber und Lederarbeiter, Kerzenhändler und Kerzengießer, alles Berufsstände, die übelriechende Arbeiten verrichten. Aber diese Verurteilung kann sich auf die soziale Unterschicht insgesamt erstrecken. Georg Simmel, der darin an Kant anschließt, sieht im Geruch einen antisozialen Sinn; die Annäherung zwischen Arbeitern und Gebildeten werde einfach an der olfaktorischen Unverträglichkeit scheitern: »Sicher würden viele Angehörige der oberen Stände, wenn es im sittlich-sozialen Interesse gefordert wird, erhebliche Opfer an persönlichem Komfort bringen, auf vielerlei Genüsse und Bevorzugungen zugunsten der Enterbten verzichten ... Aber alle solche Verzichte und Hingaben würde man sich tausendfach eher zumuten als die körperliche Berührung mit dem Volke, an dem ›der ehrwürdige Schweiß der Arbeit‹ haftet. Die soziale Frage ist nicht nur eine ethische, sondern auch eine Nasenfrage.«[17]

Die Fortschritte der Körperhygiene haben diese anfängliche Kluft sogar noch weiter aufgerissen. Solange die sanitären Einrichtungen nur erst im Bürgertum gebräuchlich waren, trugen sie zur Verschärfung des Unterschieds bei. Noch um 1930, meint Somerset Maugham, teilte die morgendliche Dusche die Menschen wirksamer in Klassen ein als Geburt, Reichtum oder Bildung. Ihre Erfindung hat mehr Klassenhaß gestiftet als das Monopolkapital. Und darum erscheint ihre allgemeine Durchsetzung für die Demokratie notwendiger zu sein als die parlamentarischen Institutionen!

Wenn abstoßende Gerüche die sozialen Schranken befestigen, können sie sich zugleich auch mit einem moralischen Vorwurf verbinden. Die Vorstellung der Schuld ist mit der des Gestanks verknüpft: »Gestraft, abgeschnitten ist, wer schlecht riecht«[18], sagt man im Ägypten der Pharaonen. Ebenso erscheint auch Hiobs übler Geruch, der seine Familie von ihm abrücken läßt, als Zeichen einer göttlichen Ungnade.[19] Im Mittelalter galten die Juden als ekelhaft, ein Makel, der auf wunderbare Weise verschwand, wenn sie sich bekehrten.[20] In der olfaktorischen Intoleranz gegen den Juden, die Prostituierte oder den Homosexuellen, ja, im 19. Jahrhundert, gegen das »Volk« insgesamt[21], geht es um gesellschaftliche Belange: Ihr übler Geruch gilt als Zeichen moralischer Verkommenheit und dient dazu, die Ausstoßungsprozesse zu rechtfertigen, denen sie zum Opfer fallen.

Im gleichen Maße, wie die Gerüche rassische oder soziale Barrieren aufrichten helfen, erscheint die »Desodorisierung« ganz selbstverständlich als ein Mittel der Integration. Damit der Fremde aufgenommen werden kann, muß er verlieren oder verbergen, was ihn als Fremden kenntlich macht, und sich der Geruchsnorm angleichen. Dies ist der Grund mancher arabischer

Besprengungsrituale, die darauf abzielen, symbolisch den Unterschied zu beseitigen, den der Fremde mit sich bringt, wobei man den Fremden oft als »den Stinkenden« bezeichnet. Der Geruch des »anderen« enthält unbekannte, unbeherrschbare Elemente. Um sich einzufügen, muß der Fremde den Geruch der Gruppe annehmen: »Zum obligatorischen Mobiliar aller Familien, ob reich oder arm, gehören ein oder mehrere Sprengwedel, mit denen man Kopf, Gesicht und Hände eines Gastes mit parfümiertem Wasser benetzt. Das Schälchen aus billigem Porzellan und der aus Metall gehämmerte Mras dienen gleichzeitig zur Begrüßung und zur Reinigung: Das parfümierte Wasser neutralisiert den Geruch – nämlich die Unreinheit – des Fremden und verschafft ihm Aufnahme in die Gemeinschaft.« [22]

Aber nicht immer ist es leicht, die olfaktorischen Barrieren zu durchbrechen. Um der Diskriminierung, der sie unterliegen, zu entgehen, neigen Personen aus den niedrigsten Kategorien zum Kauf billiger Parfüms – und diese werden von den Oberklassen, die ihrerseits als Symbole ihres privilegierten Status' teure Parfüms verwenden, als »ordinär« eingestuft. Der Kauf eines Parfüms ist wie der eines Kleidungsstücks keine neutrale Angelegenheit. Beide drücken die soziale Zugehörigkeit desjenigen aus, der sie benutzt. J. Dollard berichtet[23], daß die amerikanischen Schwarzen, um das Rassenvorurteil von sich abzuwenden, sich gern übermäßig parfümierten. Aber die Vorurteile der Weißen wurden dadurch nur noch verstärkt: Wenn die Schwarzen sich so stark parfümierten, war dann nicht klar, daß sie schlecht rochen?

Eines der unter den amerikanischen Weißen gängigen Stereotype besagte, daß die Schwarzen, die auf der sozialen Stufenleiter aufsteigen wollten, nicht zögern würden, gegen ihren Eigengeruch sogar Pillen zu nehmen.[24] Solche Praktiken, ob wirklich oder vermeintlich, verbinden sich bei der Stigmatisierung eines Rassengeruchs zu Wirkungen, die für die Betroffenen, die das ablehnende Urteil gegen sich verinnerlichen, tief verstörend wirkt. Den eigenen Geruch zu mißbilligen, heißt das nicht, daß man sich verbieten müßte, zu existieren?

Jedenfalls sind die Körpergerüche aktiv an den vielerlei Unterscheidungsvorgängen beteiligt, durch die das komplizierte Ineinander der Neigungen und Abneigungen sich ordnet. Ihre affektive Besetzung macht sie zu den zuverlässigsten Wachtposten auf den sozialen und rassischen Bastionen. Das moralische Ideal der Versöhnung zwischen den Rassen und Klassen scheitert manchmal »einfach an der Unüberwindlichkeit der Geruchseindrücke«.[25]

In manchen Zivilisationen werden diese zum Kriterium für eine noch tiefere Unterscheidung. Die unangenehmen Gerüche werden in Nordafrika als behexend oder als böse, umherirrende Seelen aufgefaßt[26], die vom Aufenthalt sowohl unter den Lebenden wie unter den Toten ausgeschlossen sind. In vielen Berichten von den Hebriden heißt es, daß ein Lebender nur in den Hades gelangen könne, wenn er sich mit einer stinkenden Flüssigkeit vorher einen ranzigen Geruch gebe, mit dem er sich dort, ohne Verdacht zu erwecken, frei bewegen könne. Als spürbare und zugleich mythische Realitäten nehmen »der Geruch des Lebens und der Geruch des Todes Einfluß auf die Klassifikation, die zwischen den Menschen, die ein positives Leben führen, und denen unterscheidet, die ihr Dasein in einem negativen Zustand fortsetzen«.[27]

# Zweiter Teil

## *Der Geruch der Pest*

»Der Geruch allein unter den spürbaren Dingen kann den Menschen entweder töten oder ihn neu erschaffen.«

Jérome Cardon, *De la subtilité, et subtiles inventions, ensemble les causes occultes et raisons d'icelles* (1550)

Lepra, Cholera, Tollwut und Tuberkulose haben im Gedächtnis und im Unbewußten der Völker bleibende Spuren hinterlassen. Die Pest aber, auf Grund ihrer sehr langen Geschichte, ihres zyklischen Wiederauftretens und der unerbittlichen Selektion, der sie die befallenen Gruppen unterwirft, erscheint wahrhaft als der Archetypus der großen Übel, von denen die Menschheit heimgesucht wurde. Angesichts der gewaltigen Verwüstungen, der Schrecken und der Wirren, die durch ihr Auftreten ausgelöst wurden, hat man von der »Apokalypse der Pest« sprechen können.[1]

In der Antike bezeichneten griech. *loimós* und lat. *pestis* eine Plage oder Seuche im allgemeinen. So war die berühmte Pest von Athen, deren wirklicher Charakter für uns im Ungewissen bleibt, vielleicht eine Typhus-Epidemie. Aber die in bezug auf diese verschiedenen epidemischen oder »allgemeinen« Erkrankungen entwickelten Theorien wurden ganz selbstverständlich auf die Epidemien mit Drüsenschwellungen, Beulen und Blutspucken übertragen, die das Abendland verheerten. Die schlimmsten waren die Pest zur Zeit Justinians, die von 541 bis 580 grassierte, und die große »schwarze Pest«, von der Frankreich mit voller Kraft 1348 getroffen wurde und die in wenigen Jahren ein Viertel der europäischen Bevölkerung auslöschte.[2] Als Synonym für ein schreckliches Ende hat diese Plage in unseren Sprachen das Verb »verpesten« hinterlassen, das aber heute nicht mehr das Sterben, sondern nur noch den Gestank bezeichnet. Dieses Verblassen des Wortes könnte überraschen. Tatsächlich sind aber die beiden Bedeutungen fast gleichzeitig gegen Ende des 16. Jahrhunderts aufgetreten, und zu dieser Zeit war der Übergang von der Krankheit zu dem Gestank bruchlos.

Bis zum Bekanntwerden von Pasteurs Untersuchungen über die Mikroorganismen, um 1880, wird in Europa den schlechten Gerüchen ein direkter Einfluß auf Gesundheit und Lebenserwartung zugeschrieben. Die ekelerregenden Ausdünstungen von Kloaken, Massengräbern, Abortgruben und Sümpfen werden für vielerlei tödliche Krankheiten verantwortlich gemacht. Das mag genügen, um zu zeigen, besonders durch das Wort »verpesten« mit seiner vollkommenen Gleichsetzung von Gestank und Tod, daß die Pest eigentlich als ein Geruch aufgefaßt wurde. Dies mag überraschen, weil es von unserem heutigen Verständnis der Seuche so weit entfernt ist. Man muß jedoch bedenken, daß die Entdeckung des Pestbazillus und seiner Ausbreitung durch den Rattenfloh erst in den allerletzten Jahren des 19. Jahrhunderts Beachtung gewinnt. An Arbeiten über die Seuche ist kein Mangel, und sie haben vielerlei Informationen über die Geschichte der Pestepidemien unter demographischen, ökonomischen und soziologischen Aspekten erbracht. Aber die Beziehung der Pest zum Geruch scheint bisher kaum beachtet worden zu sein, und wenn, dann hauptsächlich im Hinblick auf bestimmte Methoden der Pestbekämpfung.[3] Nun ist aber diese Beziehung viel tiefgründiger. Jahrhundertelang stand sie im Mittelpunkt der populären Auffassungen, und sie hat auch die verschiedenen medizinischen Theorien zur Ätiologie und Ausbreitung der Pest hervorgerufen. Der Versuch, sich durch Gerüche vor der Seuche zu schützen und sie zu heilen, ist nur die logische Folge dieser Vorstellungen. Dasselbe gilt auch für eine ganze Reihe geruchsbekämpfender Maßnahmen, mit denen diese Behandlungsversuche ergänzt wurden und die zu einer Verbesserung der öffentlichen und privaten Hygiene sowie zu manchen sozialen Ausgrenzungen führten. Darum scheint die Pest ein besonders günstiger Anzeiger für die tödlichen, vorbeugenden und heilenden Kräfte zu sein, die dem Geruch zugeschrieben wurden.

# 3. Kapitel: Der todbringende Geruch

## Der Ursprung der Pest

Von der Antike bis ins 19. Jahrhundert wird die Pest aus einer Unregelmäßigkeit erklärt, die eine Reihe von Störungen hervorruft: der spirituelle Bruch zwischen dem Menschen und der Gottheit, die Störung des Gleichgewichts der natürlichen Elemente, besonders der Luft, ein Riß, der sogar durch die Stoffe hindurchgeht. Mit diesen Störungen verbinden sich Vorstellungen von Fäulnis, Tod, Gestank, eben »Pestilenz«. Die verderbten Menschen ziehen sich Gottes Rache zu, weil sie ihn durch den Kadavergeruch ihrer Seelen kränken. Die Atmosphäre verändert sich und wird zu einem Ansteckungsherd, weil sie im Gefolge einer ganzen Reihe von Störungen ihre Reinheit verloren hat. Der Organismus schließlich kann sich die Pest deshalb zuziehen oder sie sogar erregen, weil er infolge der Übersättigungen, Ausschweifungen und Leidenschaften, denen er sich aussetzt, in Fäulnis übergeht.

Diesen verschiedenen Ursachen wurde im Laufe dieser langen Zeitspanne wechselnde Bedeutung beigemessen. Der Hinweis auf ein moralisches Gebrechen, der schon in der Bibel auftritt, findet sich noch anläßlich der Moskauer Pest von 1771 wieder. Die Vorstellung von einer körperlichen Fäulnis nimmt wechselnde Formen an, erscheint aber als konstant. Die Auffassung, daß die Luft eine Rolle spiele, wird zwar seit dem 16. Jahrhundert zunehmend bestritten, bleibt aber dennoch bis ins 19. Jahrhundert vorherrschend.

## *Hippokrates und Galen*

Akron von Agrigent[1], der mit Feuern von aromatischen Hölzern die Pest austreibt, die Athen im 5. Jahrhundert v. Chr. verheerte, zieht die praktische Folgerung aus der Vorstellung, daß die Seuche aus der Luft entstehe. Als ein lebenswichtiges, aber oft auch gesundheitsschädliches Element beeinflußt sie, laut Hippokrates und seinen Schülern, die leibliche und seelische Konstitution der Individuen und determiniert alle Krankheiten. Wenn zum Beispiel die Skythen dick und schlaff sind, überfüllt mit Säften und wenig kinderreich, so verdanken sie das zum großen Teil der dicken und feuchten Luft, die sie atmen. Die Feuchtigkeit und geringe Spannkraft ihrer Körper würde sie sogar beim Bogenschießen und Speerwerfen behindern, wenn sie nicht durch Kauterisieren der Glieder dem Flüssigkeitsgehalt ihrer Konstitution entgegenwirkten. Der mit den Klimata wechselnde nützliche oder schädliche Einfluß der Atmosphäre geht im wesentlichen von dem aus, was Aristoteles die elementaren »Qualitäten« nennt (Temperatur, Festigkeit, Trockenheit, Feuchtigkeit). Aber es hängt auch davon ab, ob pathogene Ausdünstungen, die die Atmosphäre verunreinigen, vorhanden sind oder nicht. Darum erregen die Dünste, die aus dem Morast und den Sümpfen aufsteigen, Krankheiten, und die seuchenhaften oder pestartigen Fieber entstehen aus der Luft, die mit krankheitserregenden Dünsten durchsetzt ist, mit *Miasmen* (Verunreinigungen).[2] Seit jener Zeit also sucht man den Entstehungsherd der Seuche dort, wo Fäulnis und Gestank auftreten.

Der Geschichtsschreiber Thukydides, ein genauer Beobachter der Seuche von Athen, von der er selbst befallen wurde, berichtet von einander widersprechenden Gerüchten, denen zufolge sie entweder aus Äthiopien eingeschleppt worden sein sollte oder aber von der Vergiftung der Brunnen durch die Peloponnesier käme. Weil er aber entschlossen ist, sich nur an das zu halten, was er gesehen hat, äußert er über die Herkunft und die Ursachen der Krankheit keine persönliche Meinung und überläßt es dem Leser, sich sein Urteil zu bilden. Seine Mitteilungen sind, abgesehen von dem vorzüglichen Bericht über den Verlauf und die physischen und sozialen Auswirkungen der Krankheit, vor allem insofern interessant, als darin zum ersten Mal deren ansteckender Charakter festgestellt wird.

Lukrez, der von den Atmosphärentheorien des Hippokrates

und von Epikurs Atomenlehre beeinflußt ist, sieht ein Jahrhundert v. Chr. den Ursprung aller Leiden in Krankheits- und Todeskeimen. Diese werden als Atome aufgefaßt, die die Luft verderben, wenn der Zufall viele davon an einer Stelle zusammenführt. Beim Einatmen nimmt unser Körper die mit dieser Luft vermischten »giftigen Teile« auf.[3] Weil Lukrez einem verdorbenen Klima für die Entstehung der Seuchen solche Bedeutung beimißt, führt er auch die ansteckende Krankheit, die Athen getroffen hat, auf einen »mörderischen Hauch« aus dem fernen Ägypten zurück. Damit ist die Leerstelle ausgefüllt, die Thukydides absichtlich belassen hatte, als er es vermied, sich über die Herkunft der Seuche zu äußern.

Der Gestank als Zeichen von Fäulnis und Giftigkeit – zwei Begriffe, die übrigens im Lateinischen ebenso wie im Griechischen mehr oder weniger ineinander übergehen – ist todbringend. Im Blitzschlag, behauptet Seneca, gebe es ein verpestendes und schädliches Prinzip, einen Schwefelgeruch von natürlicher Giftigkeit, der alles verderbe, was er berühre, und das Öl und die Düfte ekelhaft mache.[4] Die Eingeweide der Erde bergen Feuer und Sümpfe, die auch giftige Dünste (Miasmen) ausstoßen. Wenn diese verdorbene Luft einmal entweicht, wie es besonders bei starken Erdbeben vorkommt, verbreitet sie Krankheit und Tod, solange die Kraft des Virus, den sie enthält, nicht durch die Winde zerstreut ist. Seneca behauptet, solche schädlichen Erdausdünstungen hätten den Tod einer Herde von sechshundert Schafen verursacht, die friedlich auf den Weiden Kampaniens grasten, wobei sie die zur Erdoberfläche gedrungenen Dünste unmittelbar eingeatmet hätten. Wenn die Vögel diesen zum Himmel aufgestiegenen Dünsten begegneten, würden sie mitten im Flug wie vom Blitz getroffen herabfallen: »Ihr Leib wird fahl, und der Hals schwillt an, wie wenn sie erwürgt worden wären.«[5] Für Rufus von Ephesus gehört der durch das Vorhandensein von Miasmen in der Luft oder auf der Erde bewirkte Tod dieser Tiere zu den Vorzeichen der Pest.[6]

Philon von Alexandria hält die Veränderung der Luft, dieses homogenen, aber unsteten Elements, für um so unvermeidlicher, als es »in ihrer Natur liegt, krank zu sein, sich zu zersetzen, gewissermaßen zu sterben«.[7] Der Herd der Seuche ist also im Verderben der Luft zu suchen, denn »die Pest ist nichts anderes als der Tod der Luft, die ihre eigene Krankheit ausbreitet, um alles, was einen Funken Leben hat, mit ins Verderben zu ziehen«.

Zu einer wichtigen Neuerung kommt es durch Galen, der im 2. Jahrhundert unserer Zeitrechnung den medizinischen Auffassungen des Hippokrates eine neue, von den aristotelischen Begriffen geprägte Form gibt. Ihm zufolge kann die Pest erst dann ausbrechen, wenn Unregelmäßigkeit und Fäulnis nicht nur in der Luft, sondern auch im Organismus auftreten. Die Pest hat demnach eine doppelte Ätiologie. Und Galens ganze Originalität liegt in der Einsicht in die Notwendigkeit dieser zweiten Bedingung, der »Dispositon« eines ungesunden Körpers. Die Verseuchung der Atmosphäre durch Kadaver- oder Sumpfgerüche oder auch durch übermäßige Hitze und Feuchtigkeit beschleunigt nur die Prozesse des organischen Zerfalls. Doch nur »plethorische« Menschen, die infolge schlechten Lebenswandels (Unmäßigkeit in Liebes- oder Tafelfreuden, Müßiggang oder Überarbeitung, Verwirrungen der Seele) ein Übermaß an Blut und Säften aufweisen, werden von der schädlichen Luft angegriffen. Alle, die ein wohlgeordnetes Leben führen, bleiben dagegen vollkommen unbeschadet. Mit Galen kommt also die Idee auf, daß ein Zusammentreffen zweier Zersetzungsprozesse notwendig ist, damit die Pest ihre Opfer finden kann: der Luft, die sich allzu weit von der natürlichen Norm entfernt, muß ein Körper entsprechen, der die Enthaltsamkeit und das »rechte Maß« nicht mehr kennt.[8] In beiden Fällen handelt es sich um eine Unregelmäßigkeit. Es erstaunt daher nicht, daß die Ursachen atmosphärischer und organischer Störungen in der folgenden Zeit analog aufgefaßt werden konnten.

Die von Veränderungen der Körperflüssigkeiten ausgehende Ätiologie Galens soll also die topische des Hippokrates ergänzen. Um jedoch zu erklären, was in Athen geschehen ist, sieht Galen sich genötigt, ein Prinzip zu Hilfe zu nehmen, das im hippokratischen Lehrgebäude keinen Platz hatte: die Verschiebung verdorbener Luft vom einen Ort zum anderen. Aus Äthiopien waren nach Griechenland faulig riechende Miasmen gelangt, die bei denjenigen Menschen, deren Körper bereit war, Schaden zu nehmen, fiebrige Erkrankungen hervorriefen.

### *Mittelalter und Renaissance*

Mehrere Jahrhunderte lang bleiben die der Pest zugeschriebenen Ursachen von antiken, insbesondere galenischen Vorstellungen geprägt. Auf dem Umweg über die arabischen Autoren finden sie in die scholastische Medizin Eingang. Während des Mittelalters werden sie nur weiterentwickelt. Auf Drängen König Philipps VI., sich über den Ursprung der großen »schwarzen Pest« zu äußern, die 1348 die Bevölkerung Europas dezimierte, verfaßt das Kollegium der medizinischen Fakultät von Paris ein Gutachten, das in ganz Europa großen Einfluß gewinnen sollte. »Die mörderische Verderbnis der Luft« [9] ist im wesentlichen durch eine unheilvolle Konjunktion der Gestirne bedingt. Bei dieser Gelegenheit sind verpestete und vergiftete Dämpfe in großer Menge aus dem Erdboden und den Gewässern aufgestiegen und haben den Grundstoff der Luft selbst verseucht. Diese ungesunde Luft dringt dann durch die Atmung ein und verunreinigt diejenigen Organismen, die infolge von Unmäßigkeit und Leidenschaften zur Fäulnis prädisponiert sind – also die schon aus der Antike bekannten Faktoren, zu denen nun allerdings noch die heißen Bäder hinzukommen, die den Körper erschlaffen und durchfeuchten.

In der sozialen Phantasie wird übrigens eine direkte Entsprechung zwischen der Fäulnis des Körpers und der Fäulnis der Luft angenommen. Diese schon bei Philon von Alexandria aufgetretene Vorstellung eines psychischen, organischen Verfaulens der Luft gewinnt im Mittelalter eine ganz besondere Kraft. Man geht so weit, die Pest von 1348 auf einen Feuerdampf von entsetzlichem Gestank zurückzuführen, der den Himmel über China verseucht haben soll und aus dem »Abertausende von kleinen Schlangen und andere giftige Insekten« herabstürzen.[10]

Während der Renaissance, als der Einfluß der galenischen Theorien über die Pest immer noch sehr stark ist, kommt es immerhin zu manchen Neuerungsansätzen. Manche Gelehrte können die Last der Tradition nicht abwerfen, andere erkunden neue Wege. So schreibt Paracelsus der Phantasie einen wichtigen Einfluß bei der Entstehung der Seuche zu, während Ficino und Fracastoro ebenfalls originelle Erklärungen vorschlagen, bei denen Gerüche stets eine große Rolle spielen.

Marsilio Ficino, der Verfasser eines vielbeachteten Werkes aus dem Jahr 1477/78, glaubt weiterhin, daß die Seuche aus der Luft entstehe. Aber im Gegensatz zur galenischen Schule behauptet er nicht mehr, daß die Ursache in einer Unregelmäßigkeit ihrer Eigenschaften zu suchen sei; vielmehr erzeuge die Luft selbst einen »giftigen Dunst«.[11] So sehr er sich mit dieser Idee auch von der klassischen Ätiologie abgrenzt, kann er sich doch nicht ganz von ihr lösen. Und er läßt sich von der *Consultation sur l'épidémie* inspirieren, um das Auftreten der Seuche zu erklären: ungünstige Konstellationen am Himmel, wenn die Pest universell auftritt; ungesunde Ausdünstungen von Orten mit dicker, stinkender und nebliger Luft, besonders von Sumpfgebieten, wo sie lokal begrenzt bleibt. Außerdem fügt er sich insofern der Tradition ein, als er versichert, dieser Dunst könne nur solche Körper angreifen, die sich auf Grund ihrer eigenen Fäulnis dazu anbieten. Von allen Körpersäften sei der heißeste und feuchteste, das Blut, am meisten gefährdet. Darum seien Sanguiniker anfälliger als Choleriker, Phlegmatiker und Melancholiker.

Sehr viel weiter als Marsilio Ficino geht 1546 Girolamo Fracastoro. Wie seine Vorgänger nimmt auch er zwei Hauptursachen an: die Verdorbenheit der Luft und des Körpers; aber durch die Angabe des spezifischen Charakters dieser Verdorbenheit unterscheidet er sich von ihnen radikal. Nur eine gewaltige Fäulnis, aus der bestimmte Keime hervorgehen können, sei imstande, Pestilenzfieber zu erzeugen. Mit der Angabe, daß diese letzteren sich in ihren Vorformen, unabhängig von der Luft, im Organismus selbst bilden könnten, erklärt Fracastoro die zwei schon bekannten ätiologischen Herde zu gesonderten und selbständigen und nicht mehr, wie vorher angenommen, notwendig komplementären Ursachen.[12] Der äußere ätiologische Faktor ist besonders gefährlich für Menschen mit weit offenen Poren, der innere für Menschen mit kleinen und engen Poren. Auf diese Weise bestreitet er zugleich, daß die ungesunde Atmosphäre eine unabdingbare Voraussetzung sei. Der Weg für eine neue Tendenz ist gebahnt: sie bleibt zwar noch marginal, drängt aber unablässig die Annahme vom Einfluß der schlechten Luft weiter zurück. Trotz all dieser theoretischen Umwälzungen behält die Seuche ihre Verbindungen zum Gestank. Der »eigentümliche« Gestank und die besonders ekelerregenden Ausscheidungen der Kranken sind Anzeichen der gewaltigen Fäulnis, aus der die Pest entsteht.

Im Gegensatz zu Ficino und Fracastoro, die sich um rationale Erklärungen bemühen, schreibt Ambroise Paré der Seuche 1562 eine okkulte Ursache zu. Die Verdorbenheit der Luft und der Körpersäfte verberge nur eine unbekannte Krankhaftigkeit, die ihre Kraft ausmache: »Die Pestfäule ist sehr verschieden von jeder anderen Fäule, insofern eine verborgene und unsägliche Bösartigkeit in ihr liegt, für die man keinen Grund nennen kann.« [13] Wenn alle Ausdünstungen von Kadavern, Teichen, Sümpfen, Giftküchen, Schindangern, Gerbereien, Hospitälern, Friedhöfen, Kloaken und Lasterhöhlen pesterregend wären, so müßte die Seuche permanent sein. Allein die Ausflüsse, die aus »einer außergewöhnlichen und ganz fremdartigen Verderbnis« stammen, sind also verantwortlich. Dieser Gestank vermag alles, was lebt, zu vernichten, denn »wie aufgewühltes und stinkendes Wasser den Fisch, der darinnen ist, nicht am Leben läßt, so läßt die bösartige und verseuchte Luft die Menschen nicht am Leben, sondern verändert die Geister und verdirbt die Säfte und gibt ihnen schließlich den Tod, und sogar auch den Tieren und Pflanzen«. Erstaunliche Beispiele stützen diese Theorie: In Padua rief ein starker Fäulnisdunst, der aus einem lange abgedeckten Brunnen entwich, eine »wundersame« Pest hervor, der viele zum Opfer fielen. Im Pariser Vorort Saint-Honoré bewirkten die zuvor im Boden erstickten, besonders ekelhaften Gerüche von Mist und Schweinen den Tod von fünf kräftigen jungen Männern, die eine Grube reinigten. Im Schloß von Pene verbreitete 1562, während der Religionskriege, ein stinkender Kadaverdunst, der aus einem tiefen Brunnen aufstieg, in den viele Leichen geworfen worden waren, die Pest über die ganze Gegend von Agen.

Was die zweite Ursache der Seuche angeht, die Fäulnis der Säfte, die zur Aufnahme der seuchentragenden Luft disponiert, so besteht sie, ganz im Sinne der Tradition, in einer schlechten »Ökonomie der körperlichen Gepflogenheiten«. Die Ratschläge zur Ernährung verraten übrigens eine miserable öffentliche Hygiene. Man solle sich hüten, schlammiges Sumpfwasser zu trinken, in dem es von stinkenden Abfällen oder vom Auswurf und den Exkrementen von Pestkranken nur so wimmle. Außerdem wird von neuem mit Nachdruck auf die Gefahren der inneren Fäulnis hingewiesen, die von den Bädern ausgehen, weil sie die Poren für die schlechte Luft öffnen. Paré geht sogar so weit, von den Behörden die Schließung der Dampfbäder zu fordern.

### *Die Polemik über den Einfluß der Luft*

Im 17. Jahrhundert führen die meisten Ärzte den Ursprung der Krankheit noch immer auf die Fäule der Luft und der Körpersäfte zurück. Das reine und homogene Element der Luft, bemerkt Du Françoys 1631, verderbe unter der Einwirkung schlechter Ausdünstungen des Bodens und werde zu einem vernichtenden Gemisch. Von den faulen Säften stiegen dann Dämpfe auf, die durch die Arterien ins Blut drängten und sich mit den Lebensgeistern vermischten, bösartige und pestilente Fieber entzündeten.[14] Der Kapuzinermönch Maurice de Toulon teilt diese Ansicht und behauptet 1662, »bestimmte Atome und Korpuskeln, die Hippokrates als krankheitserregende Verunreinigungen bezeichnet« [15], würden sich mit der Luft vereinen und sich ins Herz einschleichen.

Nichtsdestoweniger versuchen manche Ärzte sich von den Theorien über die Luftverseuchung freizumachen. So zum Beispiel Rainssant, der 1668 erklärt, die Pest, die Soissons und Umgebung getroffen habe, sei nicht auf diese Ursache zurückzuführen. Keines der Anzeichen, die gewöhnlich auf Fäule der Luft hindeuten, wie Unregelmäßigkeit der Jahreszeiten, Stürme oder Erdbeben, sei in diesem Falle zu beobachten gewesen.[16] 1685 bringt Thomas Sydenham, der »englische Hippokrates«, die traditionelle Ätiologie auf den neuesten Stand. Er grenzt sich sehr deutlich von ihr ab, obwohl er weiterhin meint, daß die Luftbeschaffenheit für die Entstehung der Krankheit wichtig sei.[17] Für ihn besteht kein Zweifel, daß es in der Atmosphäre eine »bestimmte Temperatur oder Disposition« von unbekannter Natur gebe, die »zu verschiedenen Zeiten verschiedene Krankheiten hervorbringt«.[18] So ist die Pest, die während des Jahres 1665/66 die Londoner Bevölkerung dezimiert hat, im Gefolge eines sehr kalten Winters aufgetreten und hat ihre volle Kraft um die herbstliche Tag- und Nachtgleiche gewonnen. Doch die krankheitsstiftende Beschaffenheit der Atmosphäre kann allein, als allgemeine Ursache verstanden, die Pest nicht hervorbringen. Sydenham stellt ein begriffliches Amalgam zwischen Entstehung und Ausbreitungsweise der Pest her, dem noch eine große Zukunft bevorstand: er nimmt die Existenz einer zweiten, »besonderen« Ursache an, die im Umgang eines »Miasma«, eines »Virus« liege, der von einem verseuchten Ort herkomme.

Im 18. Jahrhundert sind die ärztlichen Lehrmeinungen über die Ätiologie der Pest gespalten. Der Einfluß der verdorbenen Luft bei der Entstehung der Seuche ist ein zentraler Streitpunkt. Alle Strömungen unter den Anhängern und Gegnern der Ansteckungstheorie geraten dabei durcheinander und werden tief in den Streit verwickelt. Die Polemik bricht anläßlich der Marseiller Pest von 1720 aus und setzt sich dann durch das ganze Jahrhundert fort, ohne daß die Entdeckungen zur Chemie der Luft ihr ein Ende machen konnten.

Eine Kommission unter der Leitung von François Chicoyneau, Kanzler der Universität von Montpellier und Schwiegersohn Chiracs, des Leibarztes von Philipp von Orléans, die auf Befehl des Regenten nach Marseille entsandt wird, stellt ein einfaches epidemisches, nicht ansteckendes Fieber fest. Diese Diagnose genießt die Gunst der Behörden, die wenig Lust haben, Zwangsmaßnahmen zu ergreifen, bei denen von der Bevölkerung Panik und Ausschreitungen zu gewärtigen wären. Obwohl er behauptet, daß die in Marseille herrschende Krankheit sich ihrem Ursprung nach in nichts von den gewöhnlichen Epidemien unterscheide, ist Chicoyneau in Verlegenheit. Da er nicht imstande ist, die ursprüngliche allgemeine Ursache [19] dieser Pest anzugeben, zieht er es vor, sich über die ihre Wirkung begünstigenden Faktoren zu verbreiten: schlechte Ernährung, vor allem aber Furcht und Schrecken.

»Diese Beobachtungen, Monsieur, die ich die Ehre habe, Ihnen so genau, wie es der Umfang eines Briefes nur gestattet, darzulegen, haben uns zu glauben veranlaßt, daß die ersten Tatsachen, die man anführt, um die Entstehung der Pest durch Ansteckung zu behaupten, weder gesichert noch entscheidend sind und daß das Volk nur deshalb so leicht dieser Meinung beipflichtet und für sie so eingenommen erscheint, weil es ihm schwerfällt zu verstehen, daß ein Leiden, das so plötzlich tötet und eine so große Anzahl Menschen umkommen läßt, besonders solche, die den Kranken nahekommen oder sie pflegen, und schließlich ganze Familien dahinrafft, nicht ansteckend sein solle. Aber diese Vehemenz, die Anzahl, Nähe zu den Kranken und Pflegedienste beweisen die Existenz einer Ansteckung nicht deutlicher als die einer gemeinsamen, an den Orten, wo die Pest ausbricht, verbreiteten Ursache, die solche Wirkungen unabhängig vom Umgang erzielte oder erzielen könnte ... Folgt man diesem System, welchselbem man zustimmt, wenn es gilt, die Entstehung und Ausbreitung epidemischer Krankheiten wie der bösartigen Fieber und der Windpocken zu erklären, so sind alle Tatsachen, die zu Zeiten der Pest auftreten, leicht verständlich zu machen, während man nach dem System der Ansteckung nicht erklären könnte, warum die Pest sich nicht ins Unendliche vermehrt und warum sie nicht anhält.«[20]

Jean Fournier, ein junger, noch unerfahrener Arzt, der zu dieser Kommission gehörte, war nicht in der Lage, diesen Argumenten, die er spiegelfechterisch fand, entgegenzutreten. Später beklagte er die Botmäßigkeit seiner Kollegen gegenüber »der Zufuhr von Gnadenerweisen und Belohnungen«, über die Chirac verfügte. »Der Nachwelt wird es schwerfallen zu glauben«, schrieb er zornig, »daß drei von den vier aus Montpellier abgesandten Ärzten sich darauf versteiften, in ihren Schriften zu behaupten, daß die Störung der Jahreszeiten, die Hungersnot und der Schrecken die einzige Ursache der Pest von Marseille gewesen seien, während diese verschiedenen Ursachen durch den allgemeinen Aufschrei und das Gesamtbild dieser Stadt und der ganzen Gegend widerlegt wurden ...«[21]

Wenn die Verfechter der Ansteckungstheorie auch seit 1720 eine Ätiologie, die die Übertragung der Seuche leugnet, einmütig ablehnen, so gelingt es ihnen doch nicht so sehr, sich über den Einfluß der Luft bei der Entstehung der Krankheit einig zu werden. Die heftigste Kritik hierzu wird von dem Marseiller Arzt Jean-Baptiste Bertrand vorgetragen. Als aufmerksamer Beobachter der furchtbaren Krankheit, die seine Stadt dezimiert, beklagt er die Manöver, mit denen sie für eine gewöhnliche Epidemie ausgegeben werden soll. Um zu beweisen, daß das Übel weder aus der Luft noch aus den Nahrungsmitteln stamme, schließe man, so meint er, von vornherein jede Möglichkeit eines nicht ansteckungsbedingten epidemischen Ursprungs aus. Seine eigene Argumentation, wonach in der Fracht der *Grand-Saint-Antoine* aus der Levante ein ansteckendes Gift eingeschleppt worden wäre, dessen Art und erste Ursachen er jedoch nicht angeben kann, beruht wesentlich auf der Widerlegung der Thesen von der Luftverseuchung. Nirgendwo in Marseille und Umgebung gebe es einen Sumpf, ein Erzbergwerk, Leichenhaufen oder unterirdische Feuer, die schädliche Dünste verströmen könnten, keine üblen Gerüche im Hafen, keinen Unrat auf den Straßen, da das Wasser der Brunnen, das sich über die ganze Stadt verteile, die Straßen und Plätze reinige. Die Luft von Marseille mit ihrem Duft nach Thymian, Rosmarin und den vielen aromatischen Pflanzen, die auf den Hügeln wachsen, sei eine der gesündesten und dank ihrer Reinheit über jeden Verdacht erhaben. »Worauf also sollte man die Verseuchung der Luft zurückführen und die seltsame Krankheit, an der sie schuld sein soll?« fragt Bertrand.[22] Auf Miasmen aus fernen Ländern, die ein unseliger Wind hergetragen hätte? Aber dann müßte man erst erklären, warum sie auf einem so langen Weg nicht zerstreut worden sind. Ebensowenig lasse sich die angebliche Fäulnis der Atmosphäre mit irgendeiner epidemischen Konstitution oder mit dem verhängnisvollen Durchgang eines Kometen oder Meteors in Verbindung bringen.

Auch Jean-Baptiste Goiffon aus Lyon meint, daß die in Marseille herrschende epidemische und ansteckende Krankheit, anders als die gewöhnlichen bösartigen Fieber, die aus der durch ekelhafte Ausdünstungen verdorbenen Luft entstehen, nicht von der schlechten »Konstitution« dieses Gases ausgehe.[23] Allerdings könne es sich ohne irgendeine Änderung seiner stofflichen Zusammensetzung mit einer »belebten«, pesttragenden Materie anreichern. Die Originalität dieser Stellungnahme zeigt sich auch darin, daß Goiffon die Erklärung aus dem Zustand der »Säfte« verwirft. Die Krankheit verschone niemanden und hänge nicht, wie andere, »von einer Zurüstung ab, die sich in uns gebildet haben müßte«.[24]

## *Eine exotische Ätiologie*

Dennoch sind viele Ansteckungstheoretiker weit davon entfernt, so verwegene Auffassungen zu teilen. Zwar geben sich nicht alle wie Manget, der Leibarzt des preußischen Königs Friedrich Wilhelms I., mit einer »aus den besten antiken und modernen Schriftstellern« zusammengelesenen bunten Mischung von Theorien zufrieden[25], doch manche unter ihnen nehmen ohne Zögern die traditionelle Luft-und-Säfte-Ätiologie zu Hilfe, wobei sie deren Geltung freilich auf bestimmte geographische Zonen eingrenzen.

Unter dem gemäßigten Himmel, dessen sich Europa erfreut, gebe es keinerlei Fäulnis, die imstande wäre, eine solche Wirkungsart zu erlangen, daß sie die Pest hervorrufen könnte, erklärt Richard Mead 1720. »Um mit dem Thema der Luft fertigzuwerden: Es ist gewiß, daß sie in unseren septentrionalen Klimata niemals in dem Maße verdorben sein kann, daß sie von sich allein aus die Pest zu erregen vermöchte.« [26] Zum Auftreten der Krankheit seien atmosphärische »Kombinationen« erforderlich, wie sie den heißen Ländern eigentümlich seien. Sie stamme also aus Afrika, wo Äthiopien und Ägypten im übrigen ihre berühmtesten »Brutstätten« seien.[27] Die Fäulnis, die in diesen beiden Gegenden herrsche, werde durch die Unmäßigkeit der Jahreszeiten begünstigt. In Äthiopien verbänden sich das heiße Klima und die extreme, durch vier Monate Dauerregen bedingte Feuchtigkeit mit der Verwesung einer ungeheuren Menge Heuschreckenkadaver und riefen dadurch die Pest hervor. In Kairo würden die Sonnenglut und die Windstille die Fäulnis und Unreinlichkeit, welche die Krankheit nähren, verstärken.

Wenn auch die Pest schon seit langem als eine Krankheit, die in Schmutz und Elend gedeiht, aufgefaßt wurde, so ist doch die Vorstellung vom Export dieser Krankheitsfaktoren etwas Neues. Meads Schilderung der Stadt Kairo soll davon überzeugen. Durch die stark bevölkerte Stadt zieht sich ein großer Kanal, der sein Wasser vom Überfließen des Nils empfängt und in den die elenden und schmutzigen Bewohner jederlei Unrat hineinwerfen. Daraus bildet sich »ein Schlamm von ungewöhnlichem und sehr gesundheitsschädlichem Gestank«.[28] Die Ägypter der Pharaonenzeit hätten besser als ihre Nachkommen die tödlichen Gefahren, die von verwesenden Stoffen ausgingen, begriffen gehabt. Deshalb hätten sie den Vogel Ibis verehrt, der sie sowohl von Giftschlangen befreite wie von den abscheulichen Gerüchen, die von diesen Reptilien nach ihrem Tode verströmt würden.

In den heißen Klimata, wo die Luft schon von Natur aus verdorben sei, lokalisiert auch Philippe Hecquet den spezifischen Seuchenherd. Der Dekan der medizinischen Fakultät von Paris meint, die Pest entstehe in Gegenden, wo vulkanische Feuer brennende »Korpuskeln« ausströmen lassen, die einen gefährlichen Einfluß auf die Luftschwingungen ausübten.[29] Wenn diese verdorbene Atmosphäre sich mit der der gemäßigten Länder vermische, teile sie ihr eine sehr schädliche »fremdartige Elastizität« mit. Dies sei in Marseille geschehen. Die in Warenballen aus den heißen Ländern eingeschlossene Luft habe nach ihrer Verteilung die größten Verwüstungen angerichtet. Diese Erklärung muß mit der Korpuskel-Theorie des Engländers Robert Boyle verbunden werden, der 1692 in der Zusammensetzung der Atmosphäre drei Arten von Partikeln unterschieden hatte, von denen die wichtigste, aus der die »ewige Luft« bestünde[30], durch ihre dauerhafte Elastizität gekennzeichnet sei.

»Welches kann die Ursache dieses mörderischen Fiebers gewesen sein«, fragt sich Astruc, »zu einer Zeit, wo es keinerlei Unregelmäßigkeiten der Lufttemperatur, keine verdorbenen Nahrungsmittel und keine Hungersnot gab?«[31] Die Antwort findet sich nicht in der Provence. Zwar entstünden alle Epidemien in Europa, aber der Ursprung der Pestfieber sei in anderen Breiten zu suchen. Dennoch seien die Ursachen die gleichen: zwischen ihnen bestünden nur Unterschiede des Grades. Die verdorbene Luft sei deshalb in Äthiopien, Arabien, Persien, Indien und China von größerer Schädlichkeit, weil sie dort mehr Ausdünstungen enthalte, die aus gröberen und massiveren Partikeln bestünden.

Zu dieser ersten »natürlichen« Ursache komme noch eine zweite, ebenso natürliche hinzu: das heiße und unreine Blut der Eingeborenen. Nicht zufrieden mit dem Verzehr von Nahrungsmitteln, die schon, weil der übermäßigen Hitze ausgesetzt, einen schädlichen Grad an Abgekochtheit aufwiesen, würden sie deren nachteilige Wirkungen auch noch durch Ernährungsgewohnheiten verstärken, die mit ungeregelten Schwankungen zwischen dem »allzu Garen« und dem »allzu Rohen« sehr heftige Gärungen erzeugten. Unter Berufung auf vielerlei Reiseberichte geht

Astruc diese ungesunden Speisen durch. Das »pilau«, eine Art sehr fettes Ragout, sei bei den Orientalen sehr beliebt und stark erhitzend. »Magion« und »muscavi«, zwei türkische Getränke, enthielten stark erregende Drogen. »Beng« und »tchorié«, Appetit und Sexualität anregende Getränke, die auch Aromastoffe wie Gewürznelke und Muskatblüte enthielten, würden das Blut der Perser und Inder in Wallung bringen. Betel, das in Indien viel verzehrt werde, mit etwas Kalk versetzt, um die Bitterkeit aufzuheben, erhitze nicht nur, sondern verderbe auch die Zähne. »Hing«, ein sehr starkes indisches Gewürz, das allen Speisen beigegeben werden kann, entflamme das Blut. »Harissé«, eine teuflische Mixtur, zu der ein totes Tier verwendet wird, das man so lange kocht, bis es sich in einem Sud auflöst, werde in Persien an die Armen und die Arbeiter verkauft, die es besonders schätzten. Eingesalzener Fisch, das Grundnahrungsmittel am Persischen Golf, verschmutze das Blut. Die Scherbett-Getränke, auf die man im Orient versessen sei, würden im Magen schnell in Fäulnis übergehen.[32] Gurken: die kleinen Leute in Asien würden sie roh essen, ohne sie auch nur zu schälen. Melonen: die Perser verzehrten sie in unglaublichen Mengen, bis zu 36 Pfund am Tag! Rohe Eingeweide: die Afrikaner begnügten sich damit, »nur ein wenig den Kot herauszudrücken«. Roher Elefant, in Afrika sehr geschätzt, rufe mit Sicherheit starke Fäulnis hervor, weil seine Haut bei seinem Tode zu Leim werde. Roher Ochse werde in Äthiopien, und zwar an der Tafel des Kaisers, mit der Galle des Tieres übergossen und dann mit Pfeffer und anderen Gewürzen bestreut. Fledermäuse, Ratten, Eidechsen, weiße Ameisen: die Inder würden auch diese widerlichen Nahrungsmittel nicht verschmähen. Wie sollte man da nicht begreifen, daß die Eingeborenen dieser fernen Länder ein heißeres Blut (wie ihre »außerordentliche Geilheit« ja beweist) und ein unreineres besitzen als die Europäer! Kein Zweifel, daß sie folglich der pesterregenden Luft einen besonders günstigen »Nährboden« bieten. Die Kaffernfrauen haben so heißes Blut, daß ein Europäer, schon wenn er zufällig in ein Urin-Bächlein tritt, das sie während ihrer Periode abgelassen haben, Gefahr läuft, sich die Pest zuzuziehen!

Der Streit über die Bedeutung der Luft als Krankheitserreger wird durch die Entdeckungen der Chemiker noch genährt. Im Anschluß an Boyle lenken Hales, Black und Priestley die Aufmerksamkeit auf die Luftverschlechterung, die aus der Atemtätigkeit resultiert.[33] Zu der wegen Exkrementen, Sümpfen oder Kadavern immer schnell geweckten Besorgnis kommt nun noch die wegen des Schwitzens und insbesondere wegen der Atmung hinzu. Diese animalischen Ausdünstungen entziehen der Luft die Eigenschaften, durch die sie atembar wird. 1743 erklärt Hales: »Je öfter wir dieselbe Luft einatmen, desto stärker wird sich diese Luft nicht nur, wie die Erfahrung lehrt, mit Dünsten anreichern, die ihre Spannkraft verringern; sondern mehr noch, sie wird sich erwärmen und sich der Temperatur der Luft im Innern der Lungen annähern; und folglich verliert sie um so mehr von ihren Qualitäten, nämlich der Kühle und Elastizität.« [34] Die Lungen werden geschwächt, weil sie öfter und tiefer einatmen müssen, um den Mangel durch ein größeres Luftquantum auszugleichen. »Atemnot und Ermüdung der Brustmuskeln, die eine solche Anstrengung nicht gewöhnt sind« [35], kommen hinzu. Lavoisier, der die Versuche seiner Vorgänger systematisierte, gelangt zu einer gründlichen Modifikation dieser Vorstellung vom Luftaustausch bei der Atmung. Wenn dabei auch nicht die Elastizität oder Spannkraft der Luft vernichtet werden, so wird doch »die vitale Luft« [36] beeinträchtigt, die ihr einzig atembarer Teil ist.

Aber die wissenschaftliche Erklärung eines Phänomens schafft die daran geknüpften Phantasmagorien nicht aus der Welt; sie gibt ihnen manchmal sogar neue Nahrung. Rouland meint, nachdem die Schädlichkeit der schon einmal geatmeten Luft erwiesen sei, könne man »leicht erklären, warum der Atem der Wale ebenso wie der einer riesigen Schlange, welche die Ufer des Amazonenstromes bewohnt, für die anderen Tiere, die davon berührt werden, tödlich ist. Man kann sich denken, daß die von diesen sehr großen Tieren geatmete Luft in der Menge ausreichen muß, um kleinere darin einzuhüllen, ihnen die reinere Luft zu entziehen und ihre verderbliche Wirkung zu tun. Wollte man einwenden, daß, nach Versuchen mit Menschen, die ein einziges Mal eingeatmete Luft noch keineswegs verdorben genug ist, um das Leben anzugreifen, so wäre zu antworten, daß die Luft in diesen riesigen Tieren, wo sie einer viel größeren Lungenoberfläche ausgesetzt ist und vielleicht auch über eine längere Zeit hin als im Menschen, wahrscheinlich eine erheblichere Veränderung durchmachen und vollständiger phlogistiziert sein muß«.[37] Von dem gleichen Atmungsmodell ausgehend, wonach bei der Verbrennung brennbarer Körper ein Stoff, das Phlogiston entweicht, vermag Cadet de Vaux den schädlichen Einfluß bestimmter Einfriedungsmauern zu erklären. Mauern können atmen, ebenso wie Lebewesen. Wo viele Menschen, ob krank oder gesund, zusammenkommen, durchtränken sich die Mauern mit unreinen Dünsten, die sie sodann wieder abgeben: ein echtes Ein- und Ausatmen[38], und der Geruch halte sich über lange Zeit. Als zum Beispiel der Festungsturm von Vincennes nicht mehr als Staatsgefängnis benutzt wurde, »erkannten viele Besucher, die sich schon früher dort aufgehalten hatten, den Geruch wieder, der ihnen aufgefallen war, als sie zum ersten Mal dort eintraten; Fenster und Türen waren jedoch entfernt worden, und die Höhe des Turmes setzte ihn dem ungehinderten Zustrom der Luft aus«.

Der Nachweis, daß das atmosphärische Fluidum keine elementare und homogene Substanz, sondern ein Gasgemisch ist, das teils atembar und teils stinkend ist[39], bedeutete eine Umwälzung in der Chemie, die indirekt auch die alten ätiologischen Auffassungen hätte erschüttern müssen. Wenn allein schon die mit einem Verbrennungsvorgang gleichgesetzte Atmung die Lebensluft in einem geschlossenen Raum verändern kann, was war dann von der vermeintlichen Zersetzung des Luftfluidums durch die Störung der atmosphärischen Qualitäten oder die fauligen Ausdünstungen von Sümpfen oder Kadavern zu halten? Doch weit davon entfernt, die radikale Überprüfung all dieser Theorien herauszufordern, bewirkten die Arbeiten der Chemiker nur, daß die Befürchtungen des Jahrhunderts um neue Sorgen vermehrt wurden.

In dem *Essai sur l'action de l'air dans les maladies contagieuses* von Ménuret de Chambaud, der 1781 von der Königlichen Gesellschaft für Medizin mit einem Preis gekrönt wurde, findet die Konfrontation zwischen den alten Auffassungen der Epidemien und denen der modernen Chemie ein Echo. Die vergeblichen Versuche mancher Wissenschaftler, das Miasma dingfest zu machen, lassen viele von ihnen der Ansicht von der »Unveränderlichkeit der Luft« den Vorzug geben: »Etliche Chemiker haben nach ihren ebenso feinen wie exakten Analysen der Luft versichert, dieses Element sei unveränderlich, und nie habe man etwas anderes als eben Luft daraus gewinnen können.« [40] Trotz aller Experimente, klagt der Autor, sei es noch nie gelungen, die Miasmen darin zu entdecken, deren Existenz die Ärzte und Gelehrten angenommen hätten. Um die Luftverseuchungstheorien zu retten, scheut sich Ménuret nicht, die Kollegen zur Mißachtung des »schwachen und ungewissen Nutzens der Experimente« [41] aufzurufen; statt dessen solle man sich an die in den Schriften von Beobachtern bezeugten Tatsachen halten! Dafür gibt er selbst sogleich ein Beispiel, indem er zeigt, wie weit man kommt, wenn man genau in der Spur des Hippokrates bleibt. Zu Recht habe der Vater der Medizin die Luft als den »wahren Urheber und einzigen Verbreiter« der epidemischen und ansteckenden Krankheiten betrachtet. Dieses Fluidum sauge wie ein Schwamm die fremden Moleküle auf, die aus tödlichen Ausdünstungen hervorgehen. In bestimmten Teilen der Atmosphäre würden sich geradezu »Lager« dieser krankheitserregenden Stoffe bilden, in denen sie sich fortpflanzten. Und mitten im Jahrhundert der Aufklärung getraut sich Ménuret de Chambaud sogar zu behaupten, der Seuche würden feurige, stinkende Meteore vorausgehen.

In einem späteren Werk, in dem er von neuem den »göttlichen Greis«, der sein Vorbild und sein Führer ist, und die Richtigkeit seiner Ansichten preist [42], versucht er die Miasmen-Theorie mit den Erkenntnissen der Chemiker zu vereinbaren. Ohne sich mit der Luft chemisch zu verbinden, blieben die von den Körpern ausgedünsteten Stoffe doch mehr oder weniger lange einfach mit ihr vermengt. Wurde die Luft vorher als »Lösungsmittel« für die vegetabilischen und animalischen Miasmen betrachtet, so erscheint sie nun als deren Behälter. Hippokrates ist nicht unversöhnbar mit Lavoisier: da die Atmung die vitale Luft angreift, erhöht sie den mephitischen Anteil der Atmosphäre, und dieser Prozeß wird durch jederlei übelriechende Stoffe noch verstärkt. Mit diesen geschickten Anpassungen gelingt es ihm, die Zwangsvorstellung, die er sich 1781 in den Kopf gesetzt hat, aufrechtzuerhalten: die Beeinträchtigung der Luft ist »das Grundprinzip der Pest«.[43]

Obwohl Ménuret doch selbst an die Ansteckung glaubt, werden seine Thesen von den anderen Verfechtern der Ansteckungstheorie lautstark als Amalgamierung verdammt: verdorbene Luft könne zwar manche sehr ansteckenden Epidemien nach sich ziehen, so doch keinesfalls die Pest hervorbringen. »Daß sie zu irgendeiner Zeit verderbe, will ich gern zugeben, aber daß dieses Verderben die Pest erzeuge, das scheint mir auf den ersten Blick jeder Wahrheit zu widersprechen«[44], protestiert 1783 der russische Mediziner Samoilowitz. Der Gestank rufe nur Fieber hervor, in Sümpfen, Gefängnissen oder Hospitälern. Was den alten Aberglauben bezüglich der Erscheinungen am Himmel, der bösen Einflüsse von Gestirnen und Kometen angehe, so bezeuge er ein »astrologisches Delirium«. Wie könne man heute noch dem Forestus Glauben schenken, der das Pest-Miasma, aus Feuer und Sternen gebildet, auf die Häuser herabfallen sah? Oder Schreiber, der behauptet hatte, daß die Vögel, weil sie die verdorbene Luft meiden, nicht mehr in die pestverseuchten Regionen fliegen? In seiner Empörung schließt Samoilowitz die Luft ganz und gar von jeder Mitwirkung bei der Entstehung der Pest aus: in Äthiopien habe sie damit so wenig zu tun wie in Ägypten. Sie könne nicht einmal die Stärke der Seuche vergrößern oder vermindern.

Dieselbe Ausgangsposition nimmt 1784 Charles Mertens ein. Daß die Atmosphäre die Pest zu erzeugen vermöge, sei eine

»Doktrin, in der das finstere Mittelalter nachklinge«.[45] In Moskau sei die Luft auch während des Höhepunktes der Pest vollkommen rein gewesen. Aber die Behauptung seines russischen Kollegen, daß die Luft am Auftreten der Epidemie überhaupt nicht beteiligt sei, weist der französische Arzt zurück. Wie schon Sydenham richtig gesehen habe, spiele sie dabei tatsächlich eine Rolle, die sich jedoch darauf beschränke, die Kraft des ansteckenden Miasma je nach Temperaturunterschieden zu vermehren oder zu dämpfen und den Körper für die Ansteckung empfänglich zu machen.

## *Menschenansammlungen, Infektionsherde*

In diesem Gewirr der Meinungen versucht Jean-Noël Hallé, Mitglied der Königlichen Gesellschaft für Medizin, 1785 einen neuen Ton zu Gehör zu bringen. Angesichts der Gasvergiftungen und Atemwegserkrankungen, unter denen die Kloakenreiniger leiden, kritisiert er die Verwechslung von Gestank mit Gesundheitsschädlichkeit. »Die übelriechendsten Kotgruben«, erklärt er zwingend, »sind nicht die gefährlichsten.« [46] Trotzdem vermögen weder eine so scharfe Unterscheidung noch die Entdeckungen der Chemiker über die Beschaffenheit der Luft die traditionellen ätiologischen Vorstellungen zu entkräften. Manche Berichte der Akademie der Wissenschaften und der Königlichen Gesellschaft für Medizin, an denen Lavoisier selbst mitgearbeitet hat, zeugen für ihre Beibehaltung. Die Orte, wo sich viele Menschen auf engem Raum zusammen befinden, wie Gefängnisse, Hospitäler, Kasernen, Schiffe, Theater und Versammlungssäle, und auf die sich schon seit fast vierzig Jahren die Aufmerksamkeit der Hygieniker konzentriert hat [47], erscheinen nun als doppelt gefährlich wegen der verbrauchten Atemluft und wegen der stinkenden Dünste.

Die Gefängnisse, wo Menschen im Dreck verkommen, sind der Herd von vielerlei ansteckenden Krankheiten, die Dörfer, Städte und Armeen dezimieren und Verheerungen bis in die Kolonien bringen. Der Gestank der Latrinen, die Enge, der von Speichel, Urin und Exkrementen durchtränkte Boden, schlechte Belüftung und Hygiene und die mit stinkenden Körperausscheidungen durchtränkte Kleidung machen die königlichen Kerker zu einer Gefahr für die Menschheit. Es wird unerläßlich, die Ansteckungsgefahr zu neutralisieren. Vorschläge wie die betreffend Pflasterung, »Spanioletten«-Fenster, die die Erneuerung der Luft, und Lüftungsschächte, die ihren Aufstieg nach oben gestatten, blaue Leinenkleidung zur Abschirmung gegen die Miasmen, Einzel- oder wenigstens Zweierbetten, Desinfektion und Bäder spiegeln die jahrhundertealte und auch noch moderne Besorgnis wider. Zwar werden die Luftzirkulation und Maßnahmen gegen die Überfüllung als vordringlich aufgefaßt, aber auch der Exkrementengeruch hat nichts von seiner angsterregenden Wirkung verloren. Dies bezeugt ein ungewöhnliches Abort-Projekt. Um die Ablagerungen der Fäkalstoffe an den Wänden der Entleerungsrohre zu vermeiden und ihren direkten Fall zu erleichtern, müssen die Klosettbecken »stumpfe Kegelausschnitte mit der Basis unten sein ... Diese Öffnungen könnten aus Gußeisen gefertigt werden, müssen aber dick und stark genug sein, daß die Häftlinge sie nicht zerbrechen können«.[48]

Auch das Hospital, ebenfalls ein geschlossener Raum, beschäftigt die Hygieniker. Ihre Entrüstung weckt vor allem das Pariser Hôtel-Dieu. Die fürchterliche Unsauberkeit, die dort herrscht, verschafft ihm das traurige Privileg der höchsten Sterblichkeitsquote in ganz Europa. Die Verwüstungen durch den Gestank werden erschütternd beschrieben. Das ganze Etablissement ist eine einzige große Kloake: überfüllte Krankensäle, schmutzige Betten, in denen die Kranken übereinander getürmt werden, zu kleine und »bis zur Tür verdreckte« Latrinen, mit dem Blut und Eiter der Verwundeten bespritzte Fußböden, ekelhafte Gerüche aus dem Operationssaal und dem Sterbezimmer, vermiefte Treppenhäuser ohne Fensteröffnungen, wo eine verdorbene Luft aufsteigt, »die man nur mit Mühe und Abscheu einatmet«, giftige Miasmen, die von den Körpern und den Matratzen ausgehen, heiße und widerliche Dämpfe, »die man mit dem Auge erkennen und mit den Händen zerteilen kann«, entweichen den Laken der Wöchnerinnen und dringen in den Kreißsaal hinüber – ein mörderischer Gestank, von dem die Gebärenden ohnmächtig werden. »Die Luft, die im Hôel-Dieu zirkuliert, ist vom einen Ende der Krankensäle bis zum andern und vom Erdgeschoß bis zur dritten oder vierten Etage nur eine einzige große Masse verdorbener Luft.«[49] Die Konstruktionsmängel der Gebäude und die ungenügende Zahl der Fenster, die oft noch von schlecht gereinigter Wäsche, die zum Trocknen davorhängt, verdunkelt werden, machen die Lüftung schwierig. Die verbrauchte Luft findet nur über viele Umwege nach draußen. Ebenso lang ist der Weg für die Luft, die von draußen hineingelangt: in manche Säle kommt sie erst, wenn sie schon mit dem Gestank der übrigen eingedickt ist. Wie soll da die »vitale Luft«, die nur ein Viertel der Gesamtmasse dieses Fluidums ausmacht, sich erneuern, so daß sie das Leben erhalten kann? Als ein Herd abscheulicher Ausdünstungen, aus dem ganze Wagenladungen von Leichen, verseuchtem Stroh und Federn hervorgehen, ist das Hôtel-Dieu mitten in der Innenstadt von Paris für die Bedürftigen, die es aufnimmt, ein Ort der Verdammnis und eine Gefahr für die Bevölkerung.

Mit Ventilatoren und mancherlei Apparaten will man alle diese Seuchenherde neutralisieren. 1796 rühmt Garros eine »erstaunliche und überaus vorteilhafte Maschine«, die imstande sei, die Luft nach Belieben abzukühlen oder zu erwärmen, sie zu reinigen und mit »heilsamen und vegetativen Wirkstoffen« anzureichern. Aber dann beklagt er, daß eine »Aufwallung des Übermuts« seinen »Pyroréfrigérent« vernichtet habe, und mit ihm die Möglichkeit, Schiffe, Hospitäler, Schauspielhäuser und andere öffentliche Orte zu sanieren, »die der bestialische Gestank krankheits- und todbringend macht«[50], ebenso wie die Hoffnung auf Erhaltung und Wiederherstellung der Gesundheit.

Auch die Stadt, Sinnbild von Ende und Verschmutzung, ängstigt die Menschen. Wer schwache und anfällige Lungen hat, kann die Ablagerungen von Ruß aus den Kohlefeuern und den Dunst von Müll und Unrat nicht ertragen. Selbst die Robusteren spüren sofort die Wohltätigkeit der guten Landluft und werden ergriffen »von einer gewissen Heiterkeit, die von der leichteren Atmung kommt«[51], bemerkt Hales 1735. Die Ansammlung Tausender von Menschen, die atmen und schwitzen, macht die Luft äußerst unzuträglich. Langrish versucht die Beeinträchtigung zu quantifizieren.[52] Die Warnungen werden dringlich. Pingeron ermahnt die Städter zu Sauerstoffkuren: »Verlaßt die erstickende Luft der Städte, laßt euer Hirn eine heilsame Dosis Landluft aufnehmen; hört auf, wie Automaten zu leben; die Welt darf wissen, daß ihr eine Seele habt, mag sie auch oft nicht sehr edel sein. Wenn ihr beständig die Luft der Stadt atmet, solltet ihr euch den Hals ebensooft fegen lassen wie eure Kamine. Dem Fisch, der im schlammigen Wasser lebt, schmeckt der Schlamm; und ebenso ergeht es denen, die nur den Rauch der Steinkohle einatmen und die Dünste des Weihrauchs, den man der Göttin Kloakina darbringt, deren viele Altäre unablässig qualmen. Solche Menschen müssen Hirn und Lungen mit dergleichen Dämpfen gesättigt haben ...«[53] Baumes stellt einen augenfälligen Kontrast zwischen Großstadtkindern, die in engen Wohnungen und Straßen leben und in den Manufakturen arbeiten, und anderen Kindern fest, die auf dem Lande in offenen Häusern aufgewachsen sind.[54] Aber die reinste Luft, wie Pott 1782 beteuert, ist unstreitig die Gebirgsluft. Je höher man aufsteigt, desto besser wird sie. Die Höhe mache die Schweiz zum gesündesten Land Europas und schütze Quito für immer vor Pestverseuchung. Alle Bergbewohner, ob Schweizer, Schotten oder Basken, würden länger leben; im Flachland würden sie von Beklemmungen und Kreislaufstörungen befallen und von »einer quälenden Melancholie, die jene Traurigkeit hervorbringt, jene hypochondrische Stimmung und die große Sehnsucht nach dem Land der Geburt, die man als Heimweh bezeichnet«.[55]

Für die Wohltätigkeit der Gebirgsluft gibt Fourcroy die folgende Erklärung: Eine an Vitalluft reichere Atmosphäre verleiht »der gesamten animalischen Ökonomie mehr Wärme, erhöht die Lebensgeister, unterstützt die anregende Aktivität der Flüssigkeiten, weitet die Blutbahnen, bringt die dicken Säfte zum Abschmelzen und trägt wirksam dazu bei ... Verstopfungen zu beseitigen, Hindernisse zu zerstreuen, beginnende Tumore aufzulösen und allen Bewegungen die Freiheit und Leichtigkeit wiederzugeben, die allein schon in den Funktionen des menschlichen Körpers wieder Ordnung schaffen«.[56] Aber wohlgemerkt, wenn die Vitalluft auch eine »arzneiliche Kraft« darstelle und bei Bleichsucht von jungen Mädchen, skrofulösen Beschwerden, Verstopfungen, Asthma, Rachitis, Hypochondrie und hartnäckigen Atembeschwerden gute Wirkungen zeitigen könne, so sei sie dafür bei Schwindsucht gefährlich, weil sie »die Entzündung in die Lungengefäße trägt«. Die Physik schafft von nun an eine wissenschaftliche Grundlage für die Intuitionen des praktischen Arztes, der den Lungenleidenden auch früher schon die heilsame Luft der Pferde- und Kuhställe verordnet und ihnen die allzu frische Gebirgsluft verwehrt hatte. »Man sieht, daß diese Ideen aus der klinischen Erfahrung mit den exaktesten physikalischen Erkenntnissen übereinstimmen, denn die Vitalluft, die für die Schwindsüchtigen wegen der Wärme, die sie in ihre Lungen bringt, schädlich ist, findet sich tatsächlich auf den Höhen reichlicher und isolierter vor als in der gewöhnlichen Atmosphäre, inmitten der Vieh- und Pferdeställe, wo die Luft beständig den Ausdünstungen der Leiber und der Atmung der Tiere ausgesetzt ist.« Mit Nachdruck wird die Idee ausgesprochen, daß der Arzt hinfort auf die Hilfe des Chemikers nicht mehr verzichten könne. Baumes meint, man sei den Erkenntnissen Lavoisiers verpflichtet: »Die Wahl unter den verschiedenen Arten von Luft, wie der des Gebirges, der Ebenen oder der Ställe; die medizinische Verwendung mancher gasförmiger Fluida wie kohlensaures Gas, Stickstoff- und Sauerstoffgas; die Mittel, suspekte Orte zu desinfizieren, indem man die Salzsäure in den gasförmigen Zustand versetzt und das gewöhnliche Salz durch konzentrierte Salzsäure auflöst, sind ebenfalls glückliche Resultate der Anwendung chemischer Erkenntnisse auf die medizinische Thematik, die dabei mehr und mehr von ihrem überflüssigen Beiwerk hat aufgeben müssen.«[57]

Diese neuen Gesichtspunkte vermögen jedoch die Aufmerksamkeit der wissenschaftlichen Autoritäten noch nicht von den traditionelleren Ansteckungsherden abzulenken. Eine Kommission, der auch Lavoisier angehört und die 1789 von der Akademie der Wissenschaften beauftragt wird, die Gefahren zu untersuchen, die von den immer noch mitten in der Hauptstadt betriebenen Schlachthäusern ausgehen, äußert sich zunächst zurückhaltend: Die Dünste aus den Stadtvierteln, wo sie sich befinden, seien noch nicht zum Gegenstand »direkter Erfahrungen« und fortgesetzter Untersuchungen geworden, durch die ihre Schädlichkeit hätte erwiesen werden können. Aber wenn die gegenwärtige Physik auch noch keinerlei positive Erkenntnisse über die Folgen fauliger Ausdünstungen gewonnen habe, so gestatte die Erfahrung aller Völker und aller Jahrhunderte doch den Schluß, »daß die Orte, wo man Tiere zur Fleischgewinnung schlachtet, wo man ihre Häute trocknen läßt, ihren Talg schmilzt oder ihren mit Blut und Fleisch vermischten Dung aufbewahrt, ungesund sein müssen und daß der Einfluß solcher Ausdünstungen die Luft verdirbt«.[58] Um sich davon zu überzeugen, genüge es übrigens, an die fahle Gesichtsfarbe der Frauen zu denken, die um den Pariser Friedhof des Innocents wohnen, an die Fieber, die von den Sümpfen und Schlachtfeldern ausgehen, und an die Pest, die in Konstantinopel jedes Jahr von neuem in der feuchten Frühlingswärme aus dem Unrat und den Tierkadavern erwachse.

1790 billigt Vicq d'Azyr, der ständige Sekretär der Königlichen Gesellschaft für Medizin, ohne Vorbehalt das Projekt eines gewissen Boncerf, betreffend die Trockenlegung der Sümpfe. Ihre Ausdünstungen riefen tödliche Seuchen hervor, insbesondere eine bestimmte Art Pest, die unter den Namen »febris hungarica« oder »pestis delphica« bekannt sei.[59] Das Languedoc, eine Region mit vielen stagnierenden Gewässern, habe eine hohe Sterblichkeit. Die Franche-Comté dagegen, ein Gebirgsland, wo solche verderblichen Einflüsse nicht zu spüren seien, habe eine zahlreiche Bevölkerung, die der Armee dreißigtausend Mann liefere und der Kirche viele Mönche und Nonnen.

Faktisch vermögen weder der Mißerfolg des »Eudiometers«, den man entwickelt hatte, um Miasmen aufzuspüren und die Luftqualität zu messen, noch die Entdeckungen der Chemie der Luft die alten Überzeugungen in bezug auf die »Konstitutionen« der Luft und ihre Verseuchung durch Ausdünstungen jeder Art zu erschüttern. Wenn die neuen Kenntnisse es nun auch verbieten, die Luft als einen elementaren Stoff anzusehen, der »faulen« könnte, wenn eine Unregelmäßigkeit in seinen »Qualitäten« auftritt oder er von Fäulnisgerüchen verschmutzt wird, so erlauben sie es doch immer noch, in diesem Gasgemisch den Behälter und Träger schädlicher Dünste zu sehen, die Epidemien hervorrufen und verbreiten können.[60] Lavoisier selbst, der doch die entscheidenden Untersuchungen über die Beeinträchtigung der Luft in geschlossenen Räumen durch die Atmung verfaßt hat, beruft sich auf die traditionellen Auffassungen, um die Entstehung der Pest in Konstantinopel zu erklären.

Der Konflikt, der seit 1720 die europäische Ärzteschaft spaltet, erreicht seinen Höhepunkt im Jahr 1846. Im Auftrag des Ministeriums für Landwirtschaft und Handel, den Fragen bezüglich der Pest und der Quarantäne nachzugehen, arbeitet eine Kommission der Königlichen Akademie der Medizin einen über tausend Seiten starken Bericht aus. Aus dem Durcheinander der Meinungen treten zwei Auffassungen hervor, die die ätiologischen Tendenzen, die hier aufeinanderprallen, besonders deutlich machen: die des Berichterstatters Prus und die von Pariset, der der Kommission angehört, aber mit ihren Schlußfolgerungen nicht übereinstimmt.

Für Prus und seine Kommission, die nicht der Ansteckungstheorie folgen, ist der Ursprung der Pest nicht auf imaginäre Keime zurückzuführen, sondern auf einen Gesamtkomplex von Ursachen: örtliche Unsauberkeit, Beschaffenheit der Luft, physisches und moralisches Elend. Ägypten, Syrien und die Türkei stehen zuoberst auf der Liste der Länder, die die Seuche hervorbringen. Aber im Gegensatz zu dem, was man im 18. Jahrhundert glaubte, ist das Übel in jenen Gegenden nicht ein Werk der Natur, sondern des Menschen. Infolge seiner Unwissenheit und der Fahrlässigkeit der Regierung führt der ägyptische Bauer eine untermenschliche, nahezu tierische Existenz. Seine Hütte, aus Schmutz und Tierknochen gebaut, ist niedrig, dunkel und feucht. Der Eingang ist so klein, daß man nur kriechend hineingelangt. In dieser elenden Behausung, wo die Luft nicht zirkulieren kann, schlafen Männer, Frauen und Kinder zu ebener Erde auf einer fauligen Rohrmatte. Als wollte er alle Ursachen seiner Vernichtung um sich versammeln, umgibt der Fellache seinen Schuppen mit Haufen von Unrat und Abfällen. Gewissermaßen eingegraben in Dreck und Fäulnis, scheint er »einer Belüftung, die den Ort, wo er sich niedergelassen hat, sanieren könnte, zu trotzen«. Die Nahrung, die er aufnimmt, ist ebenso schädlich wie das brackige Wasser, das er trinkt, und die Luft, die er atmet. Das Brot, das er verzehrt, wird in der Asche nur flüchtig gebacken und hat nicht den für eine menschenwürdige Nahrung erforderlichen Grad an Garheit. Das Fleisch, das sein Herr ihm überläßt, stammt von kranken Tieren. Seine Alltagskost besteht aus altem Käse, in dem es von Maden wimmelt, und faulem Fisch. Sogar der Brennstoff, eine Mischung von menschlichen und tierischen Exkrementen, verstärkt noch diesen Eindruck, daß man es mit einem Menschen zu tun hat, der zwischen Aas und Abfällen haust. Zu dem Kotgestank dieser Umgebung kommt noch der Kadavergeruch aus den stets offenen Gräbern hinzu, den die Europäer kaum ertragen können.[61] Wie sollten unter so außerordentlich ungesunden Lebensbedingungen nicht die fürchterlichsten Krankheiten entstehen?

In Ermangelung der guten sanitären Regelungen, deren sich das alte Ägypten erfreute, ist das Los des Städters nicht viel beneidenswerter. Die engen, finsteren und unregelmäßigen Straßen von Kairo sind nicht gepflastert. Sie führen an Bauten vorüber, die manchmal schön sind, aber ohne Symmetrie, Seite an Seite mit Ruinen, in denen die Fäulnis sich festgesetzt hat und herrenlose Hunde streunen. Ein abscheulicher Kanal, in den der Unrat entleert wird, durchquert die dreckige und anarchische Stadt. Ein trübes Wasser wird daraus abgeleitet, das die Armen trinken und von dem stinkende Dämpfe aufsteigen, die Kopf-

und Magenschmerzen bereiten. Kairos fünfunddreißig Friedhöfe machen die allgemeine Verseuchung voll. Daß bei einer solchen Anhäufung gesundheitsschädlicher Elemente, einer so unglaublichen Zusammenballung von Miasmen, die Luft schließlich nicht mehr atembar wird, hat wahrhaftig nichts Erstaunliches.

Auf den ersten Blick müßte »dieses traurige Bild von dem Elend der ägyptischen Bevölkerung« den ätiologischen Auffassungen von Pariset gar nicht widersprechen, denn es ist angeregt von seiner eigenen Denkschrift über die Ursachen der Pest. Dennoch mißbilligt er den Gebrauch, der davon gemacht wird. Seiner Ansicht nach ist die wahre Ursache weder in den atmosphärischen Zuständen, noch in den Miasmen der Sümpfe, in der Unsauberkeit oder in den elenden Lebensverhältnissen zu suchen. Zwar wolle er zugeben, welchen Schaden eine Regierung ohne Rücksicht und Erbarmen den Menschen zufügen kann; doch Europa mit seinen Hygiene- und Schonungsvorschriften sei allzu verliebt in diesen Gedanken und wolle sich selbst und anderen mit Schimären und Kindereien helfen.[62] Nur die Ausdünstungen von Kadavern, die tierische Giftstoffe enthielten, seien imstande, die Pest hervorzurufen. Das »unheilvolle Geheimnis«, an dem Ägypten zu leiden habe, sei der Überreichtum an solch verderblichen Stoffen: die Friedhöfe liegen so dicht an den Behausungen, »daß die Toten unter den Lebenden zu sein scheinen«; in den düsteren, feuchten, undurchlüfteten Vierteln quellen die Häuser über vor Kadavern; die Dörfer, »aus Aas und Dreck gebaut«, sind »eingetaucht in die tödliche Hitze eines Schmelzofens«. Weil es die sehr sinnvollen Praktiken des Einbalsamierens aufgegeben hat, ist das moderne Ägypten zu einem Herd der Seuche geworden. All diese verwesenden Körper, die nun nicht mehr vorbereitet, eingesalzen, ausgetrocknet, mit Pech und duftenden Binden umhüllt, in steinernen Gräbern verwahrt, in Särgen von Sykomorenholz, in Millionen und Abermillionen von tönernen Urnen oder in tiefen Höhlungen in der Erde bestattet, sondern »heute ohne Vorbereitung und sozusagen im Rohzustand der Erde einverleibt werden«, verwandeln dieses

Land in einen riesigen Friedhof, in eine »wahre Destillieranstalt für Kadaver«.

Entgegen allem, was man erwarten sollte, kommen der Berichterstatter der Kommission und Pariset, der ständige Sekretär der Akademie, einander nicht näher, wenn sie mit Nachdruck die unglaublichen Gesundheitsgefahren Ägyptens beschreiben. Der erstere spricht davon, um eine klassische ätiologische Theorie damit zu begründen: die Theorie vom schon verdorbenen Organismus, der einer verseuchten, heißen und feuchten Luft ausgesetzt wird. Der zweite stützt sich darauf, um die These von einem lebenden Agens zu entwickeln, das aus der Degeneration der Körpersäfte entstehe. Aber es fällt auf, daß beiden Konzeptionen, trotz ihres Gegensatzes, eine olfaktorische Komponente gemeinsam ist: der Gestank. Das Miasma, das von tierischer oder pflanzlicher Verwesung ausströmen, stehen immer noch im Mittelpunkt der Auffassungen von der Ätiologie der Pest.

Zu ähnlichen Diskussionen kommt es in ganz Europa. In England zum Beispiel stellt Edwin Chadwick 1844 einen Zusammenhang zwischen den »Unreinheiten« der Luft und den Krankheiten übervölkerter Gebiete fest. William Budd versucht 1858 im Gegenteil, anhand eines Extremfalles von »Gestank, der eines dreifachen Augias würdig« und in London aufgetreten sei, zu beweisen, daß trotz aller finsteren Prophezeiungen keine vermehrte Sterblichkeit und keine übelriechenden Krankheiten zu bemerken waren.[63]

### *Erstes Aufmerksamwerden auf die industrielle Luftverschmutzung*

Dennoch erscheint im gleichen Jahr auch ein kleines Werk, das über neue Besorgnisse Aufschluß gibt. In einer an Napoleon III. gerichteten Denkschrift beklagt der Autor, daß auf die Gesundheit der Fische mehr Rücksicht genommen werde als auf die der Menschen: »Der Gesetzgeber hat sich über das, was den in Wasser lebenden Geschöpfen zuträglich ist, weiter ausgelassen als über das, was die in der Atmosphäre lebenden angeht.« [64] Während es für die Gewässer schon rechtlichen Schutz gebe, werde die Unverletzlichkeit dieses anderen lebenswichtigen und sehr empfindlichen Fluidums von keinem Gesetz geschützt. Dieses rechtliche Vakuum begünstige eine Beeinträchtigung, die vielerlei Epidemien hervorrufe. Die Cholera von 1854 habe keine andere Ursache. Koksverbrennung, Hochöfen, Hüttenindustrie und Natronfabriken würden eine Unmenge gesundheitsschädlicher Miasmen verbreiten, ohne durch irgendein Gesetz daran gehindert zu werden. Es scheint sogar, entrüstet sich der Autor, daß man sie zu diesem Treiben ermutigt. Um gegen diese Zustände Abhilfe zu schaffen, empfiehlt er mancherlei Maßnahmen, vor allem eine Änderung des Systems zur Abfuhr des in den großen Industriebetrieben erzeugten Rauches: »Wenn man ..., statt riesige Schornsteine bis in die Wolken hinaufreichen zu lassen, wo sie die unreinen Dünste in die Atmosphäre speien, diese vielmehr so krümmte, daß sie den Rauch zum Herabfallen brächten, so würde man durch dieses Mittel die stärkestmögliche Zersetzung des gasförmigen Anteils erreichen.« [65] Abgesehen von dieser ein wenig komischen Vorstellung, wird hier ein Problem angeschnitten, das immer noch aktuell ist, nämlich die Tilgung schädlichen Rauches.

Nachdem die Reinheit der Luft schon seit mehreren Jahrhunderten eine beunruhigende Frage gewesen war, sollten dazu die ältesten Befürchtungen noch einmal im Jahr 1880 wach werden, als eine Woge ungewöhnlich übler Gerüche über Paris hereinbrach. Eigentlich kam es erst nach den Entdeckungen des Cholera-Erregers durch Koch (1883) und des Typhus-Bazillus durch Gaffky (1884) so weit, daß die Gleichsetzung von Schädlichkeit und Gestank allmählich an Überzeugungskraft verlor.

## Die Ausbreitung der Pest

> »Der Atem des Menschen ist tödlich für seinesgleichen: das ist im wörtlichen Sinne ebenso wahr wie im übertragenen.«
>
> Rousseau, *Émile*

### *Der Hauch der Pest und Fracastoros Keime*

Als eine »allgemeine« Krankheit, die bei jedermann ein und dieselbe Ursache hat (die Luft)[66], ist die Pest für Hippokrates und seine Schüler mit einem fiebrigen Zustand verbunden. Überraschenderweise wird ihr ansteckender Charakter in den hippokratischen Schriften, die weder vom Fortschreiten der Seuchen von einem Ort zum andern noch von ihrer Übertragung von einer kranken auf eine gesunde Person reden, nicht deutlich. Dieses Stillschweigen ist um so erstaunlicher, als die Übertragbarkeit mancher Krankheiten schon in den Volksmeinungen weithin angenommen wurde. Der erste, der dies erwähnte, ist Thukydides, anläßlich der Pest von Athen. In Ermangelung eines geeigneten Begriffs für »Ansteckung« drückt er den Sachverhalt metaphorisch aus, mit dem Verb »anapimplemi«, was »anfüllen« bedeutet, wobei Fäulnis und Besudelung mitgemeint sind. Im Anschluß an ihn wurde der Begriff ohne Bedenken in vielen historischen, philosophischen, poetischen Werken und sogar in Schriften über Landwirtschaft und Viehzucht aufgenommen.[67]

Ein dem Aristoteles zugeschriebener Text versucht das Geheimnis der Übertragung zu lüften: Der Geruch spielt eine wichtige Rolle. Die Ansteckung erfolge durch die üble und schwere Luft, die der Kranke ausatmet[68]; Berührung ist also nicht notwendig. Ovids Beobachtungen zur Zeit der Pest in Ägina deuten in dieselbe Richtung:

> »Siech ist alles und matt. In den Wäldern, Feldern und Wegen
> liegen, häßlich, die Leiber; Gestank verpestet die Luft, und –

seltsam! hört: Die Hunde, die gierigen Vögel, die grauen
Wölfe, sie rührten die Leichen nicht an. In Verwesung zerfallend,
dünsten sie Schaden aus und schicken weithin die Verseuchung.«[69]

Wenn die von der Luft weitergetragenen Pestdünste die Krankheit über eine gewisse Entfernung auszubreiten vermögen, wird die Lebensgefahr begreiflich, in die man sich begibt, wenn man so unvorsichtig ist, sich dem Atem eines Pestkranken auszusetzen.

Der augenfällige Kontrast zwischen all diesen Schriften und den medizinischen Werken hat eine Anzahl Historiker zu der Annahme geführt, die Ärzte des Altertums hätten in ihrer Gesamtheit das Konzept der Ansteckung verworfen. Diese Annahme beruht auf zweierlei Gründen. Zunächst soll eine unüberbrückbare Kluft zwischen der Mentalität der griechischen Ärzte und der Volksmeinung bestanden haben. »Da der Gedanke einer Ansteckung in einem magischen Weltverständnis und in der volkstümlichen Überlieferung verankert war, wurde er aus der wissenschaftlichen griechisch-römischen Medizin verbannt.«[70]

Der zweite Grund wäre die Unvereinbarkeit jeder Ansteckungstheorie mit der Miasmen-Lehre des Hippokrates. Diese besagt, daß die Ursache der pestilenzialischen Krankheiten sich notwendig in der von den Personen in einer bestimmten Gegend und zu einer bestimmten Zeit eingeatmeten Luft befindet. Unter diesen Bedingungen sind die Ideen einer Wanderung der Krankheit von einer Gegend zur andern und mehr noch die einer Übertragung von Individuum zu Individuum völlig ausgeschlossen. Für eine ganze Strömung wäre demnach das Fortschreiten der Seuchen von Ort zu Ort geradezu ein »Skandal«[71] gewesen, den Thukydides aufgegriffen haben mag, als er schrieb, daß die Seuche, bevor sie in Athen ausbrach, »zuerst, *so heißt es,* in Äthiopien oberhalb Ägyptens begann und dann nach Ägypten niederstieg, Libyen und in weite Teile von des Großkönigs Land«.[72] Man kann jedoch in dieser Formulierung auch nur den Ausdruck eines Vorbehalts sehen, den der Historiker auch an anderer Stelle allem entgegenbringt, was er nicht persönlich bezeugen kann. Getreu diesem Prinzip gestattet sich Thukydides zum

Ausbreitungsvorgang der Pest keinerlei Hypothesen. Er begnügt sich mit der Feststellung, daß sie sich anscheinend bei der Pflege überträgt und daß Ärzte, die den Kranken näher kommen, häufiger sterben als die anderen.

Was die Übertragung der Krankheitszustände zwischen einzelnen Personen angeht, so besagt das Schweigen hierzu in den Hippokratischen Schriften, daß eine solche Übertragung für die Erklärung der Epidemie im Kontext der Miasmen-Theorie nicht notwendig ist. Heißt dies indes, daß die Ansteckungstheorie mit den Hippokratischen Lehren völlig unvereinbar geblieben wäre? Zweifellos ja, wenn man im modernen Sinne unter Ansteckung die Weitergabe eines fortpflanzungsfähigen Krankheitserregers (»contagium«) von Person zu Person versteht. Die Vorstellung lebendiger krankheitserregender Keime tritt jedoch zumindest in allem, was die Pest angeht, erst im 16. Jahrhundert bei Fracastoro auf.

Die Gleichsetzung zwischen dem Fehlen einer Theorie lebendiger Keime und der Ablehnung der Ansteckungstheorie ist jedoch, wie V. Nutton erklärt hat, ein wenig übertrieben. Sie beruht eigentlich auf einer Vermischung der Ansteckung selbst mit dem sie bewirkenden Prozeß.[73] Ohne die Konzepte des Hippokrates direkt anzugreifen, haben manche Mediziner im Altertum sich doch eine Idee von einer »Kontagion« bilden können, die sich ihnen durch die Tatsachen, die sie beständig vor Augen hatten, nachdrücklich einprägte. Man täte wohl auch diesen Ärzten Unrecht, wenn man ihren Rationalismus und ihre strenge Logik bei der Prüfung hypothetischer Begriffe rühmt, sie aber gleichzeitig gegenüber klinischen Erscheinungen, die sie nicht übersehen konnten, für vollkommen begriffsstutzig hält. Und in Wahrheit haben die medizinischen Autoren hierzu auch nicht alle geschwiegen. Manche unter ihnen wie Aretaios von Kappadokien im 1. Jahrhundert unserer Zeitrechnung, Alexander von Aphrodisias zu Beginn des 3. Jahrhunderts oder später Caelius Aurelianus betrachten vielerlei Krankheiten als ansteckend.[74] Besonders aber bei Galen, dessen Werk den höchsten Stand der griechisch-römischen Medizin wiedergibt, geht die Ergebenheit gegen Hippokrates nicht so weit, daß jedes Nachdenken über die Ansteckungshypothese erstickt würde. Galen gibt vielmehr klar an, daß es gefährlich ist, mit Pestkranken Umgang zu pflegen, ebenso auch mit »all denen, die faulige Luft ausatmen, bis sogar die Häuser, in denen sie wohnen, übelriechend werden«.[75] Er denkt also an die Ansteckung, auch wenn kein bestimmter griechischer Terminus sie genau bezeichnet. Natürlich kann es dabei für Galen nur um einen der ersten Ursache, nämlich der Luftverderbnis, nachgeordneten Prozeß handeln. Miasmentheorie und Ansteckung scheinen dabei übrigens auf die gleiche Ebene gestellt zu werden: Daß die pestilenzialische Luft das Fieber bringt, wird von den halbwegs Intelligenten ebensowenig übersehen wie »die Gefahr, die man eingeht, wenn man mit von der Pest Befallenen zusammenlebt«. Das folgende Schema bildet sich also heraus: Die erste Ursache der Pest liegt in der Verdorbenheit der Luft; verbreitet werden kann sie auch durch den Atem der Kranken.

Wenn man noch einen Schritt weiter ginge, könnte man eine Logik in Galens Auffassung dieser Frage rekonstruieren. Man darf nicht vergessen, daß Galen zu der von Hippokrates übernommenen Ätiologie die Bedingung einer inneren Prädisposition hinzugefügt hat. Sollte er den Atem der Kranken nicht als noch schädlicher betrachtet haben als die umgebende Luft? Zumindest darf man wohl für den letzten Stand der antiken Medizin eine Koexistenz der rein hippokratischen Prinzipien mit der Vorstellung einer von den Kranken selbst ausgehenden Ansteckung annehmen. Jedenfalls wird die Pest von Galen als der Prototyp einer tödlichen Epidemie dargestellt. Er vergleicht sie mit einem wilden Tier, das alles verschlingt »und ganze Städte verenden läßt«.[76] Ihre Beziehung zu Fäulnis und Verschmutzung und ihr stinkender, giftiger und ekelerregender Charakter werden bekräftigt.

Diese Vorstellung sollte seit dem hohen Mittelalter, in dessen Verlauf der Begriff der Ansteckung an Boden gewann, deutlichere Umrisse annehmen. Die Bedenken eines Oribases, des Leibarztes Julians des Abtrünnigen, oder eines Prokopius, des

Historikers, der die »Justinianische Pest« beschrieben hat, die von 542 bis 544 Konstantinopel und einen Teil von Europa verheerte, können die Erklärungen des hl. Basilius des Großen oder des hl. Johannes Chrysostomos, die beide von der Übertragbarkeit der Krankheit überzeugt waren, nicht entkräftet haben. Beim Ausbruch der großen Pestepidemien des 14. und 15. Jahrhunderts gewinnen diese Ideen eine um so größere Verbreitung, als sie mit der Versicherung, daß die Plage geruchsbedingt sei, zusammengehen. Das *Compendium de epidemia* von 1348, das wichtigste wissenschaftliche Dokument, gibt diese beiden Aspekte vorzüglich wieder. Im Sinne der galenischen Tradition schreibt dieser Text der verdorbenen Luft den Ursprung der Pest zu, doch ist es übertrieben, wenn manchmal behauptet wurde, von der Ansteckung sei darin nicht die Rede.[77]

Für die Mitglieder der medizinischen Fakultät von Paris gibt es, in Zusammenhang mit den üblen Gerüchen, sehr wohl eine Ansteckungsgefahr, denn sie fordern die Gesunden auf, sich »von allen Krankheiten fernzuhalten, die einen üblen Geruch verbreiten, denn diese Krankheiten sind ansteckend«. In der Überzeugung, daß »die Verseuchung der verdorbenen und vergifteten Luft, welche die Kranken ausatmen, sich den Pflegern mitteilt«, gehen sie sogar bis zu der Empfehlung, die Pestkranken sich selbst zu überlassen. Eltern und hilfsbereite Freunde würden sich in »Lebensgefahr« begeben.[78] Olivier de La Haye, der die *Consultation sur l'épidémie* in Verse bringt, rät ebenfalls den Gesunden, sich von den stinkenden Kranken fernzuhalten, denn »telz puantes maladies« seien mit Sicherheit ansteckend.[79] Aus den Häusern zu fliehen, wo die Krankheit aufgetreten ist, wird zu einem Gebot der Selbsterhaltung. Der Gestank ist im Mittelalter für die Pest in solchem Maße charakteristisch, daß er oft mit ihr verwechselt wird, und seit dem 13. Jahrhundert bezeichnet der Ausdruck »Pestilenz« sowohl die epidemische Krankheit als auch den mit ihr verbundenen Geruch.

Als Herd stinkender Ausdünstungen verbreitet der Pestkranke Angst und Schrecken. Schon ein Gespräch mit ihm kann tödlich sein. 1348 spricht Guillaume de Machaut von der Gefahr des tödlichen Anhauchs:

»Po osoient à l'air aler
Ne de près ensemble parler,
Car leurs corrompues alaines,
Corrompoient les autres saines.« [80]

Die Angst erstreckt sich auf alles, was der Kranke berührt oder bei sich trägt, besonders auch auf seine Kleidung. In einer Passage des *Decamerone* trotten zwei Schweine während der schwarzen Pest durch die Straßen von Florenz. Die Tiere stoßen an die Lumpen eines Unglücklichen, der an der Epidemie gestorben ist, und reiben sich daran die Schnauzen. Fast gleich darauf sieht man sie beide, wie vergiftet, unsicher auf den Beinen werden und tot über den Lumpen zusammenbrechen.[81] Die Pestkranken werden von allen ängstlich gemieden. Sogar die Ärzte, entrüstet sich Guy de Chauliac, würden sich weigern, sie zu besuchen.[82] Die Panik, die sie erregen, wird schließlich zu den ersten Isolierungsmaßnahmen führen.

Während der Renaissance entwickeln die Überlegungen zur Ansteckung sich weiter. Marsilio Ficino erweitert und präzisiert die Liste der möglichen Übermittler: Mauern, Möbel, Geschirr, Gebrauchsgegenstände aller Art, Menschen und Tiere. Er gibt die Haltbarkeitsdauer des Pestdunstes an, von dem sie jeweils durchtränkt sind. Dieser, der seinen Ursprung in der Luft hat, wird übrigens erst wirklich giftig, nachdem er im Innern bestimmter empfänglicher Organismen, die ihn daraufhin »mit erstaunlicher Geschwindigkeit und Leichtigkeit« weiterverbreiten, eine Verwandlung durchgemacht hat.[83] Der Geruch des anderen wird zu einer solchen Gefahr, daß es sogar nötig erscheint, den Sicherheitsabstand festzulegen: mindestens zwei Ellen zu einem Gesunden, sechs oder mehr zu einem Pestkranken, beides, wohlgemerkt, unter der Voraussetzung, daß man sich im Freien befindet und die Windrichtung berücksichtigt hat. Bei Versammlungen in geschlossenen Räumen erreichen die Infektionsrisiken ein Höchstmaß. Man fliehe also »die Horde der Menschen« und meide selbst das Gespräch mit ihnen, denn das Gift sei noch gefährlicher, wenn es nicht wie gewöhnlich durch den Mund und die Poren der Haut, sondern durch die Nase eindringe.

Immer könne man das Wesen der Krankheit in der Analogie zum Geruch erkennen. Dieser hafte den Menschen und Dingen zäh an, wie ein Parfüm. Und wie der Geruch einer verschimmelten Orange in einer Truhe für lange Zeit deren Wände durchtränke oder ein Moschusduft sich dauerhaft in Baumwolle niederschlage, so setze auch das Pestgift sich fest. Ein Jahrhundert später stellte auch Montaigne diesen Vergleich an. Als er die Fähigkeit seiner Haut und seines Schnurrbartes bemerkt, einen Geruch stundenlang beizubehalten, wundert er sich, daß er trotz dieser Eigenschaft von der Pest verschont geblieben ist: Er stellt sich also diese »Volkskrankheit« als so etwas wie einen Geruch vor.[84]

Auf diesem Gebiet wie auch in bezug auf die Ätiologie der Pest ist es wiederum Fracastoro, der den bedeutendsten Beitrag liefert. Er beschränkt sich nicht darauf, die geläufige Berufung auf okkulte Eigenschaften abzuweisen, sondern entwirft auch zum ersten Mal das Konzept einer »Epidemiologie im modernen Sinne« [85], nämlich in der Hypothese, daß das Wesen der ansteckenden Krankheiten in unsichtbaren, aber übertragbaren lebenden Agenzien liege. Was die Pestfieber von den Fäulnisfiebern unterscheide, sei nicht, wie die Schule des Galen angenommen hatte, deren Giftigkeit, sondern das Vorhandensein ganz bestimmter Keime, die »eine ganze Reihe von Abkömmlingen erzeugen ... welche die Ansteckung aussäen«.[86] Von den einfachen Dünsten, die sich rasch verändern, würden sie sich durch ihre hohe Widerstandsfähigkeit aufgrund »mächtiger Verbundenheit« unterscheiden. Dank ihrer Zähflüssigkeit könnten sie sich fest mit den Körpersäften verbinden und diese rasch zersetzen. Eine weitere wichtige Abweichung von den herrschenden Lehren: die Notwendigkeit einer bestimmten Empfänglichkeit für die Pest wird bestritten. Auch völlig gesunde Körpersäfte schützen nicht vor der Ansteckung.

Dennoch bleibt auch bei dieser neuen Auffassung die Beziehung zum Geruch gewahrt. Die Wirkungsweise der Pestfieber versucht Fracastoro zu verstehen, indem er Vergleiche mit der eines Gestanks anstellt: »So wagen wir, wenn ein übler Geruch uns auf natürliche Weise begegnet, kaum zu atmen, und ziehen die Luft durch die Nase ein, als wollten wir dem üblen Geruch weniger Zutritt gewähren; und ebenso, wenn ein ungeheurer und abscheulicher Gestank oder Aushauch zum Herzen hin aufgekommen ist, so wagt es naturgemäß kaum sich zu weiten und die Adern zu heben, damit der Gestank weniger Durchlaß erhalte.« [87] Auch die drei Arten der Übertragung, die er unterscheidet, durch Berührung, über einen Zwischenträger und auf Entfernung, werden nach dem Vorbild der Geruchsübertragung verstanden. Die erste gleicht dem Übergreifen der Fäulnis zwischen beieinander liegenden Früchten: Die unsichtbaren Partikel, die in den von der befallenen Frucht ausgehenden fauligen Dünsten enthalten sind, geben die Verunreinigung an andere Partikel weiter. Im zweiten Falle setzen die ansteckenden Keime sich in den warmen und porösen Stoffen (Holz, Textilien) fest, die leicht Gerüche annehmen. Was den dritten Vorgang angeht, die Ausbreitung durch Keime über eine Entfernung hinweg, so wird er hauptsächlich mit Hilfe olfaktorischer Beispiele erklärt. Die Zwiebel reizt auch auf Entfernung zu Tränen, Pfeffer, Irispulver und Nieswurz reizen zum Niesen, Safran und Bilsenkraut machen schläfrig. »Wir müssen wohl annehmen, daß diese verschiedenen Stoffe ausatmen und dabei nach allen Seiten hin Körper verbreiten, die unserer Sinneswahrnehmung entgehen und deren Fähigkeiten und Wirkungsweisen vielfältig sind. So ist es offenkundig auch mit den Körpern, die verfaulen und übel riechen.« [88]

## *Spukgestalten der Pest: Klinkenschmierer und Drachen*

Obwohl das Werk des Arztes und Dichters aus Verona von 1546 bis 1554 vier Auflagen erlebte, gewann es anscheinend nicht viel Einfluß auf die Medizin seiner Zeit. Bei Nicolas Goddin zum Beispiel findet man von Fracastoros Keimen nicht die geringste

Andeutung, und ebensowenig bei Ambroise Paré. Im Fahrwasser von Galen und Ficino setzen beide weiterhin die Pest mit einem Gift gleich. Unter Mißachtung von Fracastoros Theorien und im Vertrauen auf die bequeme Lösung, die er verworfen hatte, kennt Paré keine Bedenken, die Pest als »ihrem Wesen nach ... unbekannt und unerklärlich« [89] zu bezeichnen. Doch immer wieder von neuem wird der olfaktorische Charakter dieses rätselhaften Giftes beteuert. Es werde durch die Nasenlöcher aufgenommen, und seine Feinheit gestatte ihm, unverzüglich und von keinem Hindernis aufgehalten, bis zu den Lebensnerven vorzudringen, »denn das aus dem Geruch giftiger Dünste zugeführte Gift wirkt mit wundersamer Plötzlichkeit und bedarf keiner Verbindung mit irgendeinem Saft, um in unseren Leib eingeleitet zu werden und darinnen zu wirken«.[90] Der plötzliche Tod, den es herbeiführe, sei vergleichbar dem durch einen vergifteten Duftapfel oder einen vergifteten Blumenstrauß hervorgerufenen. Parés Warnung vor den »tückischen Parfümeuren«, die sich mit solchen Dingen abgeben, gipfelt in dem dringenden Rat, sie zu meiden wie die Pest.

Was aber diesen Gedanken einer Ansteckung durch den Geruch am besten illustriert, ist Parés Bericht von einem Krankenbesuch. Als er Decke und Laken von dem Patienten abnimmt, der an einer Beule an der rechten Leiste und zwei großen Geschwüren am Bauch leidet, entweichen die in der Mulde des Betts angestauten Schweiß- und Eiterdünste, und er bricht zusammen in dem höllischen Gestank, der sich wie ein giftiges wildes Tier auf ihn stürzt: »Ich fiel sogleich wie tot zu Boden, wie einer, dessen Herzschlag aussetzt ... dann, bald darauf, als ich wieder aufgestanden war, schien mir, daß das Haus sich drunter und drüber kehrte, und war gezwungen, mich an einen der Pfosten des Bettes zu klammern, in dem der Kranke lag, sonst wäre ich abermals gefallen.« [91] Zufällig muß er einige Male heftig niesen, wodurch das Gift ausgestoßen und er gerettet wird. Die Pestkranken zu isolieren, die Hunde und Katzen zu töten, die ihre Leichen und Fäkalien fressen, die Stadttore allen Reisenden zu verschließen, die von verseuchten Orten kommen, den Verkauf von Möbeln aus verseuchten Häusern zu verbieten: all diese Maßnahmen erscheinen folglich geboten. Besonders aber muß man alle meiden, die mit Kranken oder Toten in Kontakt kommen: Ärzte, Chirurgen, Apotheker, Barbiere, Priester, Wächter, Diener und Totengräber. Sie tragen die Pestluft in ihren Kleidern mit sich herum, wie der Kunde, der aus einer Parfümerie kommt, ganz durchdrungen ist von den im Laden schwebenden Düften.

Die Angst vor den »Fäulnisdünsten« der Pestkranken nimmt Paré zum Anlaß, über die Verwendung ihrer Ausscheidungen zu kriminellen Zwecken zu klagen und die Behörden aufzufordern, sie sollten »ein Auge haben auf gewisse mehr als unmenschliche Spitzbuben, Mörder und Giftmischer, welche der guten Häuser Türen und Wände mit dem Eiter aus den Geschwüren und Beulen und anderen Exkrementen beschmieren und besudeln«. Sobald die Häuser einmal verseucht seien, fiele es ihnen leicht, dort einzudringen, um zu plündern oder gar »die armen Kranken im Bett zu erdrosseln«.[92]

Zu Beginn des 17. Jahrhunderts findet sich in den Auffassungen von der Pest eine seltsame Vermischung von Elementen, die der Antike, und solchen, die der Renaissance entlehnt sind. Jean de Lampérière, der für diese diversen Einflüsse besonders repräsentativ ist, unterscheidet 1620 zweierlei Pestfieber: das »einfache«, das von giftigem, okkultem, prinzipiell aber nicht ansteckendem Charakter ist, und das »zusammengesetzte« oder »allgemeine«, das stinkend und sehr ansteckend ist.[93] 1628 erinnert François Citoys an Galens immer noch gültige Definition der Pest, nimmt aber auch Fracastoros Erklärung für die anhaltende Wirkung ihres Giftes zu Hilfe.[94] Im gleichen Jahr behauptet François Robin zum einen, ihr Wesen bestehe in »einer okkulten Eigenschaft« [95], und zum andern, daß sie durch eine sehr tiefe Fäulnis charakterisiert sei, die tödliche Ansteckungskeime in sich enthalte. Dergleichen bunte Mischungen von Theorien findet man oft in den Abhandlungen aus dieser Zeit. Viele Ärzte ziehen sich einfach mit dem Hinweis auf das »verborgene Wesen« der Pest aus der Affäre.

Immerhin, die Erfindung des Mikroskops eröffnet den Gelehrten neue Perspektiven und verleiht ihnen manchmal sogar ein übertriebenes Selbstbewußtsein. 1658 behauptet der Jesuit Athanasius Kircher, mit Hilfe dieses Instruments das Wesen der Seuche durchschaut zu haben: Es besteht »in kleinen geflügelten Insekten, die von den mit dieser Krankheit behafteten Dingen aufsteigen und sie übertragen, indem sie in die Leiber ihnen nahekommender Personen eindringen ... dieselben Insekten sind von einer klebrigen Flüssigkeit umgeben, die sie auf den Stoffen, auf die sie herabfallen, leicht anhaften läßt«.[96] Diese Entdekkung, eine neue Ausgestaltung der Lehre vom »contagium vivum«, wie man sie erstmals bei Fracastoro formuliert findet, wirkt sehr phantasieanregend. Ein gelehrter Berichterstatter beruft sich auf mehrere »glaubwürdige Zeugen«, die angeben, bei der Pest in Ostfriesland (1666/67) sei eine bläuliche Wolke von Haus zu Haus gezogen und habe keinen einzigen der Bewohner verschont. Dabei habe es sich um eine Ansammlung jener geflügelten Insekten gehandelt, deren Existenz Kircher und einige andere behauptet hatten. In die gleiche Richtung gehen die Beobachtungen des Marquis d'Aubigné. Dieser führte eines Abends, kurz vor Sonnenuntergang, einen Gast, dem er ein außerordentliches Schauspiel nach dem Souper versprochen hatte, in einen Garten. Dort sahen sie, wie auf das Städtchen Beauvais eine runde, dunkle Wolke herabsank, von der Form eines Hutes, in der Mitte oval und mit den Farben einer Truthahnbrust. Während der achtzehn Monate, die die Pest in dieser Gegend anhielt, erschien der Hut »mit seinem unheilverkündenden Wahrzeichen« zweimal täglich in der Nähe des Kirchturms.[97]

Kirchers Theorien zogen auch manche Sarkasmen auf sich. 1665 gesteht Nicolas Hodges, auch mit den besten Mikroskopen sei es ihm nicht gelungen, die geflügelten Insekten zu Gesicht zu bekommen, und er kenne auch niemanden, der erfolgreicher gewesen sei. Aber das liege vielleicht daran, fügt er mit britischem Humor hinzu, »daß man auf unserer wolkenverhangenen Insel nicht so gut sieht wie unter dem klaren Himmel Italiens«.[98]

Bei so viel Ungewißheit und Widersprüchen erscheint der Geruch als das einzige Zeichen, an dem man die Pest wirklich erkennen kann. 1620 empfiehlt David Jouysse: »Man muß die Pest am Geruch erkennen, und wenn man sich dann außerhalb dieses Geruchs befindet, ist es nicht unangebracht, einen Niesreiz zu erregen.« [99] Dieses Verfahren ist jedoch nicht ungefährlich. Obwohl die Londoner überzeugt sind, daß die Seuche sich dem Atem verrät, wagen sie nicht, sich auf diese Weise Gewißheit zu verschaffen, denn dabei müßte man »die Ausdünstung der Pest in sein eigenes Gehirn hinaufziehen, um den Geruch zu bestimmen!« [100]

Die Furcht vor der verdorbenen Luft erreicht bei der Londoner Pest von 1665 ihren Gipfelpunkt. Die Gefahr ist überall: der Gestank der noch unbestatteten Leichen, der die Nachbarn in Mitleidenschaft zieht; Miasmen aus den verseuchten Häusern, von denen die Passanten sich fernzuhalten suchen, indem sie in der Mitte der Straßen gehen; Pestdünste, die sich im Fell von Tieren verbergen, die Ausdünstungen der Kranken und der scheinbar Gesunden, »die überall und auf jeden, der in ihre Nähe kam, den Tod ausatmeten«.[101] Um all diesen mörderischen Gerüchen zu entgehen, verbarrikadieren die Menschen sich in ihren Häusern. Der Besuch des Gottesdienstes, meint Daniel Defoe in seinem Pest-Tagebuch, grenzte an Heroismus. Man versieht sich reichlich mit Duftstoffen, die einen stärkeren Geruch verbreiten, als er beim Apotheker oder beim Drogisten herrscht. »Die ganze Kirche glich einer Riechflasche.« [102] Parfüms, Aromen, Balsam, Arzneien, Heilkräuter und Essenzen jeder Art vereinen ihre stärkenden und schützenden Gerüche. Aber der geringste störende Geruch, in dem sofort die Pest vermutet wird, genügt, damit die Kirche sich leert: »Einmal ... bildete sich in einem voll besetzten Kirchenstuhl in der Aldgate Church eine Frau plötzlich ein, einen üblen Geruch zu bemerken. Auf der Stelle vermutete sie, in der Bank sei ein Pestkranker, flüstert ihre Beobachtung oder Befürchtung der nächsten zu, erhebt sich und geht aus der Bank heraus. Das griff sofort auf die nächste und alle andern über; und sie alle, und auch von den zwei oder drei benachbarten Bänken, standen auf und verließen die Kirche, und niemand wußte, was oder wer sie dazu gebracht hatte.«[103] Den Atem fürchtet man von allen gefährlichen Dünsten am meisten. Manche gelehrten Männer behaupten, er könne sogar einen größeren Vogel, einen Hahn oder eine Henne augenblicklich töten, und durch ein Mikroskop könne man »schrecklich anzuschauende lebendige Wesen« darin erkennen, »von seltsamer, ungeheuerlicher und fürchterlicher Gestalt, wie Drachen, Schlangen, Ottern und Teufel«.[104]

## *Die Pest steckt in der Baumwolle*

Sind es nun Insekten oder Würmer, Hefe, das Miasma, ein Salz oder ein Dunst? In einem Klima allgemeiner Ratlosigkeit beginnt im 18. Jahrhundert der Streit über die unbelebte oder lebendige Ursache der Pest erst richtig. Die letztere Auffassung, aus einem ganzen Komplex von Theorien und Untersuchungen hervorgegangen, die im 17. Jahrhundert die Wissenschaft revolutionierten, erlebt die Stunde ihres Triumphes während der Pest von Marseille. Die (illusorischen) Mikroskop-Studien von Athanasius Kircher über die im Blut und in den Geschwülsten von Pestkranken auftretenden Tierchen, die Entdeckung der krätzeerregenden Milben durch Giovan Cosimo Bonomo und van Leeuwenhoeks Entdeckung der Mikroorganismen führen dazu, daß nun doch viele Gelehrte der Annahme eines nicht nur lebendigen, sondern tierischen Verursachers den Vorzug geben. Diese Hypothese gestattet am ehesten, die Inkubationszeit, die Verbreitung, das wiederholte Auftreten, die Stärke und Beharrlichkeit des Pestgiftes zu erklären. Mit Händen, Füßen und Flügeln ausgestattet, klammern sich diese unsichtbaren Würmchen oder Insekten, die aus der Levante kommen, beharrlich an die Stoffe, an die Gewänder und die Möbel und halten sich dort lange versteckt. In allen wolligen und schwammigen Geweben finden sie Schutz und Nahrung und können sich nach Belieben vermehren. Anders als die bösartigen Fieber, die aufhören, sobald ihre »allgemeine« und unbelebte Ursache behoben ist, entsteht und verbreitet sich die Pest durch diese mikroskopischen

Tierchen immer von neuem. Der Schaden würde sich ins Unendliche fortpflanzen, wenn die winzigen Geschöpfe nicht durch bestimmte Maßnahmen vernichtet werden könnten: »Die kleinen Subjekte, die sie [die Pest] von Marseille in andere Städte der Provence und zuletzt ins Gévaudan, eine ziemlich weit entfernte Provinz, übertragen haben, werden ausreichen, uns davon zu überzeugen, daß sie sich erneuern und ... in die Städte, wo sie schon gewesen ist, zurückkehren und dieselbe Provinz noch einmal durchgehen kann.« [105] Aber die Existenz dieser geflügelten Insekten, die mit bloßem Auge nicht zu erkennen sind und die »mit dem Mikroskop zu untersuchen unvorsichtig oder gar tollkühn wäre« [106], erscheint manchen kritischen Geistern doch sehr hypothetisch. Chicoyneau lehnt diese Theorie ab. Astruc zieht es vor, einen Giftstoff anzunehmen, der sich auf dieselbe Weise vermehren würde wie ein Stück Hefe, das imstande ist, eine hundertmal größere Menge Teig in ebensolche Hefe zu verwandeln.[107] Hecquet stellt sich den Ansteckungsträger als ein Miasma vor, Richard Mead als einen Wirkstoff, ein Salz. Der Abbé Gaudereau hält sich an klassische Auffassungen und bestimmt die Pest als einen »bösartigen Dunst, der uns von allen Seiten anfällt und fortwährend nach einer Öffnung sucht, um in uns hineinschlüpfen zu können«.[108]

Über die wichtige Rolle, die der Umlauf der Dinge und Waren bei der Ausbreitung der Epidemie spielt, sind sich die Verfechter der Ansteckungstheorie jedoch allesamt einig. Darin zeigt sich, wieviel Beachtung man im 18. Jahrhundert dieser Art der Übertragung schenkt, die mit der Zunahme des Handelsverkehrs an Bedeutung gewinnt. »Das Gift der Pest«, erklärt Richard Mead, »breitet sich vermittels des Handels über die anderen Teile der Welt aus: Beständiger ist es in der Türkei, wo es zu einer fortwährenden Zirkulation der Ansteckung von den Menschen zu den Waren und von den Waren zu den Menschen kommt.« [109] Das Verständnis dieses besonders gefährlichen, aber in vieler Hinsicht dunklen Ansteckungsprozesses bereite keine größeren Schwierigkeiten. Am besten geeignet, die Seuche anzunehmen und weiterzutragen, seien lockere und poröse Gewebe

(Pelze, Federn, Seide, Tuch, Wolle, Leinen und Baumwolle), die meisten von tierischer Herkunft. Nach dem Prinzip, daß Gleiches sich gern zu Gleichem gesellt, ziehen sie »tierische« Ausdünstungen wie Moschus und Zibet oder auch den Geruch der Pestkranken an und bewahren ihn sehr lange.

Auf Grund ihrer Fähigkeit, jederlei Dünste in sich aufzusaugen, ist jedoch Baumwolle der gefährlichste von allen die Infektion verbreitenden Stoffen. Der folgende Versuch soll dies beweisen: Legt man ein Stück Baumwolle in einem gewissen Abstand von einem Stück faulen Fleisch unter eine Glasglocke, so durchtränkt es sich mit einer großen Menge fauliger Atome. Schließt man es dann in eine Kiste ein, so bewahrt es den Fäulnisgeruch noch nach zehn Monaten, und er kann noch über Jahre hin anhalten. Hätte man diesen Versuch mit dem Fleisch eines Pestkranken gemacht, so hätte die Baumwolle dessen Ausdünstungen angenommen und die Pest übertragen.

Als die *Grand-Saint-Antoine* am 25. Mai 1720 in den Hafen von Marseille einläuft, bringt sie in ihrer wertvollen Fracht den Tod mit. Bei der Ankunft legt der Kapitän Chataud den Gesundheitsbehörden ein Zertifikat des Arztes und des Chirurgen am Krankenhaus von Livorno vor, aus dem hervorgeht, daß mehrere Matrosen an einem bösartigen Fieber gestorben sind. So starke Verdachtsgründe hätten die Ausschiffung verhindern müssen. Doch Habgier siegt über Vorsicht: Die Interessen der mächtigsten Händler, die sich guten Erlös auf der Messe von Beaucaire versprachen, setzten sich durch. Mannschaft, Passagiere und die unheilvollen Ballen mit Waren wurden an Land gelassen, »mit der gleichen Zuversicht und Sorglosigkeit, mit der die Trojaner das fatale Pferd in ihre Stadt holten, die es dann anzünden und vernichten sollte«.[110]

So einig man sich auch über die Bedeutung des Warenverkehrs bei der Ausbreitung der Seuche ist, so geteilt sind die Ansichten über die anderen Arten der Übertragung. Manget hält die Übertragung durch Berührung für die gefährlichste. Und er hält sich immer noch an den Geruch, wenn er meint, so wie ein balsamischer Geruch oder ein Gestank von einer Sache auf eine andere übergreifen könnten, so könne auch ein Pestbefallener einen Gesunden pestkrank machen.[111] Im Gegensatz dazu verwirft Goiffon die Ansteckung sowohl durch Berührung wie durch Pestdünste. Um seine These zu stützen, geht er so weit zu behaupten, der Atem und der Schweiß der Pestkranken würden gar nicht so schlecht riechen wie der der meisten anderen Kranken, und sie hätten nur einen »schwachen und harmlosen« Geruch.[112] Auch diese Argumentation verrät noch die Bindung an die olfaktorische Auffassung der Ansteckung: Das Fehlen von Gestank beweist die Unschädlichkeit dieser Ausdünstungen. Die einzige Gefahr geht nach Goiffons Ansicht von den Insekten aus, die sich in porösen Stoffen verstecken.

Für Astruc dagegen stellen die Ausdünstungen der Kranken den Übertragungsstoff dar. Die Versuche von Sanctorius und Keill über die »unmerkliche Transpiration« [113] und die von Leeuwenhoek über die Durchlässigkeit der Haut lassen ihn annehmen, daß von einem pestverseuchten Körper eine beträchtliche Menge Dünste ausgehen, die durch die Poren eindringen, in der Luft schweben bleiben oder bestimmten Stoffen anhaften können. Diese Dünste seien den Gerüchen vergleichbar und hätten auch deren Beharrlichkeit: die Schweißausdünstungen, die um die Kranken eine Art Dampf aus einer Unzahl nicht wahrnehmbarer Tröpfchen bilden, die aus den Körpersäften stammen, würden sich an die umgebenden Dinge heften, ähnlich denen, die ein Hirsch auf seinem Weg hinterläßt und die vom Geruchssinn der Jagdhunde so leicht erkannt werden.[114] Sie haben auch die gleiche Art, sich zu verbreiten. Wie der Geruch eines Stücks grauer Ambra oder Moschus erfüllen sie den ganzen Raum. Man kann also daraus schließen, »daß die Teilchen, die beständig vom Körper eines Pestkranken ausgeschwitzt werden, ebenfalls alle Stellen der Atmosphäre, in der sie sich bewegen, ausfüllen müssen, denn diese Teilchen ... sind nicht weniger fein als diejenigen, die von duftenden Körpern ausgehen«.[115] Ein 1722 in Marseille erschienener anonymer Text gibt eine ähnliche Erklärung und verdeutlicht die unerhörte Durchdringungskraft und Haltbarkeit der Pestilenz- oder Geruchspartikel mit einer merkwürdigen Anekdote. In Marseille wurde ein gewisser Monsieur Miracle, dessen Beruf es war, Hunden das Fell abzuziehen und zu trocknen, auf Schritt und Tritt von einer kläffenden Meute begleitet. Noch seltsamer aber, auch als man ihn zu Grabe trug, folgte eine große Anzahl Hunde dem Trauerzug bis vor die Kirchentür: »Dergleichen ist nur möglich, weil die Atome, die aus den toten Hunden entweichen, sich in der Kleidung und im ganzen Äußeren solcher Menschen einnisten, wo sie dann den Geruchssinn der Hunde ansprechen und in ihnen ein besonderes Gefühl erregen.« [116]

In der zweiten Hälfte des Jahrhunderts sind die Ansichten zur Übertragung der Pest so bezeichnend für eine Denkweise, die sich vom Prinzip der Ähnlichkeit [117] leiten läßt, wie sie widersprüchlich sind. Ein Zeugnis dafür findet sich in den Antworten der »erfahrensten Ärzte« [118] auf die Fragen, die ihnen John Howard im Laufe seiner Reisen gestellt hat. Er selbst glaubt übrigens nicht an eine Ansteckung durch direkte Berührung. Nur die mit Pestdünsten geschwängerte Luft ist seiner Ansicht nach ansteckend. Deshalb macht er sich nach seiner Ankunft im Lazarett von Venedig Sorgen wegen des fauligen Geruchs in der Wohnung, die man ihm zugewiesen hat. Erst nachdem er die Wohnung hat desinfizieren lassen, kann er gleichmütig dort seinen Tee einnehmen. Auch Ménuret de Chambaud gibt diese Vielfalt der Auffassungen wieder, die, wie er meint, keineswegs unvereinbar ist mit der Vorstellung der alten und neuen Griechen von der Plage. In Gestalt einer »alten Frau in Schwarz, die das tödliche Gift, aus dem sie geschaffen war, auf die von ihr angekreuzten Häuser bläst« [119], bewahrt die Pest durch die Zeiten und die Theorien hindurch ihre Verbindungen zum Geruch.

### *Der Streit um die Quarantäne*

Die Phantasie in bezug auf die Pestursachen scheint im 19. Jahrhundert auszutrocknen. In den angebotenen Erklärungen ist eine gewisse Stagnation zu bemerken, abgesehen von manchen Versuchen, bestimmte Teilerkenntnisse zu vertiefen. So interessiert sich 1823 Ozanam, unter dem Einfluß der Lehre von Rasori, wonach die Ansteckung von einem belebten Stoff ausgeht, ganz besonders für manche spezifischen Merkmale der ansteckenden Miasmen. Anders als gewöhnliche epidemische Miasmen seien die »Kontagien«, die sich an einem geschlossenen Ort aus der Verwesung tierischer Körperflüssigkeiten entwickelten, mit einer erstaunlichen Kraft und Regsamkeit begabt, die ihnen gestatteten, ein Lebewesen anzugreifen, sich an bestimmte Körper zu heften und nach einer langen Periode der Erstarrung wieder lebendig zu werden. Sie seien nach Geschmack und Geruch zu unterscheiden. Der Geruch der Pest sei »süßlich und widerlich«.[120] Man bemerkt in dieser Hinsicht einen Fortschritt: Den Fäulnisgeruch hält Ozanam nur noch für gefährlich, wenn er sich in einem geschlossenen Raum entwickelt. Der Beweis sei die Seltenheit, mit der die Epidemien einst in Mexiko aufgetreten seien, trotz der fürchterlichen Verseuchung durch die Zehntausende von Menschen- und Tieropfern, die die Azteken jährlich dargebracht hatten. Unter diesen Umständen »wäre es interessant, durch wiederholte Versuche den besonderen Geruch jedes Kontagiums genau festzustellen«.[121] Dieser Vorschlag verrät ein Schwächerwerden der traditionellen Befürchtungen. Der Gestank ist nur in einer abgeschlossenen Atmosphäre todbringend und kann sogar zu einem wichtigen Faktor für die ärztliche Diagnose werden.

1846 werden im Streit zwischen Verfechtern und Gegnern der Ansteckungstheorie die Meinungsverschiedenheiten über die Ausbreitung der Pest noch zugespitzt. Die Verfechter wollen eine Ausweitung der Quarantäne-Bestimmungen erwirken und werfen ihren Gegnern vor, aus rein merkantilen Gründen für deren Abschaffung einzutreten: Tatsächlich behindern diese Bestimmungen den Menschen- und Warenverkehr. Nun bringen aber Baumwolle, Leinen und Hanf, erklärt Pariset, wenn sie aus Ägypten kommen, die Pest mit. Diese Textilpflanzen nehmen die Keime aus den Kadaverdünsten auf und bewahren sie. Eingeschlossen in den Speichern oder den Laderäumen der Schiffe, können die von ihnen abgesonderten Erreger wegen der Wärme und der mangelnden Luft aufeinander reagieren und gefährliche Verbindungen eingehen. Das erkläre die plötzlichen Todesfälle nach der Öffnung von Baumwollspeichern und die tödlichen Krankheiten, von denen die Arbeiter in Konstantinopel befallen werden, durch deren Hände das Leinen und der Hanf aus Alexandria gehen. »Es besteht volle Gewißheit darüber, daß Hanf, der von Damiette nach Saloniki gebracht wurde, in die letztere Stadt mehr als einmal rasende Pestepidemien eingeschleppt hat, unter anderen die von 1816.« [122]

Diese Auffassungen werden scharf kritisiert. Wenn man den Fracastorianern glaube, spöttelt Rochoux, dann würden sich die Ausdünstungen der Pestkranken an bestimmte, durch Abwesenheit glänzende Körper heften, die imstande seien, sie über dreißig Jahre und länger beizubehalten und sie über unbegrenzte Entfernungen hinweg zu befördern. »Strohhalme, ein paar Stückchen Schnur, eine Spinnwebe oder Fliegen, wie uns Monsieur Pariset versichert, könnten so ausreichen, ganze Städte zu infizieren.« [123] Clot-Bey macht sich lustig über die Ansteckungsgläubigen, die schon wegen ein paar Daunen oder einer durch die Luft treibenden Feder in Angst geraten. Aus Sorge, daß auch kein Fädchen an ihren Schuhen haften bleibe, müßten sie, bevor sie aus dem Haus gingen, ihre Sohlen in Öl tränken. Warum sich noch länger nach Fracastoros Irrtümern richten? folgert die Prus-Kommission, die doch objektiv sein möchte und die Verwirrung und Anarchie, die in beiden Lagern herrschten, beklagt. Ohne die Übertragbarkeit durch mittelbare und unmittelbare Berührung ganz kategorisch zu leugnen, läßt sie doch nur einen Übertragungsmodus wirklich gelten: die »miasmatische Infektion«, das heißt durch die mit Pest-Miasmen angereicherte Luft. Wie Pariset zu bedenken gibt, ist diese Theorie keine neue Entdekkung: »Die Voraussetzungen bleiben die gleichen: ein Kranker, Ausdünstungen und ein Gesunder, der, wenn er sie einatmet, ebenfalls krank wird.« [124] Und 1873, zwanzig Jahre vor Yersins ersten intuitiven Erkenntnissen über die Mitwirkung der Ratten bei der Ausbreitung der Pest [125], ist dies immer noch die Auffassung von Adrien Proust.[126]

Bis zum Ende des 19. Jahrhunderts bleiben also die Vorstellungen von der Ätiologie, von der Natur und Ausbreitungsweise der Pest auf den Geruch bezogen. Die Unerschütterlichkeit dieser Auffassung mag überraschen. Man muß jedoch berücksichtigen, daß sie nicht nur Wurzeln hatte, die bis ins Altertum der mittelmeerischen Welt zurückreichten, sondern sich außerdem auch einer nahezu universalen Anerkennung rühmen konnte. So wies auch die chinesische Medizin, die die verschiedenen Formen der Pest gründlich erforscht und schon seit langem einen Zusammenhang zwischen den Ratten und der Pest unter Menschen festgestellt hatte, dem Geruch in ihren Erklärungen zur Ätiologie und Ausbreitung der Seuche eine große Bedeutung zu: »Die Ratten starben, weil sie die schlechte Luft vom Erdboden aufnahmen, und dann bekamen die Menschen die Pest, weil sie den üblen Geruch der Ratten aufnahmen.« [127]

Noch heute hält sich in manchen vorindustriellen Gesellschaften eine olfaktorische Auffassung der Epidemie. Für die Sereer ndut vom Senegal zum Beispiel holt man sich Fieber und Grippe, wenn man den mit dem Nebel vermischten Geruch der Buschgeister einatmet, und übertragen wird die Krankheit durch die Gerüche des Kranken (vor allem seines Achselschweißes).[128] Auch die Bauern im Süden von Ecuador fassen die Krankheiten olfaktorisch auf, und Miasmen-Theorien sind auch bei den Anden-Völkern erhalten. Stirbt jemand an Tuberkulose, so »steigt von ihm eine Art Dunst auf, der in die schwächeren Personen eindringt«. Die logische Folge ist, daß man eine Epidemie mit Gegen-Gerüchen bekämpft. Um dem schädlichen Atem des Kranken wirksam begegnen zu können, der ähnlich den Lüften ist, die aus Erdöffnungen, Spalten oder Gräbern ausströmen, muß der Atem des Heilers mit Alkohol und Tabak gesättigt sein. Außerdem wird der Körper des Kranken mit einer Paste aus Pflanzen und Urin eingerieben, um ihn zu reinigen und die bösartigen Absonderungen zu neutralisieren. Trotz aller Bemühungen der Mediziner, ihre Mikrobentheorie zu popularisieren, halten sich also die Vorstellungen, nach denen der Geruch für Gesundheit oder Krankheit von ausschlaggebender Bedeutung ist.[129]

## Der Gestank der Hölle

Der Gestank ist so unzertrennlich mit der Pest verbunden, daß er als eines ihrer ersten Symptome betrachtet wird. Die Natur der Krankheit erkennt man an den Ausdünstungen ihrer Opfer. »Alles war übrigens widerwärtig und abstoßend an den Kranken; die Stoffe, die sie aus ihren Körpern ausschieden, verbreiteten einen unerträglichen Geruch; der Schweiß, die Exkremente, der Speichel und der Atem fielen dem Geruchssinn zunächst durch ihren Gestank auf«, schreibt der Abbé Papon.[130] Zu diesen ekelhaften Ausdünstungen kommen noch die der verpesteten Stadt hinzu: aus den Leichenhäusern und vom Aas der Tiere, die man aus Furcht vor der Ansteckung getötet hatte. Außerdem steigt noch Tag und Nacht Rauch auf von den Haufen mit Bettzeug und Kleidern, die man verbrennt.[131]

Seine Unerträglichkeit hebt diesen Gestank über die Natur, über das Menschliche hinaus, läßt ihn als eine dämonische Ausdünstung erscheinen, die aus den Feuern der Hölle entweicht und sich für einen Augenblick auf der Erdoberfläche verbreitet. Und ein solcher Fluch ist nur möglich, weil die Menschen Gottes Zorn erregt haben. Dieser in den Texten sehr häufig zu findende Gedanke ist in einer sehr alten Tradition verwurzelt. Schon in der Bibel und in vielen Schriften der Antike wurde die Pest zu einer göttlichen Strafe erklärt.[132] »Man muß erkennen, daß die Pest eine Geißel Gottes ist, den Menschen gesandt, um die Sünder zu strafen und zur Buße anzuhalten«, liest man in einer der ersten Verordnungen über die Pest, erlassen von der Stadt Gap im Jahre 1565.[133]

Die Epidemie, die 1665 über London hereinbricht, ist schon mehrere Monate im voraus durch einen Kometen angekündigt worden, der dicht über den Häusern der Stadt den Himmel durchquert haben soll. Der Schweifstern zieht »langsam, aber schwer lastend, schrecklich und angsterregend« dahin, so wie das schwere Strafgericht, das er angekündigt. Die Vorahnung der Katastrophe stürzt die Geister in solche Verwirrung, daß manche Schwärmer nackt durch die Straßen liefen und riefen: »Oh du großer, schrecklicher Gott!« [134]

Und zur Buße forderte auch am 22. Oktober 1720 der Bischof von Marseille in einem Hirtenbrief seine von der Seuche dezimierten Mitbürger auf: »Eine unzählbare Menge ist in dieser Stadt schon der Gerechtigkeit eines erzürnten Gottes zum Opfer gebracht worden. Und wir, die vielleicht nicht minder schuldig sind als diejenigen unserer Brüder, an denen der Herr seine schrecklichste Rache geübt hat, wir könnten ruhig sein, für uns selbst gar nichts befürchten und nicht alles tun, was in unserer Macht steht, um durch sofortige Buße dem Schwert des Todesengels zu entgehen?« [135]

Als eine »übernatürliche, dem Zorn der Götter entsprungene Krankheit« [136] ist die Pest nicht ein Geruch wie jeder andere auch: Sie gibt den tauben und ungehorsamen Menschen einen Vorgeschmack von den Strafen des Höchsten. Sie bringt sie auf den Weg zur Hölle. Schon für die Menschen der Antike hatte die Hitze, die die Sterbenden quälte, einen betäubenden Charakter, wie es Lukrez ergreifend geschildert hat: »Innen hingegen verzehrte der Brand sie bis auf die Knochen; und wie die Esse glüht, so glüht' inwendig der Magen.« In der verzweifelten Suche nach Kühlung, bei der sie selbst die leichteste Kleidung nicht mehr ertragen können, stürzen sich die Kranken nackt ins kalte Wasser der Flüsse oder in die Brunnen. »Unauslöschlicher brennender Durst taucht' immer sie unter, machte für sie die reichlichste Flut zu wenigen Tropfen. Keine Ruhe der Qual war hier.« [137] Die Glut, die Verzweiflung, ein Schmutz, der selbst die Geier vertreibt – kein Wunder, daß die Pest schließlich als ein höllischer Gestank aufgefaßt wurde! Sollten die Qualen der Pestkranken nicht auf die der Verdammten vorbereiten? Und Genua im Jahre 1656 ist für den Pater Maurice de Toulon »eine wahre Darstellung der Hölle«.[138] Die Greuel und die Unordnung, die dort herrschen, haben die einst so prächtige Stadt in einen Ort des Schreckens verwandelt.

Das Schauspiel, das 1720 die Stadt Marseille bietet, läßt ebenfalls eine Höllenvision erstehen. Das »Feuer der Pest«, das die Einwohner erfaßt, erinnert an die Höllenglut, in der sich die Sünder verzehren. Von einem brennenden Durst getrieben, den sie nicht löschen können, schleppen sich halbnackte Frauen, denen Kinder an den Brüsten hängen, durch die Straßen, bitten vergeblich um Wasser und verenden, von dieser letzten Anstrengung erschöpft, in der Nähe des Baches. Apokalyptisch wirkten auch »die ungeheuren Haufen von Leichen«, die, unter freiem Himmel verwesend, die Straßen und Plätze versperren, wo die Würmer und die Hunde an ihnen fraßen. »Ihre verstreuten Gliedmaßen und das von Verwesung und dem Wasser des Baches aufgelöste Fleisch hingen in Fetzen herum und verbreiteten einen Gestank, dessen man sich nicht erwehren konnte.« Alptraumhafte Szenen, wie Leichen aus den Fenstern geworfen werden und sich in den Straßen übereinander türmen; Leichensammler, die, von der gewaltigen Aufgabe überfordert, ihrerseits der Seuche zum Opfer fallen und auf einem von anonymen Kadavern überfließenden Karren zusammenbrechen; verstörte Kranke, denen niemand mehr hilft und die sich zwischen den Sterbenden niedergelegt haben, wo sie »laut und mit einer Art Wut nach dem Tode schreien« [139]; öffentliche Wege und Straßen, die von Leichen so verstopft sind, daß man nicht mehr gehen kann. Die Umgebung des Bischofspalastes ist so voll von ihnen, daß der Bischof nicht mehr aus dem Haus gehen kann, ohne auf sie zu treten. »Ich hatte einige Mühe«, schreibt er an den Erzbischof von Arles, »hundertfünfzig halbverweste und von den Hunden angefressene Kadaver fortschleppen zu lassen, die rings um mein Haus lagen und die Verseuchung schon ins Innere trugen.« [140]

Und der Gipfel des Schreckens: Die Pest zeugt Unmenschlichkeit, das Ungeheuerliche; sie erstickt das Mitleid, das »natürliche Gefühl«, das alle anderen sozialen Tugenden zusammenhält. Alle Berichte über die Pestepidemien stimmen überein hinsichtlich der sozialen und moralischen Erschütterungen, die die Krankheit hervorruft. Plünderungen, Vergewaltigungen und Morde häufen sich, da sie nicht mehr bestraft werden können. Mit der Seuche sei die »Sittenlosigkeit« in die Stadt gekommen, bemerkt schon Thukydides: »Da war keine Schranke mehr, nicht Götterfurcht, nicht Menschengesetz; für jenes kamen sie zum Schluß, es sei gleich, fromm zu sein oder nicht, nachdem sie alle ohne Unterschied hinsterben sahen, und für seine Vergehen gedachte keiner den Prozeß noch zu erleben und die entsprechende Strafe zu zahlen ...« [141] Jeder konnte ganz nach Laune handeln, klagt auch Boccaccio. Aber am schlimmsten ist die Unterhöhlung auch der festesten menschlichen Bindungen. 1585 schon stellt Montaigne die »seltsamen Auswirkungen« der Epidemie fest. Die verseuchte Luft vergiftet auch die zartesten Bande, löst auch die liebsten Verhältnisse auf. Auf der Flucht vor der Pest, bei der Suche nach einem Refugium für sich und seine Angehörigen, macht er die Erfahrung des Umherirrens: Freunde, die vor ihm die Türen verschließen; der Schrecken, der von ihm und den Seinen ausgeht und sich tückisch in die Beziehungen zwischen den Familienmitgliedern selbst einschleicht: »Ich, der ich so gastfreundlich bin, machte mich auf die sehr peinliche Suche nach einer Zuflucht für meine Familie; eine umherirrende Familie, die ihren Freunden und sich selbst Angst machte und überall Schrekken verbreitete, wo sie unterzukommen versuchte, nachdem sie plötzlich die Wohnung wechseln mußte, weil einem aus der Schar die Fingerspitze zu schmerzen begann.« [142]

Während der Londoner Pest von 1665 notiert Samuel Pepys in seinem Tagebuch: »Diese Krankheit macht uns grausamer gegeneinander, als wenn wir Hunde wären.« [143] Die Pest von Marseille weckt 1720 die gleichen Reaktionen. Die Väter und Mütter, berichtet Fournier, jagten erbarmungslos ihre Kinder auf die Straße hinaus und überließen sie dort, mit nichts als einem Eßnapf und einem Krug Wasser versehen, ihrem traurigen Schicksal. Andererseits bereiteten auch die Kinder, wo sie es konnten, ihren Erzeugern dasselbe barbarische und grausame Ende; »die Stimme des Blutes, der Zärtlichkeit, der Freundschaft war vollkommen erstickt«.[144] Und der Bischof von Marseille klagt: »Ganz Frankreich, ganz Europa ist auf der Hut und hat sich gegen diese unglücklichen Einwohner bewaffnet, die den übrigen Sterblichen verhaßt geworden sind.« [145]

Die Auflösung der Gesellschaft begleitet die Auflösung des Fleisches. So wie die verwesenden Leiber in Stücken vom Bach davongeschwemmt werden, so reißt auch das soziale Gewebe in Fetzen, fault und zerfällt. Ämter und Pflichten werden nicht mehr versehen. Ärzte und Amtspersonen machen entsetzt, daß sie aus der Stadt kommen; die Kranken bleiben hilflos zurück, und die Plünderer haben leichtes Spiel. Weil jeder Handel wegen der Ansteckungsgefahren verboten ist, fehlt es den Einwohnern an allem, und eine Hungersnot macht das Elend, die Bestürzung und die Verwüstungen voll. Die Furcht vor der Ansteckung vernichtet jedes Solidaritätsgefühl, egoistische Interessen behalten die Oberhand, und jeder ist nur noch bestrebt, alle andern zu meiden. Die Menschlichkeit ist in die Flucht geschlagen. Barbarei und Schrecken treten an die Stelle von Geselligkeit und Erbarmen. Die Menschen fallen in den »Naturzustand« zurück, gehen sich aus dem Weg oder zerfleischen sich gegenseitig wie einzelgängerische Wölfe: »Alles flieht in Unordnung und Entsetzen; wie von Sinnen streifen die Einwohner durch die Straßen, ohne irgend eine Absicht und ohne zu wissen, wohin; einer meidet den andern und wagt sich nicht, ihm zu nähern: manche verbarrikadieren sich in ihren Häusern, ohne die Gefahren vorauszusehen, die dort ihrer harren, andere ziehen sich in ihre Landhäuschen zurück ... Alle suchen in unsäglicher Verwirrung und Bestürzung nach irgendeiner Unterkunft oder Zuflucht, wo sie sich von der Menschheit fernhalten könnten.« [146]

Der feine Duft des Weihrauchs, der »zu Gott aufstieg wie ein Gebet« und den heiligen Bund besiegelte, ist dem Pestgestank gewichen, dem Symbol des Bruches zwischen dem Himmel und den Menschen. Der »Todesgeruch«, den die Seelen der Sünder verströmen, bricht den Bund und zieht den göttlichen Zorn auf sie herab.[147]

Anomie und Zwietracht bewirkend, verdirbt also der Pestgestank nicht nur den Körper, sondern auch Herz und Verstand; er zerstört die Bindungen zwischen den Menschen, die »sich nicht mehr riechen können«. Er scheint aus der Hölle aufgestiegen zu sein, von daher, wo, wie die hl. Theresa von Avila sagte, »es stinkt und man nicht mehr liebt«.

# 4. Kapitel: Der heilkräftige Geruch

»Wo sind sie hin, die Zeiten der balsamischen Wärme und der Heilmittel von warmem Duft?«
Gaston Bachelard, *La Psychanalyse du feu*

Pest-Prophylaxe und Pest-Therapie sind seit der Antike von dem ständigen Bemühen bestimmt, die Fäulnis der Luft und des Körpers zu bekämpfen. Jede Beunruhigung, ob nun durch eine heftige Bewegung der Gestirne, der Planeten, durch Donner oder Blitz oder aufwallende Leidenschaften, stört das Gleichgewicht der Atmosphäre oder der Körpersäfte. Jede »Verstopfung« der Luft durch Nebel, Rauch oder Dämpfe und jede Belastung des Körpers durch Überfüllung bewirkt Fäulnis. Da die Ursachen organischen Verfalls analog zu denen der Luftverderbnis aufgefaßt werden, ist es nicht weiter erstaunlich, daß die Maßregeln zur Erhaltung der körperlichen Gesundheit denen nachgebildet sind, die zur Reinhaltung der Atmosphäre empfohlen werden. Aus der Ähnlichkeit der Auffassungen in bezug auf ihre Störungen ergibt sich eine gewisse Parallelität der Behandlungsweisen für die Luft wie für den Körper. Die wichtige Rolle, die dabei die Gerüche spielen, erklärt sich nicht nur aus dem olfaktorischen Verständnis der Seuche, sondern auch aus der Verbindung, die nach einer aus dem alten Ägypten übernommenen Vorstellung zwischen den Duftstoffen und dem Prinzip der Unverderblichkeit besteht. Zu diesen beiden Gründen kommt noch ein dritter hinzu: die manchen Duftstoffen zugeschriebene Macht, den Umgang mit den Göttern zu ermöglichen und deren Zorn zu besänftigen.

## Die hippokratischen Feuer und der Theriak

Lange vor Aristoteles', Theophrasts und Lukrez' Theorien über die warme, trockene, feurige und unverderbliche Natur des Wohlgeruchs und seine heilsamen Wirkungen wurden Duftstoffe dem Feuer beigegeben, um die Seuche zu bekämpfen. Wenn man Galen glauben darf, bestand das einzige therapeutische Mittel, das Hippokrates anwendete, darin, mit aromatischen Feuer die verdorbene Luft zu reinigen. In den Straßen von Athen wurden Scheiterhaufen errichtet aus wohlriechenden Hölzern und Blumen, die mit den ölhaltigsten Duftstoffen übergossen waren. Und Galen selbst verordnet zur Vorbeugung wie zur Behandlung den Theriak, weil er die Bösartigkeit der Atemluft neutralisiert und ebenfalls wie ein »reinigendes Feuer« wirkt.[1]

Der Theriak ist ein »Gegengift«, das aus einer großen Zahl aromatischer Ingredienzen und aus Schlangenfleisch besteht. Er dient zur Behandlung aller Vergiftungen, auch der Vergiftungen der Luft. Er bietet sich als das Antidot schlechthin gegen das Pestgift an. Wird er zur Vorbeugung getrunken, sorgt er für eine gute Körpertemperatur und eine gute gesundheitliche Verfassung, absorbiert überflüssige Rückstände an Feuchtigkeit, durchwärmt kalte Gliedmaßen, stärkt die Widerstandsfähigkeit des Organismus und schützt ihn vor der Krankheit. Er kann sogar bei schon Erkrankten die vollständige Heilung bewirken. Unter Berufung auf seinen Lehrer Aelianus Meccius, einen Arzt von vorzüglichen Urteils- und Behandlungsfähigkeiten, versichert Galen, daß dieses Medikament mit Erfolg bei einer in Italien umgehenden Pestepidemie angewandt wurde. Aber der Theriak ist nicht das einzige in der Antike gebräuchliche Präparat mit starker Geruchswirkung. Rufus von Ephesus zum Beispiel empfiehlt eine pharmazeutische Komposition aus Aloe, Myrrhe und Weihrauch. »Ich kenne keinen Kranken«, sagt er, »der mit diesem Trank nicht davongekommen wäre.«[2]

Außer den Duft- und Würzstoffen, die bei der Prävention und Therapie der Pest die wichtigste Rolle spielen, verwenden die griechischen und römischen Ärzte auch andere austrocknende Mittel im Zusammenhang verschiedener Reinigungspraktiken. Die Bekämpfung der Fäulnis ist die zentrale medizinische Aufgabe. Galen gibt zu, daß seine therapeutischen Methoden von dieser Vorstellung ausgehen.[3] Er empfiehlt Aderlässe, Brech- und Abführmittel, Techniken, die er direkt von Hippokrates übernommen hat, und ein Austrocknungsmittel, das in seiner Achtung sehr hoch steht: armenische Tonerde. Gegen Plethora werden allgemein Aderlässe und Entleerungen angewendet. Rufus von Ephesus entgeht dem Tod an der Pest, indem er sich einen Schröpfschnitt am Bein machen läßt, der einen großen Blutverlust ermöglicht.

## Das Reich der Aromen

Im Mittelalter sind die Wohlgerüche das Hauptmittel gegen die Verderbnis der Luft und des Körpers. Nach den griechischen spielen nun die arabischen Ärzte eine wichtige Rolle bei der Bestimmung prophylaktischer und therapeutischer Eigenschaften der Duftstoffe. Mohammeds ausgeprägte Neigung zu den Wohlgerüchen hatte zweifellos auch etwas damit zu tun. Seine Geburtsstadt Mekka war das Zentrum des Handels mit diesen Stoffen, und er schrieb ihnen eine große hygienische und medizinische Wirkung zu. In ihrem kosmetischen Gebrauch sah er ein Mittel, durch das sich die Moslems von Juden und Christen unterscheiden konnten.[4] »Drei Dinge aus eurer Welt sind mir lieb gewesen: der Duft, die Frauen und, was meine Freude war, das Gebet« – mit diesem Zitat des Propheten setzt sich Avicenna im 11. Jahrhundert dafür ein, die belebenden Kräfte der Aromen und ihre Wirkungen auf die »guten Sitten« und die Vollkommenheit im Handeln anzuerkennen: »Der Grund für den Propheten – Gott segne ihn und gebe ihm Frieden! –, die Wohlgerüche zu verwenden, ist, daß sie die Sinne stärken. Sind diese aber stark, so sind auch die Gedanken richtig und ihre Folgerungen genau. Werden sie hingegen geschwächt, so geraten die Gedanken in einen verstörten Zustand und ihre Folgerungen sind wirr.«[5]

Die Konvergenz der antiken und der arabischen Auffassungen beeinflußt die Mediziner, die sich die verwesungshemmenden, reinigenden, kräftigenden und belebenden Eigenschaften der Duftstoffe zunutze machen. In sehr verschiedenen Formen angewandt, wirken diese Stoffe den traurigen Gemütszuständen wie Furcht und Niedergeschlagenheit entgegen, die, weil sie die natürliche Disposition des Organismus beeinträchtigen, den Ausbruch von Krankheiten begünstigen. Durch ihre »lindernde«, »korrektive«, »berichtigende«, »erfrischende«, »erwärmende« oder »austrocknende« Wirkung fördern sie sowohl die Gesundheit der Luft wie die des Körpers. Um für beides jede Störung ihrer »primären Qualitäten« zu vermeiden, ist darauf zu achten, daß sie nicht zu feucht, nicht zu warm, nicht zu trocken und nicht zu kalt werden. Wenn kaltes und trockenes Wetter für den Körper die Gefahr der Fäulnis bringt, weil es die Poren der Haut verengt und die Entleerung der Säfte behindert, so sind Hitze und Feuchtigkeit noch gefährlicher, weil sie die Eingänge für die giftige Luft öffnen.

Es kommt zu einer klimatischen Klassifizierung der Geruchsstoffe. Je nach Jahreszeit verschaffen sie der Luft und dem Körper, was zur Wahrung ihres Gleichgewichts nötig ist. Während der Pest von 1348 empfiehlt das Kollegium der Fakultät von Paris für den Sommer kalte Aromen wie Rosen, Sandelholz, Seerosen, Essig, Rosenwasser, außerdem Kampfer-Duftkissen, »mit denen auch das Herz gestärkt wird«, und kalte Äpfel; für den Winter warme Aromen wie Aloe-Hölzer, Ambra, Muskatnuß und Ambra-Äpfel.[6]

Eine zweite Klassifikation, die übrigens im Laufe der folgenden Jahrhunderte beibehalten wird, geht von der sozialen Zuordnung aus. Schon wegen ihres Preises sind Moschus, Ambra, Aloe und Kaneel (Zimt) den Reichen und Mächtigen vorbehalten. Wer in bescheideneren Verhältnissen lebt, verschafft sich Storax, Kostus, Lorbeer, Majoran und Mastix. Was den Armen angeht, der sich dies alles weder im Sommer noch im Winter leisten kann, so bleibt ihm nur, »zum gütigen Gott zu beten, daß er ihn in Zeiten der Krankheit und der Unruhen wohl behüte«.[7]

Um die Luft kühl zu halten, besprengt man in den Patrizierhäusern den Boden mit Rosenwasser oder bestreut ihn mit »kalten« Blumen. Im Winter sollen Räucherungen mit Moschus, Ambra und Aloe und »Duftkissen«[8] sie erwärmen! Das Volk verbrennt »fistiques«, »thamariskes«, Wacholderbeeren, Quitten und »ase«. In der warmen Jahreszeit besprengt es den Boden mit Essigwasser und legt Weinblätter und andere Pflanzen aus, die das Übermaß an Hitze und Feuchtigkeit mildern:

»Jonchier la chambre druement,
Et l'arrouser légiérement
D'eau très froide & de vinaigre,
Fort odorant, poignant & maigre,
Et dessus semer volentiers
Des roses & fleurs d'aiglentiers
Ô feuilles d'ongle cabaline,
Qui est herbe moult froide & digne,
Et de choses autres bien fresches,
Bien odorans, plaisans & seches.«

Die Maßnahmen, durch die der »Atem« der Häuser desinfiziert werden soll, werden ergänzt durch Empfehlungen zur städtischen Hygiene. Man soll stinkende und verschmutzte Orte meiden und sich vor der schlechten Luft durch Fenster aus Glas oder Wachstuch schützen. La Haye legt Wert auf eine gesunde Umgebung, wo man sicher ist vor den Ausdünstungen von Sümpfen, Bergwerken und Friedhöfen, und er warnt sogar vor Kessellagen und waldumschlossenen Orten. Dringend abgeraten wird von der Nachbarschaft zu bestimmten Pflanzen, die für schädliche Geruchsabsonderungen bekannt sind, wie Nußbäumen, Sennessträuchern, Bilsenkraut und Schierling.[9]

So wenig Luft einzuatmen wie möglich und erfreuliche und aromatische Gerüche um sich zu haben, wie einen essiggetränkten Schwamm, einen wohlriechenden Strauß oder Apfel, sind die elementaren Vorsichtsmaßnahmen. Riechäpfel und Riechdöschen, Latwergen, Duftkissen, Essenzen und Sirups korrigieren die giftige Luft, bevor sie in die Lungen gelangt, und steigern die Widerstandsfähigkeit des Organismus. Manche dieser Stoffe dienen zugleich als Schutzschirm und als Stärkungsmittel, andere sind einfach Medikamente.

Die Riechäpfel orientalischer Herkunft sind hohle Kugeln aus Gold oder Silber, oft mit Perlen und Edelsteinen besetzt. Sie enthalten feste tierische Duftstoffe, die rar und sehr teuer sind, wie Moschus und graue Ambra. Ihre Anfertigung muß schon lange vor dem 14. Jahrhundert begonnen haben, denn Kaiser Friedrich Barbarossa erhielt 1174 vom König von Jerusalem mehrere mit Moschus gefüllte goldene Äpfel.[10] Der Ambra-Apfel, der den aus Ablagerungen im Darm des Pottwals gewonnenen Duftstoff enthält, gilt im Mittelalter als mächtiger Schutz gegen die Pest. Allein schon kraft seines Geruchs besitzt er in hohem Maße »die Fähigkeit, die Sinne zu erfreuen und den Leib zu kräftigen«[11]; er wirkt stärkend auf alle Temperamente und erleichtert die Atmung. Aber dieses Mittel ist wegen seiner Kostspieligkeit den Großen dieser Welt vorbehalten. Darum werden andere, gemischte Düfte hergestellt, von denen viele übrigens von Ambra keine Spur mehr enthalten.

Berühmte Duftkompositionen wie die Jean Mesués und Avicennas enthalten sehr viele aromatische Ingredienzen, die zu Pulver zermahlen, gesiebt und mit Wasser zu einer Paste verrührt werden. Hier ist eines der vielen Rezepte für Riechäpfel, mitgeteilt vom Kollegium der medizinischen Fakultät von Paris: »Man nehme einen sehr reinen Stein von zwei Unzen; Storax, Kalamit, Gummi arabicum, Myrrhe, Weihrauch, Aloe, von jeder dieser Substanzen drei Gros; ausgesuchte rote Rosen, ein Gros; Sandelholz, Moschus, je zwei Gros; Muskatnuß, Nelken, Muskatblüte, jeweils ein Gros; Behennuß, obere und untere Schale einer byzantinischen Auster, Karaba (Bernstein), aromatische Kalameen, Basilikumsamen, Majoran, Pfefferkraut, getrocknete Minze, Nelkenwurzel, jeweils ein halbes Gros; Aloeholz, eine halbe Unze; Ambra, ein Gros; Moschus, anderthalb Gros; Kampfer, einen halben Skrupel; Nardenöl, Muskatnußöl in für die Parfümierung ausreichender Menge; man füge noch ein kleines Stückchen weißes Wachs hinzu.«[12]

Bis ins 18. Jahrhundert bleiben die Riechäpfel sehr beliebt. Sie regen zu prächtigen Goldschmiedearbeiten an, die sich oft sehr weit von der ursprünglichen Form entfernen, und werden am Gürtel, am Hals oder sogar am Fingerring getragen.

Es gibt auch Duftkästchen, die entweder Parfüm in fester

Form oder ein essiggetränktes Tuch oder einen Schwamm enthalten. Essig, obwohl nicht teuer, steht in dem Ruf, auf Grund seiner »kalten und trockenen« Natur der Fäulnis wirksam zu begegnen. Und der Schwamm, wie Ambroise Paré versichert, der Stoff, der am besten geeignet ist, »die Kräfte und Geister der aromatischen und duftenden Dinge«[13] in sich zu fassen, sollte bis ins 18. Jahrhundert gebräuchlich bleiben.

Neben diesen »Antidoten«, die man einatmet, gibt es noch andere für den äußeren oder inneren Gebrauch. Lotionen, Sirups, Pillen und Pastillen gehören ebenfalls in die mittelalterliche Rüstkammer gegen die Pest: »Man muß das Herz mit Waschungen von außen und mit Sirups und anderen Medikamenten von innen stärken; alle diese Präparate müssen Duft und Würze enthalten, wie den Geschmack des Zitronenbaums, den Saft von Äpfeln und Zitronen und stark gesäuerten Granatäpfeln.«[14]

Das griechische und arabische Erbe zeigt in manchen dieser Mischungen in der Zugabe von Stoffen, die für antitoxisch galten, wie Edelsteine, Perlen, Gold, Elfenbein oder Hirschhorn. Diese finden sich besonders in den Rezepten für Herz-Elektuarien, die gegen Fieber und Pestbeulen aufgelegt werden.

Die Duftstoffe spielen auch bei der Reinigung von Wäsche, Kleidern und Nahrungsmitteln eine große Rolle. Schon Galen meinte, daß übelriechende Bettlaken, Decken und Matratzen die Fäulnis der Körpersäfte beschleunigen könnten, und Boccaccio zeigt, daß die Kleider der Pestkranken zu Ansteckungsherden wurden. Es wird empfohlen, Wäsche und Oberkleidung zu parfümieren; Geweben aus Seide und von scharlachroter Farbe wird nachgesagt, daß sie gegen giftige Ausdünstungen besseren Schutz bieten. Das Verderben von Nahrungsmitteln wird durch den Wohlgeruch von Gewürzen verhindert. Gekochtes Fleisch und Fisch werden pikanter durch Ingwer, Gewürznelken, Kubebenpfeffer, Kardamon, Muskatnuß, Macis (Blüte und Rinde des Muskatbaums), Safran und Kaneel. Aber ihre erhitzenden Eigenschaften öffnen die Poren der Haut für die verseuchte Luft, und darum verwendet man sie besonders im Winter.

Andere Ratschläge zur Ernährung lassen Mißtrauen gegen den

die Fäulnis begünstigenden Wassergehalt erkennen. Fische aus trüben Gewässern, wäßriges Obst und Gemüse sowie Milchspeisen sind zu meiden. Trockenes und gebratenes Fleisch wird gekochtem oder schwer verdaulichem vorgezogen, das die Säfte dick und »melancholisch« oder »flüssig« und »blähend« macht. Weine dagegen, sofern sie gut riechen, haben prophylaktische Eigenschaften.

Die Regeln zur Ernährungshygiene werden ergänzt und verstärkt durch die traditionellen Reinigungspraktiken. Aderlaß und Abführmittel sind angebracht bei allen, die mit Feuchtigkeit oder anderem Überflüssigen überfüllt sind: bei Schlemmern, Menschen mit Bluthochdruck, Müßiggängern, matten und fiebrigen Kleinkindern, mit Säften überfüllten schwangeren Frauen.[15] Die Techniken der inneren Entleerung stehen im Dienst dieses Kampfes gegen Gestank und Fäulnis, bei dem das Aroma König ist. Alles wird parfümiert: die Luft, der Körper, die Wäsche, die Kleidung, die Nahrungsmittel. Die Wohlgerüche, die von den Menschen und Dingen ausgehen, müssen das Verderben in Schach halten.

## Räucherungen mit Arsen

Im 15. Jahrhundert machen die Auffassungen von der Prophylaxe und Therapie der Pest wichtige Veränderungen durch. Einerseits kommt es zu einem massiven Einsatz von Gegengiften, andererseits wird den Praktiken der Desinfektion mehr Bedeutung beigemessen, wobei zugleich auch ein gewisser Fortschritt in der privaten Hygiene deutlich wird.

Diese Veränderungen werden hauptsächlich von Marsilio Ficino vorangetrieben. Da er die Pest als ein spezifisches Gift definiert, konzentriert er die Aufmerksamkeit auf die Verstärkung der Geruchsstoffe durch hochwirksame Gegengifte. Solche Zusätze von angeblichen Gegengiften wie Schlangenfleisch, Perlen und Edelsteinen gab es schon in der Antike und im Mittelalter, aber auf Anraten Ficinos, der Neues vorzuschlagen hat (Skorpionöl, Eschenholz, Arsen, Vitriol), werden sie allgemein gebräuchlich. Die Ausweitung der Maßnahmen zur Desinfektion von Häusern und Personen erscheint ihm unerläßlich, da er das Pestgift als einen Geruch auffaßt, der sich an Dinge und Lebewesen heftet.

Sowohl bei der Prävention wie bei der Behandlung der Pest verbindet er systematisch die Geruchsstoffe mit Gegengiften. Die letzteren sind höchst verschiedenartig. Zunächst die Edelsteine: Hyazinth, Topas, Granat, Rubin, Koralle, Diamant. Ihre Wirksamkeit wird mit Nachdruck betont. Der Smaragd zum Beispiel soll so stark sein, daß er Vipern und Kröten zu blenden vermag.[16] Diese Steine sind jedoch nicht die einzigen Komponenten, deren »Kraft und Tugend« es ist, das Gift zu vertreiben. Es gibt noch viele andere, kostbare und billige, reale und mythische, die vor dem Tode schützen: Gold, Seide, das Horn des Einhorns oder schlichtes Eschenholz.

Das Gegengift par excellence ist der sogenannte Bezoar- oder Ziegenstein. Er ist orientalischer Herkunft und kann dreierlei Farben aufweisen: dunkelblau, blaugrün und bläulich-weiß. Seine immunisierende Wirkung ist so stark, daß der Stachel eines Skorpions harmlos wird, wenn er den Stein damit berührt. Zu Pulver zermahlen, kann er eine Schlange töten, der man ihn ins Maul stopft. Dieser seltene Stein (der eigentlich kein Stein ist, sondern eine steinige Ablagerung, die sich im Magen mancher Tiere bildet) kann um den Hals getragen werden oder an einem Fingerring. Zur Steigerung der schützenden Wirkung wird empfohlen, eine Schlange oder einen Skorpion darauf eingravieren zu lassen. Der Stein findet sich auch als Bestandteil aromatischer Medikamente: Weihrauch, mit einem Scheibchen von diesem Stoff versiegelt, schützt vor dem Gift mit gleicher Sicherheit wie der echte Bezoar.

Weniger kostbar und natürlich leichter zu beschaffen ist die Esche, ebenfalls eines der Gegengifte, die den Aromen im Kampf gegen die Pestilenz zu Hilfe kommen: »Dieweil Esche solche Tugend hat, daß kein giftiges Tier sich ihrem Schatten zu nähern wagt noch dem Geruch derselben, und eher würfe es sich ins Feuer, als daß es diesem Baum nahe käme.«[17] Gegen die Luft kann man sich schützen, indem man an einem mit Eschenholz verbundenen Schwamm riecht, der getränkt ist mit dem »heilsamen Geruch« von Rosenwasser, Rosenessig, Zitwerwurzel oder Zitronenschale.

Die Verbindung von Duftstoffen mit Gegengiften findet sich in den Rezepten immer wieder. Außer Theriak, den Ficino als »die Königin unter allen Kompositionen, die den Menschen vom Himmel gesandt wurden«, betrachtet und mit dem man sein Taschentuch tränkt, soll man jederlei Wohlgerüche einatmen, wie Weihrauch, Myrrhe, Veilchen, Minze, Melisse, Raute oder einen »Zedernholzapfel« mit Storax, Sandelholz, Kampfer und Rosen. In der Hand halten kann man Zitrusfrüchte, Blumen und duftende Pflanzen, am Hals oder im Munde trägt man Horn vom Einhorn, einen Hyazinth, Topas oder Smaragd. Die Pillen und Elektuarien enthalten Aloe, Myrrhe, Safran sowie Ingredienzen, die »ihre Tugend und Kraft vermehren«: Edelsteine, Perlen, Elfenbeinspäne, Horn vom Einhorn oder gebranntes Hirschhorn, »Knochen, die im Herzen dieses Tieres sind«. Für reiche Leute gibt es mehrere Rezepte zu Pillen, die die Säfte austrocknen sollen, das Herz stärken, die Adern und Kanäle im Körper verengen, um das Gift auszusperren. Ebenso vortrefflich sind Pulver aus Edelsteinen und Weihrauch. Man trinkt den Sud von kleinen Blumen, welche die »giftigen Feuchtigkeiten« austrocknen lassen, oder von antitoxischen Pflanzen wie dem Meerrettich, »der eine solche Kraft gegen das Gift hat, daß der Skorpion verendet, der ihn angerührt hat«, außerdem Rosen- oder Skabiosewasser und Skorpions-Öl, das aus fünfzig Jahre altem Olivenöl besteht, in dem das gefährliche Tier gekocht worden ist. Die Riechkissen, die man auf dem Herzen trägt, um es zu stärken, enthalten nun rote Rosen, Aloeholz, Sandelholz und Koralle. Die »Epitheme« (Pflaster), die man auf dem Magen oder unter den Armen anbringt, bestehen aus Sandelholz und Rosen, aber auch aus Koralle und Elfenbein. Um ihre Wirksamkeit zu erhöhen, mengt man ihnen auch sehr toxische Stoffe bei: Arsen, Schierling, Vitriol, außerdem Kalk, Operment (gelbes Schwefel-Arsenik), Borax, Ammoniaksalz und Pech, die das Gift aus den Pestbeulen energisch herausziehen. Alle diese Medikamente müssen ja stark sein, wenn sie das Gift aus dem Leib holen sollen.

Die Bedeutung, die er den Gegengiften beimißt, läßt Ficino kostbare Stoffe sogar den Speisegewürzen beimengen, um ihren heißen und appetitanregenden Eigenschaften entgegenzuwirken, die den Menschen »bereit und geneigt machen, das Gift leichter aufzunehmen«.

Wenn er die Pest mit einem Drachen vergleicht, der den Menschen mit seinem »giftigen Atem« überzieht, verstärkt er die Angst und bereitet die Öffentlichkeit auf das Erfordernis besserer Hygiene vor. Um sich vor diesem Gift zu bewahren, das sich an die Haut, an die Kleider, Dinge und Mauern heftet, muß man vor allem seine Behausung und seinen Körper »sauber halten«.[18]

Was das Haus angeht, so predigt er Methoden, die direkt aus der Antike und dem Mittelalter übernommen sind, insbesondere den Gebrauch von Duftstoffen und Räucherwerk. Es soll sauber sein, luftig und von guten Gerüchen durchweht, die Zimmer mit Essigwasser besprengt und voller Blumen und duftender Pflanzen: »Überall verstreue man & und lege in die Winkel & an die Wände des Zimmers Weinlaub, Schilf, Weidenlaub und Weidenruten, kleine Pflanzen & Blätter vom Zitronenbaum & allerlei anderes Grünzeug wie Blumen & wohlriechende Äpfel.«

Zur Reinhaltung des Körpers werden außer den traditionellen Techniken zur inneren Reinigung neue Methoden empfohlen, unter denen das Bad keinen Platz hat. Bäder erscheinen im Gegenteil als gefährlich, insofern sie die Poren öffnen und der pestilenten Luft Zutritt verschaffen. Anders als die Ärzte während der Pest von 1348, die nur von heißen Bädern abrieten, warnt Ficino vor dem Baden ganz allgemein.[19] Die Maßnahmen, die er empfiehlt, lassen eine ausgeprägte Wasserscheu erkennen. Gesicht und Hände werden mit aromatischen Lotionen gewaschen. Ärzte und andere Personen, die mit den Kranken in Berührung kommen, lassen doppelte Vorsicht walten und reinigen sich zweimal am ganzen Körper mit lauwarmem Essig. Häufig die Kleidung zu wechseln und sich zu parfümieren, werden unerläßliche Vorbeugungsmaßnahmen.

Diese Empfehlungen zur Hygiene werden begleitet von einer dringlichen Ermahnung zum privaten Gebrauch von Bettzeug und Geschirr, in der eine neue Tendenz zur Individualisierung deutlich wird. »Während dieser Zeiten benutze man gesonderte Gefäße zum Trinken und zum Essen, desgleichen Bettgarnituren, & wenn man zweite Laken und andere notwendigen Dinge nicht übrig hat, so reinige man sie durch Waschungen und Parfüms.« [20]

All diese vorbeugenden Maßnahmen finden in der Heilbehandlung nur ihre Fortsetzung. Wenn die Ansteckung stattgefunden hat, wird die Krankheit nach ähnlichen Prinzipien bekämpft. Darum betreffen die Empfehlungen zur Körperhygiene den Kranken mehr noch als den Gesunden: »Vor allen Dingen trage man Sorge, oft das Hemd des Kranken zu erneuern und zu wechseln, ebenso alle Laken, Wäsche und Parfüms sowie das Gefäß, in dem die Parfüms angerichtet werden.« [21] Was die Praktiken der Reinigung durch Parfüms angeht [22], so sind sie direkte Vorläufer von Maßnahmen zur Desinfektion. Wenn in dieser Hinsicht nur sehr summarische Angaben zu den verwendeten Stoffen und der Art ihrer Anwendung gemacht werden, so ist zu bedenken, daß jeder Körper eine andere, mehr oder weniger große Neigung hat, das Gift bei sich zu behalten. Nach diesem Kriterium werden spezifische Desinfektionsfristen angegeben: »Die Menschen sind gemeinhin in vierzehn Tagen gereinigt, die Häuser, das Holz und andere Dinge in ein & zwanzig. Die Laken, Kleider & andere ähnliche Dinge in acht & zwanzig Tagen. Die Pferde & die Möbel, Pack & Reisezeug & dergleichen halten das Gift lange, wenn man nicht achtgibt.« [23] Auffällig ist, daß das Wort »reinigen« sowohl für die prophylaktischen Maßnahmen wie im Hinblick auf die Behandlung selbst gebraucht wird. Vorbeugende Hygiene und Heilbehandlung werden nicht klar unterschieden, denn sie gehören ein und derselben Konzeption an. Doch die von Ficino aufgestellten Regeln sollten auf die Techniken der Desinfektion Einfluß gewinnen, die im Lauf der nächsten Jahrhunderte auf systematische Weise entwickelt und angewendet werden.

Das therapeutische Privileg, das man den Wohlgerüchen einräumt, und die Kritik an den geruchlosen Gegengiften stärken im 16. Jahrhundert das Vertrauen auf die Aromatherapie. Ob aber die »Antipathie« zwischen dem Wohlgeruch und dem Gestank ausreicht, um mit ansteckenden Krankheiten fertigzuwerden? Auf diese Frage, die eine Verbindung zwischen Ansteckung und dem Gestank voraussetzt, gibt Fracastoro eine Antwort, die von seinem Bemühen um Genauigkeit zeugt. Die stärkende Wirkung der Düfte auf die Kranken erscheint ihm augenfällig. Darf man aber weitergehen und daraus schließen, daß sie zur Bekämpfung der Keime geeignet sind? Mit dem Eingeständnis, hier über die Beobachtung hinausgehen zu müssen, kommt er zu dem Schluß: »Wenn es auch nicht sinnfällig ist, ist es doch zumindest vernünftig.«[24] Ein anderes Argument bestärkt seine Hypothese: Die Verwendung der aromatischen Harze beim Einbalsamieren der Toten bezeugt ihre Wirksamkeit gegen die Fäulnis. Sie müssen also auch Schutz vor dem ansteckenden Faulgeruch bieten. Ihre Wirkungsweise wird so erklärt: Was die Fäulnis verhindert, ist die austrocknende und verbindende Wirkung der Harze. Ihre Wirkung ist der von Sand auf Kalk oder der von Mehl auf Wasser vergleichbar. Die unendlich kleinen feuchten Teilchen dringen dabei in die sehr kleinen Poren der trockenen Substanzen ein.[25] Bei ihrer Verbindung bleibt kein Raum mehr frei, so daß kein äußeres Agens mehr hinzutreten und versuchen könnte, die Einheit zu zerstören, und jeder Verfall wird so unmöglich. Zu den wirksamsten Harzen, die »reinigen, austrocknen, dem Stoff Konsistenz geben«, gehören das der Lärche, der Zeder und ebenso Myrrhe, Storax, Mutterharz, Terpentin und Mastix.[26] Mit einer Erklärung dieser Eigenschaft der Duftstoffe hält sich Fracastoro zurück. Er äußert jedoch den Gedanken, daß sie im Aroma selbst liegen könnte: »Ob diese Antipathie nun in derselben Qualität liegt, die den Geruch ausmacht, oder in einer anderen, das ist für den Menschen ungewiß.«[27]

Für Ambroise Paré dagegen bildet der Duft der Geruchsstoffe

unbestreitbar das aktive Element. Da die Düfte von ähnlicher Natur sind wie die »Lebensgeister«, helfen sie diesen in ihrem Widerstand gegen das Pestgift.[28] Daß Paré bestimmte geruchlose Gegengifte wie Horn vom Einhorn, Perlen und Edelsteine verwirft, zeigt, wieviel Bedeutung er dem Geruch beimißt. Paradoxerweise behauptet Fracastoro, der sich doch um ein streng rationales Verständnis der Ansteckung bemüht, die Wirksamkeit dieser Stoffe, während Paré, der an eine okkulte Ursache der Pest glaubt, ihnen den Wert abspricht. Fracastoros gleichsam wissenschaftliche Erklärung, daß zwischen den aromatischen Substanzen und den Krankheitskeimen eine »stoffliche Antipathie« herrsche, ist umgeben von recht obskuren Ausführungen über die »spirituellen Antipathien« von Saphiren, Korallen, Smaragden, Hyazinthen, brauner Ambra, Horn und Knochen von Hirsch und Einhorn.[29] Sein einziger Vorbehalt gegen diese Dinge betrifft nicht ihre Wirksamkeit, sondern ihren Preis. Paré hingegen kritisiert das Trügerische an ihrer Wirkung und die Leichtgläubigkeit des Publikums.

Wie steht es zum Beispiel um das Horn des Einhorns? Gibt es das überhaupt? »Man weiß in Wahrheit gar nicht, was das für ein Tier ist«, bemerkt Paré. Die widersprüchlichsten Gerüchte seien darüber in Umlauf. Es soll bald aus Indien stammen, bald aus Äthiopien, aus unzugänglichen Wüsten. Es soll einem Pferd ähnlich sehen, einem Esel, einem Hirsch, einem Elefanten, einem Rhinozeros oder einem Windhund. Sein Horn ist schwarz oder weiß oder purpurrot oder gestreift wie das Haus einer Schnecke. Die einen »sagen, es sei die wildeste und grausamste aller Bestien und brülle gar schrecklich, andere hingegen, es sei sehr sanft und gütig, vernarre sich in Mädchen, die es gern betrachte, und werde oft mit deren Hilfe gefangen«.[30] Und selbst wenn es existierte, könnte sein Horn doch nicht gegen alle Gifte helfen; diese sind höchst verschiedenartig, kalt, heiß, trocken, feucht oder okkult, wirken auf spezifische Weise und erfordern spezifische Gegengifte. Besonders aber ist der medizinischen Anwendung von Hörnern der Umstand im Wege, daß sie weder Geschmack noch Geruch haben, es sei denn, sie würden verbrannt. Allein »die gute

Luft und das gute Blut«, die das Herz anregen, sind fähig, den Giften entgegenzuwirken. Die herzstärkenden Mittel (Elektuarien, Epitheme, Opiate), die vielerlei aromatische Ingredienzen enthalten, sind zugleich auch Gegengifte. Aber »wer im Horn des Einhorns Luft findet, der kann auch Öl aus einer Wand schöpfen«.[31] Da es weder Fleisch noch Aroma hat, ist dieses Gegengift, von dem sogar die Könige getäuscht werden, die ein Stück davon in ihren Becher tun lassen, um zu verhindern, daß man sie vergiftet, also vollkommen illusorisch.

Wenn Paré manche geruchlosen Gegengifte gelten läßt, wie zum Beispiel armenische Ton- oder Siegelerde, Elfenbein- oder Korallenspäne, so deshalb, weil sie zusammenziehend (adstringierend) wirken. Sie verengen die Blutgefäße, durch die »das Gift und die pestilente Luft zum Herzen getragen werden könnte«.[32] Was aber Perlen, Gold und Edelsteine angeht, denen weder Aroma noch Adstringenz eignen, so seien ihre Tugenden höchst zweifelhaft und gehörten in den Bereich des Aberglaubens und der Betrügereien.

Aber worin das Wirkprinzip der Duftstoffe auch bestehen mag, im 16. Jahrhundert bleiben sie die zuverlässigsten Verbündeten all derer, die sich um die Kranken kümmern. Die Ratschläge, die Oger Ferrier 1548 seinen Kollegen erteilt, betonen den Wert der aromatischen Rüstkammer für die Ärzte. Bevor man das Haus eines Pestkranken betritt, muß man Fenster und Türen öffnen lassen, um es zu lüften, dann muß man es durch eine Dufträucherung desinfizieren. Schließlich, hinter einem Kohlebecken hergehend, auf dem Weihrauch, Myrrhe, Rosen, Benzoe, Labdanum, Storax und Gewürznelken brennen, in der einen Hand einen Wacholderzweig, in der anderen einen Riechapfel, einen Blumenstrauß oder einen in Essig getränkten Schwamm, begibt sich der Arzt in die Nähe des Kranken. In dem durch die Räucherungen entgifteten Zimmer kann die Konsultation nun beginnen. Und diese erfordert von seiten des Arztes, abgesehen von Fähigkeiten, die man eher bei einem Jongleur oder Seiltänzer erwarten würde, großen diagnostischen Scharfblick, denn Herztöne und Atemgeräusche abhören kann er nur aus einiger Entfernung oder unter vorsichtigen Annäherungs- und Rückzugsmanövern: »So also, mit etwas von Ihrem Massapa im Munde, sich mit der einen Hand besagte Gerüche vor die Nase haltend, in der anderen besagtes Stück brennender Wacholder, betrachten Sie ihren Patienten aus einem gewissen Abstand und befragen ihn nach seiner Krankheit und seinen Symptomen, und wenn er Schmerzen hat oder einen Tumor an irgendeiner Stelle, so visitieren Sie ihn. Dazu treten Sie näher, wobei Sie ihm den Rücken zukehren und Ihr Stück Holz jemandem geben, der es Ihnen vor das Gesicht hält. Und mit rückwärts ausgestreckter Hand fühlen Sie dem Kranken den Puls, die Stirn und die Herzgegend, immer mit irgendeinem Geruch dicht vor der Nase.« Und schließlich macht sich der mutige Arzt, immer noch mit seiner vollen aromatischen Ausrüstung, an die letzte Aufgabe, die gefährlichste von allen: die Untersuchung des Urins und der Fäkalien, aber nur dann, »wenn der Zustand des Kranken es als lohnend erscheinen läßt«.[33]

## Desinfektion mit der Kanone

Die Duftstoffe haben nicht die erhoffte Wirkung gehabt, und die Angst vor der Pest wächst. Nun drängt sich der Gedanke auf, daß man versuchen müßte, die Krankheit mit stärkeren Gerüchen zu bekämpfen. Zwei Methoden wären denkbar: dem Gestank mit einem anderen Gestank zu begegnen, oder aber, die Wirkung der Duftstoffe mit schärferen Gerüchen zu verstärken.

Henri de la Cointe empfiehlt 1634, die Pestdünste durch noch üblere Gerüche, wie die von Böcken oder von Aas, zu neutralisieren. Zur Begründung beruft er sich auf Praktiken, die von Thomas Jordanus, Alexander Benedictus und Palmarius berichtet wurden. Der erstere führt aus, daß man »in pestilenzialischer Luft für gewöhnlich Böcke hält, stinkende Tiere, damit alle anderen schlechten oder unangenehmen Gerüche sich an sie heften, vielleicht auch, weil der Gestank des Bockes alle anderen übersteigt und sie so zunichte macht, daß kaum mehr eine Spur davon bleibt«. Die anderen beiden erzählen, daß bei einer schlimmen

Pest, die Polen und Skythien verwüstete, die Bevölkerung aufgefordert wurde, alle Katzen und Hunde zu töten und sie auf den Straßen verwesen zu lassen, »damit der bösartige und stinkende Dunst, der in die Luft aufstieg, sie erfülle, sei es, um diese pestilenzialische Luft zu verändern, sei es, um sie aufzusaugen und zu verzehren«.[34] Von demselben Grundgedanken gehen die Empfehlungen des Toulouser Arztes Alvarus aus, dem die anscheinend verbreitete Methode, jeden Morgen seinen eigenen Urin zu trinken, denn doch als zu widerlich erschien: »Besser ist es, oft am Urin eines Bocks zu riechen, und zwar desselben, den man zu diesem Zweck im Haus halten muß.«[35] Eine Bestätigung für das Prinzip, daß der eine Gestank den andern vertreibt, findet Henri de la Cointe in der Tatsache, daß bestimmte Arbeiter, denen man aus dem Weg geht, weil sie mit schmutzigen und stinkenden Dingen zu tun haben, von der Epidemie weniger betroffen werden als andere: Die ekelhaften Gerüche des Leders schützen die Gerber, ebenso wie die Gewöhnung an die Exkrementendünste die Kloakenentleerer immunisiert. Was das Personal in den Hospitälern anbetrifft, das doch ständig die Pestluft einatmet, so ist es nicht am stärksten gefährdet. Gestank ist also nicht gleichbedeutend mit Schädlichkeit, und ein neues Credo zu den Aromen kann proklamiert werden: »Es ist also unbesonnen und voreilig, zu behaupten und als ewige Wahrheit zu verkünden, daß einzig die guten Gerüche als Düfte in verseuchten Zimmern angewendet werden dürften und nicht auch die unangenehmen und abstoßenden.«[36] Mehr noch, die Wohlgerüche werden nun auch für eine Begünstigung der Krankheit verantwortlich gemacht: »Und in Wahrheit scheinen die guten oder linden Gerüche vielmehr ein Vehikel zu sein, das die verpestete Luft zum Innern des Herzens hinträgt, und keineswegs ein Schutz gegen sie, denn aus einer natürlichen Hinneigung öffnet sich das Herz sogleich dem, was duftet oder von Wohlgeruch ist: während es sich gegen die üblen Gerüche im Gegenteil verengt und wappnet.«

Aber nicht alle Zeitgenossen Henri de la Cointes sind für eine so vollständige Umkehrung der olfaktorischen Werte. Die meisten geben einer Methode den Vorzug, die scharfe Gerüche mit

Wohlgerüchen verbindet. Die reinigenden und kräftigenden Eigenschaften der letzteren müssen gewahrt und vermehrt werden durch »Verstärkungen«, die der entsetzlichen Kraft des Gegners gemäß sind. Zur Desinfektion von Häusern, Kleidern und Menschen werden dem aromatischen Räucherwerk toxische Stoffe beigemengt, die einen beißenden Dunst abgeben: Schwefel, Arsen, Antimon, Schießpulver oder Pech. Schon zwei Jahrhunderte früher hatte Marsilio Ficino die Zugabe mancher dieser Stoffe zu den Aromen empfohlen, weil deren Wirkung als Gegengifte durch sie gestärkt werde. Aber seit dem 17. Jahrhundert interessiert man sich nun speziell für die im störenden Geruch dieser Zusätze enthaltenen Energien, und deren Einsatz beginnt allgemein üblich zu werden. Denn, wie Angelus Sala 1617 bemerkt, es geht nun nicht mehr darum, die Luft mit aromatischen Stoffen von irgendeinem Gestank zu »korrigieren«, sondern es gelte einem sehr feinen giftigen Dunst zu widerstehen, was nur mit Gegengiften von scharfem Geruch möglich sei.[37] Die Epidemie ist »eine so bösartige und starke Ausdünstung, daß sie nicht mit dem Duft von Rosen, Veilchen, Orangenblüten, Iris, Storax, Sandelholz, Zimt, Moschus, Ambra, Zibet oder anderen wohlriechenden Dingen gezähmt werden kann.« Und ebenso, wie man der Kraft des Löwen nicht mit der des Lammes Herr werden könne oder des Arsens nicht mit Kandiszucker, so sei es unmöglich, die Pestilenz der Luft nur mit dem zu besiegen, was der Nase schmeichelt. Die üblen Gerüche bergen stärkere Energien und sind daher besser als die anderen zum Kampf gegen die Seuche geeignet. Ihre Anwendung sei trotz der damit verbundenen Unannehmlichkeit notwendig, denn »man kann seine Gesundheit nicht immer dadurch schützen, daß man die Nase in Rosen steckt«. Zur Illustration dieser neuen Tendenz: Zu jener Zeit tauchen Riechäpfel auf, die mit Schwefel, Pech und Kastoreum [38] gefüllt sind, sowie »Pillen mit Pestgestank«.[39]

In Pest-Prophylaxe und Pest-Therapie gewinnen von nun an scharfe oder widerliche Gerüche die Oberhand, deren Aggressivität als Zeichen ihrer Stärke gilt. Aber ihr Siegeszug ist weder leicht noch vollständig. Auch die Anhänger der neuen Methode schließen für manche Fälle den Rückgriff auf die Wohlgerüche nicht aus.

Das Aufkommen einer »harten« Medizin der scharfen Gerüche gegenüber der »weichen« Medizin der angenehmen Düfte stößt auf erbitterten Widerstand. In diesem Kampf der Spezialisten sind alle Argumente willkommen. Die traditionelle Aromatherapie wird von ihren Anhängern, die bestrebt sind, nicht weniger fortschrittlich zu erscheinen als ihre Gegner, mit immer neuen, manchmal ingeniösen Anwendungsvorschlägen verteidigt. Sehr repräsentativ für den Gegensatz zwischen der neuen Welle und den alten Methoden ist eine Polemik zwischen Jean de Lampérière, dem Autor des *Traité de la peste, de ses moyens et de sa cure*, und David Jouysse, der 1622 eine Kritik des Buches von Lampérière erscheinen läßt.

»Ich sehe viele, welche die guten Gerüche in der Pest verwerfen und die schlechten empfehlen, und anscheinend ist dieser Irrtum für viele schon zur Regel geworden«[40], stellt Lampérière 1620 fest. Gegen diese Mode der üblen Gerüche lehnt er sich auf. Es sei ein Fehler, wenn man glaube, »einen starken Schutz im Gestank eines Abtritts, im Brodem eines Misthaufens oder Stinktopfes zu finden ... Die Kraft der stinkenden Dinge ist groß, aber nur um zu verderben und zu verseuchen, nicht um sich vor dem Verderben zu bewahren.« Bei seinem Versuch, die angenehmen Düfte wieder aufzuwerten, muß er einige Konzessionen machen. Für die üblen Gerüche trifft er eine Unterscheidung zwischen solchen, die bei einer Verbrennung, und solchen, die durch Fäulnis entstehen. Die scharfen Dünste, die das Verkohlen von Stoffen hervorruft, besitzen eine feurig reinigende und austrocknende Qualität. Darum können Räucherungen mit Schwefel, Schießpulver, Salpeter und anderen »stark riechenden, aber nicht fauligen Stoffen« allenfalls nützlich sein, um in Häusern die Luft zu verbessern. Dagegen sind die Faulgerüche völlig zu verbannen. Was die Duftstoffe angeht, so widerspricht Lampérière der Auffassung, daß es ihnen wegen der Feinheit ihrer Substanz an Kraft fehle. Zur Freude des Menschen geschaffen, seien sie ihm auf eine spezifische Weise zugeeignet. Ihre Kraft liege gerade in ihrer Milde. Den Kritikern, die Zartheit mit Schwäche verwechseln, entgegnet er, daß diese Zartheit verborgene Energien in sich trage, die auch Geister und Dämonen, die der Gestank nur reize, zu bezaubern vermöchten. Da sie zugleich die Luft korrigierten und Herz und Hirn anregten, sei ihre Anwendung unerläßlich, wenn man sich vor der Pest schützen wolle.

Obwohl er ein Rückzugsgefecht führt – er bricht immer noch Lanzen für Gold, Perlen, Edelsteine und »Bezoar«-Salze –, träumt Lampérière doch von neuen Duftkompositionen, die seine übersprudelnde Phantasie verraten und ihn wie einen Arzt aus einer Komödie aussehen lassen. Um jeden Preis will er das Aroma wieder in Mode bringen, indem er es mit einem Mysterium umgibt und es in eine »moderne« Medizin hinüberrettet. Was er zur Anwendung der Duftstoffe zu sagen hat, schillert zwischen Konformismus und Fiktion. Das Ziel ist offenbar, das Publikum bei seiner Neugier zu packen und den Nimbus der Duftstoffe, an deren Wirksamkeit es zweifelt, gewissermaßen aufzufrischen. Zu diesem Zweck beruft er sich auf die geheimen Künste der Alchemisten und auf fernliegende Bräuche, oder er gibt imaginäre Ingredienzen an – alles, um die geheimnisvolle Aura zu verstärken, von der das Aroma umgeben ist. Für diese Bemühungen findet er wenig Dank bei David Jouysse, der ihm vorwirft, er mache sich lustig über »das Leiden und Elend des Volkes« und biete diesem, »statt echter Heilmittel, die leicht zu haben wären ... nur Wind und Rauch an«.[41]

Die »universalen Düfte« stellen, Lampérière zufolge, einen vorzüglichen Schutz dar, weil ihr fetter und rußiger Dunst in die Poren der Haut eindringe und der schlechten Luft den Zutritt versperre. Um ihnen dazu noch eine okkulte Aureole zu geben, erzählt er, während der Pest von 1596 habe er in Paris einen jüdischen Arzt, »einen großen Naturgelehrten und Chimisten«, der zusammen mit dem Doktor Cayer in der Abtei von Saint-Martin nach dem Stein der Weisen forschte, ein solches Gegengift anwenden gesehen. Zweimal täglich, morgens und abends, hätten die beiden Alchemisten sich völlig nackt einer Räucherung unterzogen, die ihnen die Haut mächtig eingeschwärzt habe. Danach konnten sie ohne Furcht und Gefahr mit Kranken jeder Art sprechen. Diese Duftvorbereitung, meint David Jouysse, rieche doch sehr nach dem Märchenbuch [42], und wegen mancher Substanzen, die dabei verwendet wurden, insbesondere Bockspisse und getrockneter Pfauenkot [43], muß es auch wirklich märchenhaft gestunken haben.

Eingedenk des sizilianischen Brauchs, sich den ganzen Körper mit Reißblei einzureiben, um die Poren zu verstopfen und das Eindringen von Pestdünsten zu verhindern, rühmt Lampérière eine aromatische Lauge, die die gleichen Tugenden besitze. Dank ihrer zusammenziehenden und austrocknenden Eigenschaften könne man sich damit gefahrlos waschen. In Wahrheit enthält diese Komposition, die eine ungefährliche »feuchte« Toilette ermöglichen soll, weil sie die Haut im Gegensatz zum aufweichenden und zermürbenden Wasser nicht anfällig macht, nichts anderes als altbekannte Duftstoffe.

Aber Lampérière gibt sich nicht damit zufrieden, die aromatischen Präparate mit dem Vorweis des Wunderbaren für seine Zeitgenossen wieder interessant zu machen: Er will auch deren Gebrauch aktualisieren, indem er verbesserte Rezepte und neue Erzeugnisse vorschlägt. Für ihn sind die in den Düften verborgenen Energien in Wahrheit noch gar nicht völlig ausgeschöpft. Besonders charakteristisch für sein Vorgehen sind Schöpfungen wie das »Wieselpulver«, das »Herz-Sparadrap«, das »Präservationshemd« oder die »gummierte Leinwand zur Bestattung der Pesttoten« – lauter Erfindungen, die die Geruchsstoffe mit einer modernen Prophylaxe verbinden sollen.

Die Gewinnung des Wieselpulvers ist keine leichte Sache. Das Tier muß zunächst mit Ruten gereizt und in Wut gebracht werden, bevor man es in einen Topf mit kochendem Wein und aromatischen Pflanzen wirft. Man läßt es so lange schmoren, bis alle Feuchtigkeit verdampft ist. Nachdem es richtig verkohlt und durch ein »Zerkleinerungswasser« durchgeseiht ist, erhält man ein herzstärkendes Salz. In anderen Erfindungen vom gleichen Schlage wimmelt es von mehr oder weniger schimärischen Ingredienzen, die das Produkt mit übernatürlichen Eigenschaften veredeln und der Phantasie ein weites Betätigungsfeld bieten.

Der Spötter Jouysse weist auf die Geruchlosigkeit mancher dieser extravaganten Ingredienzen hin: »Wenn Sie für die Räucherungen Wieselasche und Pulver aus dem Tränensack eines Hirschs vorschreiben, dann frage ich Sie, wie die Asche denn brennen soll und welchen Geruch sie wird abgeben können, wo sie doch gar keinen Einfluß auf den Rauch hat? Tränensack vom Hirsch ist wohl nicht sehr rar, da Sie vorschreiben, daß man ein Dram (ca. 3,7g) davon verbrennen soll ...« Und warum nicht noch andere Grundstoffe verwenden, die ebenso leicht zu beschaffen wären, wie etwa »Blut von Tieren mit mehr als vier Füßen, Sperma vom ersten Koitus eines hermaphroditischen Flohs oder die Äpfel von Phöbus' Rossen: das hätte ebensoviel Charakter oder noch mehr«.[44]

Das »Herz-Sparadrap« ist eine verfeinerte Version des parfümierten oder essiggetränkten Taschentuchs. Die Originalität liegt darin, daß das Leinentuch mit Pflanzen tief durchweicht wird. Es dient nicht nur als Träger der Duftstoffe, sondern ist damit durchgewalkt und vollkommen gesättigt. Der Arzt soll es unter allen Umständen benutzen; außerdem trägt er parfümierte Handschuhe mit ausgeschnittenen Fingerspitzen, damit er den Puls fühlen kann. In dieser Ausrüstung, und nachdem er auch Wäsche und Kleidung parfümiert, sich Gesicht und Hände mit einer Lotion gewaschen, Nasenlöcher, Schläfen und Lippen mit Balsam eingerieben und wohlriechende Pastillen in den Mund gesteckt hat, kann er den Pestdünsten standhalten.

Das »Präservationshemd« verbindet die Parfüms mit der Arbeitskleidung des Krankenhauspersonals. Lampérière behauptet, im Hôtel-Dieu und an vielen anderen Orten gesehen zu haben, wie das Personal »eine Art kittelartiges Gewand anlegte, das in bestimmten schützenden Flüssigkeiten getränkt und gestärkt war. Um es herzustellen, müsse man den Stoff in ein Bad mit Säften oder Flüssigkeiten mit geschmolzenem Wachs legen und oft umrühren, bis es vollständig mit dieser Mischung durchtränkt sei. Dann wird es getrocknet und verarbeitet. Dieses vielfältig aromatisierte Hemd soll »die Flamme des Lebens bewahren und sie vor der Härte einer feindlichen Luft schützen« können.[45]

Die »gummierte Leinwand zur Bestattung der Pesttoten« gehört ebenfalls zu diesen Bemühungen, die Tradition zu erneuern und das Interesse des Publikums zu erzwingen. Es ist ein verfeinertes Leichentuch, das mit Aromastoffen wie Aloe, aber auch mit scharfriechenden Substanzen wie Schwefel eingerieben ist und zur Bekämpfung der Seuche unentbehrlich sein soll.

Die Kritik von Jouysse richtet sich eben gegen diesen hartnäkkigen Willen, den Gebrauch der Duftstoffe um jeden Preis beizubehalten. Jouysse bestreitet deren therapeutische Eigenschaften und hält sie sogar für schädlich. Bei hysterischen Frauen rufen sie Störungen hervor, und Männer werden durch sie zur Sinnlichkeit gereizt. Statt den Körper zu stärken und zu desinfizieren, verzärteln sie ihn nur. Ist es da nicht schlicht eine Unverschämtheit, den Ärzten, die gegen die Ansteckung »dreifach gepanzert« sein müssen, parfümierte Wäsche und Kleidung zu empfehlen?[46] All die aromatischen Delikatessen Lampérières entlocken Jouysse einen Aufschrei der Entrüstung: »Bei der Asche des Hippokrates, ich habe keine Zeremonien gemacht bei meinen Krankenbesuchen, ich habe selbst das Bett aufgesucht, ohne mich darum zu kümmern, ich habe die Kranken oft auf dem Becken, auf dem Nachtstuhl angetroffen. Das waren die Parfüms und Räucherpfännchen der öffentlichen Krankenpflege, und, Gott sei Dank, wir sind noch am Leben, nachdem wir so viele Leichen angefaßt, uns an ihren liegengelassenen Ausscheidungen beschmutzt hatten und ... ich hatte weder Sparadrap noch Räucherpfännchen.«

Diese Polemik aus dem frühen 17. Jahrhundert läßt zwei diametral entgegengesetzte Haltungen deutlich werden: die eines Arztes, der sich die Erneuerung der Methoden nur im engen Rahmen der Aromatherapie vorstellen kann, und die eines Praktikers, der in die Hospitäler geht und bereit ist, Rezepte beiseite zu schieben, die in seinen Augen Scharlatanerie sind. Zwischen diesen beiden Extrempositionen setzen sich Verfahren durch, bei denen verstärkte Gerüche eine große Rolle spielen, wie besonders bei den Maßnahmen zur Desinfektion.

Der Kapuziner Maurice de Toulon spricht in seinem berühmten, mehrmals wieder aufgelegten Traktat über die Pest die Auffassung aus, die im 17. Jahrhundert vorherrscht: »Die Räucherung ist ein wirksames, schnelles und einfaches Mittel, alle Dinge zu reinigen ... Soviel kann ich von unseren Duftstoffen sagen, deren Rauch, aus den schärfsten Drogen gebildet in alles, was er berührt, so stark eindringt, daß er alles Übrige verzehrt, auch Keime von Fäulnis oder Gift.«[47] Die Verbindung der scheinbar gegensätzlichen Elemente muß für jede Situation geeignete Mittel bieten. Als er 1656 nach Genua geschickt wird, um dort den Pestkranken zu helfen, kritisiert er die Anordnung des Senats, daß alle Möbel aus den verseuchten Häusern auf die Straße zu bringen und sofort zu verbrennen seien. Das ergab eine beträchtliche und obendrein nutzlose Verschwendung, denn viele dieser Möbel wurden in Wirklichkeit von Plünderern beiseite geschafft und trugen nun die Ansteckung in andere Häuser. Durch ein weniger zerstörerisches »Reinigungsfeuer«, eine Desinfektion mit Hilfe geeigneter Räucherstoffe, wäre dies alles zu vermeiden gewesen.

Um diese Zeit kommt es zu einer nachdrücklichen Klassifizierung der für die Desinfektion geeigneten Duftstoffe. Die Stärke der verwendeten Ingredienzen hängt ab von der Schwere der Verseuchung und dem Zweck der Behandlung. So werden bei der »starken«, »groben« oder »scharfen« Räucherung große Mengen beißender, ätzender und stinkender Materialien verwendet: Arsenik, Schießpulver, ungelöschter Kalk, gelbes Schwefel-Arsenik, Antimon, Terpentin, Pechharz, Schwefel, Salpeter, Ammoniaksalz, Zinnober und Tierkot. Diese Räucherung, die vor allem zum Abtöten der Miasmen in Räumen, wo Pestkranke gestorben sind, dient, ist die wirksamste von allen. Die »gemeine« oder »mittlere« Räucherung wird mit weniger beißenden und mehr aromatischen Stoffen durchgeführt. Sie dient vor allem zur Reinigung von Erwachsenen in gutem Gesundheitszustand, von Wäsche, Stoffen, Briefen und als anfängliche Maßnahme zur Desinfektion von Häusern und Möbeln. Bei der »milden« Räucherung werden ausschließlich wohlriechende Stoffe wie Storax, Benzoe, Ladanum, Weihrauch, Myrrhe, Kampfer, Lorbeeren und Wacholderbeeren verwendet, und zwar zur abschließenden »Lüftung« der Gebäude und zur Behandlung besonders empfindlicher Personen (Kinder, Kranke, schwangere Frauen). Allgemein muß bei dieser »parfumage« (Räucherung) auf die individuelle Widerstandsfähigkeit gegen den Qualm und Gestank Rücksicht genommen werden, woraus sich eine Diversifizierung der Behandlungsweisen ergibt.

Die »Parfumeurs« oder Räuchermeister (die Bezeichnung ist von Gegend zu Gegend verschieden)[48] üben einen geachteten Beruf aus. Sie beschäftigen Gehilfen, die so gut wie alle Aufgaben nach ihren Anordnungen und unter ihrer Aufsicht verrichten. Um Diebstähle zu verhindern, die in den verlassenen Häusern leicht wären, wird empfohlen, sie in Gewänder ohne Taschen zu kleiden. Auch auf Nüchternheit muß geachtet werden, wegen der Brandgefahr. Arnaud Baric hat 1646 beschrieben, wie sich die Desinfektion eines Hauses und seiner Bewohner abspielen sollte:

Unter Führung des Sanitätshauptmanns[49], der einen weißen Stab trägt, um den Passanten die Ansteckungsgefahr zu signalisieren, begeben sich die Räucherer mit ihrer Ausrüstung zu dem verseuchten Haus, gefolgt von dem »Schreiber«, der administrative Aufgaben wahrnimmt: »Zwei Räucherer tragen jeder einen am Hals befestigten Ofen, einer führt ein Pferd am Zaum, um die Kleider zu den Öfen und die schmutzige Wäsche zur Reinigung zu bringen; die anderen tragen Öfen, Besen, gemeines, starkes und mildes Räucherwerk in drei kleinen Ledersäcken, damit keine Vermischung stattfindet, bevor es benötigt wird.«[50] Während der Sanitätshauptmann sich bei dem für das Viertel zuständigen Häuserwart den Schlüssel holt, zünden die Räucherer vor dem Haus ein Feuer an. Später schließen sie die Fenster, verstopfen Löcher, öffnen im Innern die Türen der Zimmer, heben die Deckel der Truhen an, damit die »Parfümierung« überall eindringen und alle Miasmen vernichten kann. Der »Parfümeur« –

der als erster ins Haus treten muß – läßt das mittlere Räucherzeug in einem Ofen schmelzen. Er macht sich daran, »diese Pestmegäre zu frikassieren, die aus der Hölle der Sünden gekommen ist«.

Sobald er im Haus ist, muß er darauf sehen, daß das Räucherfeuer ohne Unterbrechung brennt und daß Betten, Stroh oder Papier nicht in Brand geraten. »Den Ofen über den Boden ziehend, dann ihn nach und nach hebend, ohne Eile, so hoch es geht, ohne daß die geschmolzenen Räucherstoffe verschüttet werden«, geht er durch alle Zimmer und läßt keinen Winkel aus, in dem die pestilente Luft sich eingenistet haben könnte. Wenn er fertig ist, läßt er den Ofen in der Mitte des unteren Zimmers, wo das noch übrige Räucherwerk ausbrennen kann.

Nach dieser ersten Desinfektion können die anderen Räucherer und der »Schreiber« eintreten, die bisher draußen gewartet haben, und die Arbeit fortsetzen. Sie sammeln die schmutzige Wäsche ein, die draußen von den »Beucherinnen« gereinigt wird, und die Kleidung, die in einen sehr heißen Backofen gesteckt wird, um die fauligen Dünste daraus zu entfernen. Außerdem muß man die Strohsäcke leeren und das Stroh im Hof oder auf der Straße verbrennen, alle Zimmer ausfegen, alle Möbel und Gebrauchsgegenstände mit Essig oder gutem Wein abreiben, das Geschirr spülen, das Weißzeug aus den Truhen nehmen und auf Bänken oder Leinen ausbreiten, Geld und Schmuck in kochendes Wasser tauchen. Auch der Weizen und das Mehl werden gereinigt; die Räucherer rühren darin mit einer Schaufel, während in Speicher und Speisekammer »gemeines« Räucherwerk brennt. Der »Schreiber« überwacht alle Maßnahmen mit angespannter Aufmerksamkeit und führt eine Liste aller Gegenstände, die aus dem Haus gebracht werden. Er paßt auf, daß keiner von den Räucherern mit einem Unbekannten spricht. Die Zimmer, in denen sich die Kranken aufgehalten haben, werden noch einmal intensiv mit dem »starken und groben« Räucherwerk desinfiziert, das in einen großen Topf mit glühenden Kohlen getan wird.

Die Räucherer begeben sich sodann in die »Schwitzstube«, wo

sie von anderen Spezialisten, den »Schwitzkämmerern«, schon erwartet werden. Unter Tüchern, die an Leinen in Form einer Glocke aufgehängt sind, werden sie in die Dünste des »gemeinen« Räucherwerks getaucht, das in einem Ofen brennt. Ihre Kleider werden ebenfalls desinfiziert. Die Beucherinnen und Kleidersammler werden der gleichen Behandlung unterzogen. Sogar das Pferd, mit dem Wäsche und Kleider transportiert wurden, erhält eine mittlere Räucherung.

Zur gleichen Zeit wie das Haus werden auch die Bewohner desinfiziert, mit einer Räucherung in der ihrem Alter und ihrer Konstitution gemäßen Stärke. Dabei muß zwischen Großen und Kleinen, Starken, Schwachen und Empfindlichen unterschieden werden, denn alle über einen Kamm zu scheren, könnte hier Katastrophen herbeiführen. Bei Kindern bis zu fünf Jahren, die in der Schwitzstube ersticken könnten, begnügt man sich damit, sie mehrmals über eine Mischung aus mildem und mittelstarkem Rauch zu halten. Die schwangeren Frauen dagegen und die Kinder von sechs bis neun Jahren werden in der Schwitzstube mit mildem Rauch und mit Branntwein desinfiziert. Mit kräftigen Personen wird ähnlich verfahren, wobei allerdings dem mittelstarken Räucherwerk Essig und Salz beigemischt werden.

Sobald sie die Schwitzstube verlassen haben, bringen die Räucherer unter der Aufsicht des »Schreibers« die saubere Wäsche und Kleidung wieder zurück, breiten sie auf Stangen oder Leinen aus und behandeln sie mit einer Mischung aus gemeinem und starkem Räucherwerk. Dann gehen sie mit dieser Mischung noch einmal durch alle Zimmer des Hauses, um die letzten fauligen Dünste, die sich vielleicht gehalten haben, zu vernichten. Einen Tag, nachdem der letzte Rauch abgezogen ist, wird das ganze Haus noch einmal »milde« oder mit aromatischen Hölzern durchgeräuchert. Wenn sie mit allem fertig sind, geben sie dem Häuserwart den Schlüssel zurück.

Die Desinfektion von Personen gilt übrigens zu dieser Zeit als Neuerung: »Menschen zu desinfizieren, ist eine neue Erfindung. Die Alten begnügten sich damit, ihnen Quarantäne anzubefehlen und die Zeit, die Luft und die Winde auf sie einwirken zu lassen, außerhalb der Gesellschaft und des menschlichen Umgangs: heute aber ist das Mittel erfunden, die Zeit abzukürzen und den Umgang mit den Angesteckten sofort nach ihrer Reinigung zu ermöglichen«[51], erklärt 1640 Ranchin, der Kanzler der medizinischen Fakultät von Montepellier. Die Bauern bedienen sich ihrer Backöfen, »in denen sie die Angesteckten schwitzen lasmedizinischen Fakultät von Montpellier. Die Bauern bedienen Die öffentlichen Schwitzstuben in den Städten, fügt Ranchin hinzu, die ordentlich eingerichtet seien und die nötige Dienerschaft hätten, seien aber sehr viel angenehmer. Man könne dort bis zu dreißig Personen pro Tag behandeln, für acht bis zehn Sous pro Kopf, die Armen umsonst. Das Verfahren sei übrigens nicht auf Menschen zu beschränken, sondern müsse auch bei allen Haustieren angewendet werden. Vor der Räucherung müßten Katzen, Hunde, Esel, Pferde und Maultiere mit Wasser und Lauge gewaschen oder einige Stunden lang im Fluß gebadet werden. Sattel- und Zaumzeug seien scharf zu räuchern.

Um das Werk dieser Stadtsanierung vollzumachen, setzen manche sogar die Kanonen ein. Der beißende Pulverdampf habe ja auch sicherlich große reinigende Kräfte. Aber an dieser Methode findet Ranchin doch mancherlei Nachteile: »Ich weiß wohl, daß manche nach der Desinfektion der Häuser mit kleinen oder mittleren Kanonen durch die Städte fahren und sie an allen Kreuzungen, an den Eingängen und sogar mitten auf den großen Straßen abfeuern lassen, um durch den starken Qualm die Infektionen zu vertreiben, die vielleicht im Holz oder im Mauerwerk der Straßen stecken. Für mein Teil lasse ich mir den Qualm gern gefallen, aber was die Kanonenschüsse angeht, so hat mich die Erfahrung gelehrt, daß sie in der Stadt große Kosten und Unannehmlichkeiten bereiten.« In Montpellier hat er solche unerwünschten Folgen kennengelernt: zerbrochene Fensterscheiben, altersschwache Mauern, die Risse bekommen oder einstürzen, aufspringende Ladentüren, die den Dieben Zutritt verschaffen, und vor allem »Weine, die in den Fässern sauer werden und verderben«.[52]

Der Einsatz der Duftstoffe im Kampf gegen die Seuche erreicht während der beiden großen europäischen Pestepidemien von 1720 und 1771 einen letzten Höhepunkt. Seit der zweiten Hälfte des 18. Jahrhunderts aber geben die Fortschritte der Chemie den Gegnern der Aromatherapie neue Waffen in die Hand. Diese von nun an »wissenschaftlichen« Einwände[53] berühren auch die Maßnahmen der Desinfektion durch starke Gerüche. Ärzte und Gelehrte machen sich auf die Suche nach neuen Wegen, insbesondere nach einem »Antimephitikum«, das dem Übel an den Wurzeln beikommen soll. Daß im Laufe dieser Periode ein etliche hundert Jahre altes Medikament, die »Mumie«, aufgegeben wird, ist bezeichnend für den Niedergang der traditionellen Therapien und den gleichzeitigen Aufschwung der Hygiene.

In Marseille und Moskau erlebt die Dufträucherung ihre letzten Ruhmestage. »Während die Ärzte und andere Literaten eifrig schrieben, waren der Herr Kommandant und die Behörden mit wichtigeren und für das Publikum nützlicheren Dingen beschäftigt.«[54] Für sie ging es darum, die Stadt zu desinfizieren, und nicht, das Wesen der Pest zu erörtern. Die Abordnung der Universität von Montpellier, die für die Marseiller Ärzte die Autorität besitzt, wird konsultiert. Chicoyneau und Verny verfassen eine sehr detaillierte Denkschrift. Die Maßnahmen, die sie empfehlen, verraten eine besorgte Gewissenhaftigkeit, die zu ihrer sturen Ablehnung der Ansteckungstheorie nicht recht passen will. Mehrere Arten von Räuchermitteln werden angewendet, von den milderen bis zu den aggressiveren. Man erkenne sie gar nicht wieder, spöttelt Bertrand, »diese verwegenen Ärzte, die behaupten, daß die Pest nicht übertragbar sei«. Die Desinfektion wird durch Verordnungen geregelt und von Kommissaren überwacht. Sie ist intensiv und erfaßt private wie öffentliche Gebäude, insbesondere auch die Kirchen und die Schiffe. Das Personal für die Durchführung wird unter den ehemaligen Pestkranken angeworben. Für die Armen sind diese Sanierungsmaßnahmen kostenlos. Im übrigen haben Privatpersonen die Möglichkeit, ihre Häuser und Möbel selbst zu räuchern. Die Aufgabe ist um so mühsamer, als alles noch einmal von vorn anfängt, wenn die Pest in einem schon desinfizierten Haus abermals ausbricht. Die befallenen Gebäude werden mit roten Kreuzen gekennzeichnet, die Bestürzung hervorrufen: »Nun erst sah man ganz deutlich, wie die Pest in der Stadt gewütet hatte. Nicht eine Straße, in der keine Opfer zu beklagen waren, und nur sehr wenige, in denen noch ein paar Häuser verschont geblieben waren. In allen anderen Straßen hatte sie eins nach dem andern getroffen, und all die roten Kreuze riefen uns gleich wieder alle Schrecken des grausamsten Massakers, das man je gesehen hat, zurück.«

Das Ende der Pest von Moskau wird noch dem Erfolg der Räucherungen zugeschrieben. Die Desinfektion soll sogar so gut gelungen sein, daß zum ersten Mal das Geschäftsleben nicht unterbrochen werden mußte. »Aufgrund der Bemühungen der Kommission gegen die Pest, der das Zarenreich die antipestilenziellen Räucherpulver verdankt ... herrschte dort stets Überfluß an Lebensmitteln bei ungestörtem Warenverkehr. Ein Glück, dessen man sich zuvor mitnichten erfreut hatte und das vielleicht sogar bis zur Pest von Moskau unbekannt geblieben war.«[55] Samoilowitz, der den Auftrag hatte, diese Pulver zu erproben, hatte einen Versuch an sieben Kriminellen angestellt, die gegen das Versprechen der Freilassung zur Teilnahme bereit gewesen waren. Er ließ in ein verseuchtes Haus besonders stark verunreinigte Kleidung bringen, die aus dem Hospital für Pestkranke stammte, unterzog sie scharfen Räucherungen und kleidete dann seine Versuchskaninchen damit ein. Die Sachen waren sorgfältig so ausgewählt worden, daß sie ein möglichst vollständiges Spektrum der Stoffe darstellten, von denen es hieß, daß sich Pestkeime in ihnen am besten festsetzen könnten: Pelz, Wolle, Seide, Baumwolle, Garn, wodurch dieser »Test« besonders aufschlußreich werden sollte. Er verlief um so positiver, als die Verurteilten sechzehn Tage in dem Haus verbrachten, ohne daß einer von ihnen die geringsten Anzeichen der Krankheit verspürte.[56]

In der Überzeugung, ein Mittel gefunden zu haben, mit dem

sich die Pest ersticken ließe, geht Samoilowitz so weit, einen Versuch ins Auge zu fassen, den er bis dahin für zu riskant gehalten hatte: die »Inokulation« oder absichtliche Infektion mit der Pest. Unter Berufung auf die Erfolge, die er mit dieser Technik in Sibirien bei der Bekämpfung der Windpocken erzielt hat, schlägt er eine Übertragung vor, bei der, ohne daß jedoch ein Einschnitt gemacht wird, ein Stück mit Pesteiter getränkter Mull am Arm eines Sträflings angebracht werden sollte.

Aber die Ausweitung der Desinfektionsmaßnahmen in Marseille und Moskau kann die immer schärfere Kritik an der prophylaktischen und therapeutischen Anwendung der guten und schlechten Gerüche nicht mehr eindämmen. Das offenkundige Scheitern der alten hippokratischen Räucherungsmethode in diesen beiden Städten bestärkt die Zweifel. Die Feuer haben auf den Plätzen gebrannt, an den Kreuzungen und vor jedem Haus. Der Arzt Sicard, der sich in Marseille dafür stark gemacht hatte, die Epidemie mit diesen Maßnahmen aufhalten zu können, und der sie mit Hilfe der Gemeinde auch durchgeführt hatte, zieht es vor, sich durch Verschwinden vor der Unzufriedenheit des Volkes in Sicherheit zu bringen.[57] In Moskau stellt Mertens enttäuscht fest, daß die Ansteckung durch die Räucherungen nicht verlangsamt wird und daß auch die Familien, deren Häuser von einer größeren Anzahl Feuer umgeben waren, ebensowenig verschont blieben wie andere.[58]

Guyton de Morveau, der 1773 beauftragt wird, den aus den Grabgewölben der Kathedrale von Dijon entweichenden Gestank zu neutralisieren, versucht es vergeblich zunächst mit aromatischen Räucherungen unter Anwendung von Essig, Salpeter und Schießpulver. Nach einer entschlossenen Abwendung von den Methoden der Vergangenheit besiegt er den Gestank schließlich mit Hilfe von Salzsäure.

Fournier spricht 1777 von den in seiner Jugend üblichen prophylaktischen Maßnahmen als von sonderbaren und ein wenig komischen Dingen. Man wagte sich niemandem mehr zu nähern, geschweige denn, jemanden zu berühren, ohne sich einen mit Essig oder einer starken Duftmischung getränkten Schwamm unter die Nase zu halten. Der »Vier-Diebe«-Essig[59] wurde allgemein bevorzugt. Viele Leute rochen auch an Zitronen, die mit Gewürznelken gespickt waren, an kleinen Kugeln von Myrrhe oder gerösteten Wacholderbeeren. Auch Tabakrauch sollte die Pestilenz vertreiben, und gemäß diesem Vorurteil wurde enorm viel geraucht. Aber diejenigen, die den größten Teil des Tages über die Pfeife nicht ausgehen ließen, blieben ebensowenig verschont wie die anderen.[60] Fournier verwahrt sich dagegen, daß er auch dergleichen mitgemacht haben solle, und protestiert gegen die verleumderischen Gerüchte, die über ihn selbst und über Chicoyneau umliefen: »Unabhängig von den besonderen Parfüms und Heilmitteln, von denen wir, wie das gesamte Publikum behauptete, Gebrauch machten, um uns vor der Pest zu schützen, hatte man uns in verschiedenen Provinzen des Königreiches auf eine groteske Weise geschildert, vor allem Monsieur Chicoyneau, dem man ein sehr langes Gewand aus Wachstuch zuschrieb, eine Maske, eine große Haube aus schwarzem Marokkoleder und eine sehr lange Pfeife voller pulverisierter Substanzen und Drogen im Mund: doch alle Bewohner von Marseille haben gesehen, daß wir während der ganzen Zeit unseres Dienstes nie eine Vorsichtsmaßnahme ergriffen (die wir im übrigen als nutzlos betrachteten), zumindest in bezug auf die Parfüms und die verschiedenen Gerüche, um uns vor den Eindrücken des pestilenzialischen Gärstoffes in Sicherheit zu bringen.«[61]

Fournier übt auch heftige Kritik an dem Prinzip, die Bevölkerung durchzuräuchern, ob nun mit milden oder mit starken Gerüchen. Schon im 17. Jahrhundert hatten François Ranchin und Maurice de Toulon auf die Risiken bei aggressiven Räucherungen hingewiesen. Eine ironische Fügung hatte sie zur Stützung ihrer Aussagen noch angeben lassen, daß bei den Räucherungen die Ratten krepierten.[62] Fournier hält die Duftstoffe zur Desinfektion von Menschen für nutzlos oder schädlich und meint, sie hätten zu allen Zeiten nur dazu gedient, »den Vorurteilen zu schmeicheln und Furcht und Schrecken zu besänftigen«.[63] Während der Pest von 1720 wurde eine große Menge Drogen nach Marseille geschickt, starke und milde, beißende und linde Duftstoffe.[64] Trotz der Quarantäne, der alle Kranken und ebenso alle, die sie gepflegt oder sich ihnen genähert hatten, unterworfen wurden, mußten sie von Anfang bis Ende dieser Periode auch noch Räucherungen über sich ergehen lassen, die angeblich die in ihren Körpern oder in ihrer Kleidung vermuteten Pestkorpuskeln vollständig vernichten würden. Wie konnte man nur glauben, fragt sich Fournier, daß »künstliche Ausdünstungen«, die nicht einmal die Symptome dieser Krankheit zu lindern vermochten, die im Organismus enthaltenen Keime vernichten könnten? Der größte Teil dieser Duftstoffe, die aus allen Gegenden des Königreiches und aus dem Ausland nach Marseille geschickt wurden, sei »höchst unnütz, sehr kostspielig, oft gefährlich und manchmal tödlich gewesen; mehrere Menschen sind dort erstickt oder an konvulsivischem Husten gestorben«. Er erzählt, wie er mit zwei Kollegen und deren Dienern in die Kapelle eines Klosters ging, um sich desinfizieren zu lassen: sie wurden von so starken Dämpfen eingehüllt, daß sie nach wenigen Augenblicken am Ersticken waren. Einige Minuten später wären sie tot gewesen, wenn nicht der Kommissar und die Wachen, durch ihre Schreie und den ungewöhnlichen Lärm, den sie machten, aufmerksam geworden, sie gerettet hätten. Mehrere Tage später litt Fournier noch immer unter den Folgen dieses Mißgeschicks, das ihn bewog, die Desinfektion lebendiger Geschöpfe insgesamt zu verdammen.

Sogar Samoilowitz, ein Befürworter der scharfen Räucherungen, verhehlt nicht die Gefährlichkeit ihrer Anwendung: »Das Pulver No. 1 insbesondere ist gefährlich für die Brust wegen der Menge des darin enthaltenen Schwefels, dessen Ausdünstungen in der Luft die Lungen stark angreifen.« [65] Bei der Beaufsichtigung der Desinfektion in Moskauer Fabriken wäre er beinah ums Leben gekommen. Nachdem er die Räume, in denen die Räucherungen stattfanden, mehrmals betreten hatte, um sich zu vergewissern, daß der Rauch dick genug sei, lernte er ihre Wirkungen von der bösen Seite kennen: »Alle Gelenke waren mir wie ausgerenkt; Brauen, Lider, Bart und alle andern Haare sind mir ausgefallen, und ich nahm eine ganz fahle Hautfarbe an, drohte sogar in einen Marasmus zu fallen und mein Leben vor der Zeit zu beenden.«

Gegen Ende des 18 Jahrhunderts konzentriert sich die Aufmerksamkeit auf die Suche nach einem Mittel, das fähig wäre, den mörderischen Gestank zu neutralisieren, der aus den Senkgruben und von anderen ekelhaften Orten aufsteigt, weil man glaubt, er könne die Pest und jederlei andere Krankheiten hervorrufen. Marcorelle rühmt die Bemühungen der Chemiker. Die schädlichen Dünste zu beseitigen, ist die Aufgabe ihrer Epoche: »Die Entdeckung der Neutralisierung von Fäulnisherden, aus denen unablässig Vulkane des Gestanks ausbrechen, die überallhin Ansteckung und Tod tragen, blieb diesem Jahrhundert vorbehalten; wenn man bedenkt, wie wichtig sie ist, wundert man sich, daß sie so spät kommt.« [66]

Der Kampf gegen den Gestank nimmt die Dimensionen eines Kreuzzugs an. Die »Hydra« der Unreinlichkeit zu erschlagen, bevor sie »für ihr Wüten neue Opfer finde«, das sei die große Aufgabe für alle Freunde der Menschheit, meint Janin de Combe-Blanche. Die Verwüstungen durch den Mephitismus, diesen Herd öffentlichen Unglücks, der durch unzählige Todesfälle die Städte und Provinzen entvölkere, seien nicht mehr zu ertragen. Ermutigt durch die positiven Ergebnisse seiner Versuche zur Desodorisierung der Kloaken, proklamiert er den Anbruch einer besseren Zukunft, wo der Kot nicht mehr ein ganzes Stadtviertel bedrohen, nicht mehr die Wege und Straßen verpesten und nicht mehr das flache Land »entehren« könne und wo das Leben der Kloakenreiniger nicht mehr gefährdet oder verkürzt werde. Die Entdeckung des »siegreichen« Antimephitikums werde sogar einen wahren »sozialen Frieden« stiften: »Alle Klassen der Bürger werden das höchste Wesen lobpreisen, daß es den mächtigen Feind, der fähig ist, jeden Gestank zu vertilgen und zu vernichten, ihnen in die Hand gegeben und zu ihrer Kenntnis gebracht hat.« [67] Mitten in diesen Lobgesängen, die die angeblichen Überwinder des Pestgestankes sich selber spenden, schlägt Jean-Noël Hallé einen anderen Ton an. Er dämpft den Optimismus derer, die darauf pochen, mit so wenig »neuen« Produkten wie Essig und Kalkweiße nun das Mittel zur Bändigung der Seuche gefunden zu haben.

Nur die mineralischen Säuren können die ansteckenden Miasmen und den Fäulnisgeruch, an dem man sie erkennt, vernichten, sagt Guyton de Morveau.[68] Während die aromatischen Stoffe nur den Geruchssinn täuschen, indem sie einen Gestank durch Wohlgeruch ersetzen, ohne »neue Luft« zu schaffen, und das Schießpulver die Geruchskörperchen nur verschiebe, würden die Räucherungen mit Säuren in die Natur der Miasmen selbst eingreifen und dadurch den Gestank neutralisieren. Die Salzsäure, die man bei der Auflösung von Seesalz in Schwefelsäure erhält, sei dank ihrer wunderbaren Ausdehnbarkeit und der Neigung, in einen permanent gasförmigen Zustand überzugehen, das beste von allen Desinfektionsmitteln.[69] Setzt man ihr noch ein wenig schwarzes Manganoxyd hinzu, so erhält man faktisch »das wirksamste Schutzmittel gegen Ansteckung schlechthin«.[70]

Ebenso bezeichnend wie der Aufschwung dieser hygienischen Arbeiten ist für das 18. Jahrhundert der Verzicht auf ein makabres mittelalterliches Medikament, das zur Behandlung vieler Krankheiten, besonders auch der Pest, empfohlen wurde. Die »Mumie«, ein Ausdruck, der sich wahrscheinlich von persisch *nummija* herleitet, dem alten Namen des Erdpechs, der im Mittelalter ausweitend auf die einbalsamierten Leichen der Ägypter übertragen wurde, ist mit Sicherheit eine der großen Kuriositäten der alten Arzneibücher. Aber so bizarr sie uns heute auch erscheinen mag, war sie doch, wie François Dagognet angemerkt hat, ein rationales Heilmittel. Daß dieses »humane« Medikament jahrhundertelang mit Erfolg angewendet werden konnte, erklärt sich aus den fäulnishemmenden und kräftigenden Eigenschaften, die den Aromen zugeschrieben wurden, aber auch aus der Überzeugung, daß aus der Zersetzung das Leben hervorgeht. »In einer Zeit, für die das Leben im Grunde aus Stoffen entsteht, die sich zersetzen – ein Glaube, den Pasteur erst später im 19. Jahrhundert bestritt –, konnte man kaum umhin, sich das Verwesende in der Absicht zunutze zu machen, heilkräftige Substanzen daraus zu gewinnen ... Man wird sich also nicht mehr so sehr über die

Beharrlichkeit wundern, mit denen in den Abhandlungen über medizinische Gegenstände der Gebrauch von Exkrementen, Asche oder Gärstoffen und eben auch die Mumie empfohlen wird ... Eine Philosophie der Tiefe beflügelt den Apotheker.« [71]

Die Herkunft des Medikaments ist geheimnisvoll. Einige Jahrhunderte nach der Eroberung Ägyptens durch die Araber im 7. Jahrhundert sollen die Eroberer in die Gräber der Pharaonen eingedrungen sein, die in kostbaren aromatischen Stoffen einbalsamiert waren, und in den Sarkophagen fanden sie »eine gewisse duftende Flüssigkeit von der Konsistenz des Honigs, die davon ausgeschwitzt wurde«.[72] Sie nahmen sie mit und verkauften sie den Ärzten des Landes, die Nutzen und Gewinn daraus zu ziehen verstanden. Angelockt von den pekuniären und therapeutischen Vorteilen, die sie sich von dem neuen Medikament versprachen, kamen diese nun, um neben weiteren Königs- und Fürstengräbern auch die Gräber der Ärmeren zu durchwühlen. Obwohl sie wußten, daß das Exsudat nicht ebenso vortrefflich war, wenn es von Toten stammte, die nicht mit duftenden Harzen einbalsamiert waren, gaben sie es trotzdem ihren Patienten.

Eine andere Version verlegt das Auftauchen der »Mumie« nicht ganz so weit zurück, bestätigt aber die Ersetzung der »reichen« durch die »armen« Mumien. Im Jahre 1003 oder 1100 soll ein böser Jude namens Elmagar, der in Alexandria geboren war und für einen erfahrenen Arzt aus der Schule der gelehrten Araber galt, den Christen und Moslems, die sich damals im Orient um Palästina stritten, mumifiziertes Fleisch verordnet haben.[73] Ärzte aus allen Ländern ließen sich dann von diesem Beispiel anregen und empfahlen das Medikament »bei kalten Erkrankungen und mißhandelten Körpern«. Auf Grund ihrer Seltenheit, Kostbarkeit und der Schwierigkeit der Beschaffung waren die »reichen« Mumien, die ausgeweidet, gesalbt und mit wertvollen Aromen nach allen Regeln der Kunst ausgestopft waren, bald nicht mehr zu haben, und was in die Mörser der Apotheker einging, waren die Überreste der ärmeren Leute. Die Eigenschaften, die den Mumien der besseren Qualität zugeschrieben wurden, ließen sich so leicht auf die minderwertigen übertragen, weil die ärmeren Mumien tatsächlich mit »Asphaltpech« oder Erdpech einbalsamiert gewesen sein sollen. Diese Überzeugung jedenfalls wurde ausschlaggebend für die Anwendung der Mumie durch die mittelalterliche Medizin. Warren Dawson hat gezeigt, daß man die zur Mumifizierung verwendeten Harze mit Asphalt verwechselte. Seit der Antike bei den Griechen, Römern und Persern bekannt für vielseitige medizinische Anwendungen, diente dieser Stoff als Räuchermittel gegen Asthma und Husten, als Mittel zur Verätzung von Wunden, zur Behandlung von Verrenkungen, Quetschungen und Blutergüssen und, innerlich angewendet, gegen Brustfellentzündungen, Bronchitis, Menstruationsschwierigkeiten und diverse andere Beschwerden. Im 12. Jahrhundert oder vielleicht schon früher hätten dann die Juden von Alexandria, irregeführt durch die Behauptungen Diodors von Sizilien und Strabos, daß das Erdpech bei der Vorbereitung der Mumien verwendet werde[74], sich daran gemacht, das Harz, mit dem sie bedeckt waren, abzunehmen. Weil ein Gerücht besagte, daß dieses »menschliche« Erdpech das wirksamste sei, schrieb man dieselben Eigenschaften auch den einbalsamierten Körpern selbst zu, die daraufhin zur Herstellung des Medikaments verwertet wurden: »Und so mußte das arme Ägypten, nachdem seine Zivilisation ihren Höhepunkt überschritten und es alles der Achtung vor den Toten geopfert hatte, mitansehen, wie die ewigen Wohnungen seiner ehrwürdigen Fürsten geplündert, entweiht und geschändet wurden und wie die Leiber der Seinen Fremden als Medikamente dienten.« [75]

Jedenfalls wird diese Substanz, ob nun von reichen oder armen Mumien, im 16. Jahrhundert, in dem die Zahl der Medikamente von tierischer oder menschlicher Herkunft zunimmt, zum Gegenstand hoher Bewunderung. 1553 berichtet Pierre Belon, die Verwendung der in Ägypten einbalsamierten Körper sei in Frankreich so üblich geworden, daß König Franz I. immer etwas davon bei sich getragen habe.[76] Aber die Herkunft der den Verbrauchern angebotenen Produkte wird immer zweifelhafter, und manche Ärzte von nicht geringem Ansehen beklagen die hierin herrschende Verwirrung. Jérôme Cardan zufolge handelt es sich nicht mehr um die echte Mumie, die von »den mit Myrrhe, Aloe und anderen aromatischen Düften durchtränkten Leibern der Ägypter« stammt.[77] 1579 klärt Ambroise Paré die Naiven auf, die immer noch glauben, daß man es mit Mumien zu tun habe: Wie könne man denken, die Mächtigen Ägyptens hätten sich so viel Mühe gegeben, ihre Eltern und Freunde in kostbare Aromen einzubetten, damit sie »den Lebenden zu essen und zu trinken« vorgesetzt würden? Wie könne man behaupten, daß sie es geduldet hätten, daß man ihre Gräber öffnete und ihre Leiber außer Landes brächte, »damit sie von Christen verspeist würden«? Wenn überhaupt jemals Mumien aus Ägypten hinausgelangt seien, dann solche »des gemeinen Volkes, die nur in Asphaltpech einbalsamiert wurden oder in gewöhnlichem Pech, womit man die Schiffe teert«.[78]

Aber die Fälschung herrscht vor und weitet sich aus. Als nach dem Verbot der Ausfuhr von Mumien[79] die Nachfrage immer noch wächst, weichen die Händler auf allerlei Ersatzangebote aus. Ein solches stellen in Wüstensand und Wüstenhitze ausgetrocknete Leichen dar – gewiß »eine Art Mumie«, erklärt Cardan 1550, aber übelriechend, makaber und abscheulich.[80] Doch nach Aussage glaubwürdiger Zeugen sind dies noch nicht die schlimmsten Fälschungen, die auf dem Markt sind. Guy de La Fontaine, der berühmte Leibarzt des Königs von Navarra, gestand Amboise Paré, daß er 1564 einen Juden in Alexandria besucht habe, der mit Mumien handelte. Ohne sich lange bitten zu lassen, führte der ihn in sein Lager, wo etwa dreißig bis vierzig »mumifizierte Körper« durcheinander auf einem Haufen lagen. Als La Fontaine besorgt fragte, ob sie auch wirklich aus den ägyptischen Nekropolen stammten, bog sich der Händler vor Lachen und erklärte, daß er sie selbst einbalsamiert habe. Da La Fontaine sich über diesen Betrug empörte, gab der Jude ihm zu bedenken, daß es unwahrscheinlich wäre, daß Ägypten, wo das Einbalsamieren schon lange nicht mehr gebräuchlich war, den Christen so viele Mumien hätte liefern können. Auf die Frage nach der Herkunft der Toten und den Gründen ihres Ablebens antwortete er, daß er sich nicht darum kümmere, wo sie her und welchen Todes sie gestorben seien, ob sie alt oder jung waren, Männer oder Frauen, wenn er sie nur bekomme, und nach dem Einbalsamieren könne man sie ohnehin nicht mehr erkennen. Zur Behandlung der Leichen sagte er, daß er Gehirn und Eingeweide herausnehme, große und tiefe Einschnitte in die Muskeln mache, die Körper mit Judenpech und darin getränkten alten Lappen fülle und jedes Glied für sich umwickele. Dann werde der ganze Körper in ein pechgetränktes Tuch gehüllt und zwei bis drei Monate »ziehen« gelassen. Nicht ohne Ironie gestand er, sich zu wundern, daß den Christen die Kadaver so zu schmecken schienen.

Manche behaupten sogar, sagt Paré, die Mumien würden in Frankreich hergestellt, von unternehmungslustigen Apothekern, die nachts zum Galgen gingen, um die Leichen zu stehlen. Nachdem man sie von den Innereien entleert, im Ofen gedörrt und in Pech getaucht habe, würden sie als gute echte Importmumien aus Ägypten verkauft. Er selbst versichert, bei gewissen Apothekern Gliedmaßen und Leichenteile, sogar ganze Leichen gesehen zu haben, die in schwarzem Pech einbalsamiert waren und einen widerlichen Geruch verbreiteten. All dies zeige wohl, folgert er, »daß man uns gemein und unverschämt das stinkende und verseuchte Aas von Gehängten zu verzehren gibt, von den übelsten Strolchen Ägyptens oder von Aussätzigen, Pest- oder Geschlechtskranken«.[81] Und dann beglückwünscht er Christophe des Ursains, der nach einem Sturz vom Pferd der Behandlung mit diesem Medikament entgangen ist: Wie sollte das Fleisch von stinkenden Kadavern irgendeinen therapeutischen Wert besitzen?[82]

Die Verdammung dieses Verfahrens, bei dem ein Mensch geheilt werden soll, indem man ihm »einen anderen Menschen einverleibt«[83], wird nicht in erster Linie mit seiner Unmoral, sondern mit seiner Schädlichkeit begründet. Die Kirche scheint übrigens in dieser Sache manchmal eine zwiespältige Position bezogen zu haben. Manche Kirchenmänner verwerfen zwar diese »Plünderung nach dem Bild Gottes geborener Menschenleiber«[84], doch andere sind nicht so streng. Der Jesuit Bernard Caesius geht so weit, dem Verzehr der Mumie einen moralischen Wert zuzusprechen, weil er die Sterblichen zwinge, sich daran zu erinnern, daß sie nicht ewig leben und daß Christus für sie gestorben ist![85]

So bleiben die gefälschten Mumien, trotz aller Angriffe, auch noch im folgenden Jahrhundert auf dem Markt. Als La Martinière, der von den Korsaren gefangengenommen und in die Sklaverei verkauft wurde, als Barbierlehrling nach Frankreich zurückkehrt, weiht er seine Landsleute in die Geheimnisse des Mumienhandels von Algier ein.[86] Schon 1626 beobachtet Jean de Renou, daß die falsche Mumie sich im Gebrauch so sehr durchgesetzt hat, daß manche sie für die einzig echte halten. Die Szene, von der er berichtet, ist sehr aufschlußreich. Eines Tages, im Gespräch mit gebildeten Leuten, die von den Vorzügen der echten Mumie, der »duftenden und aromatischen« der Ägypter schwärmten, hörte er einen hochgelehrten, aber in medizinischen Belangen völlig unwissenden Mann behaupten, die echte Mumie sei nichts anderes als das ausgetrocknete Fleisch von Leichen. »So also hat nach und nach diese ruchlose und barbarische Meinung sich in den schwachen Verstand derer geschlichen, die sich darin gefallen, betrogen zu werden, nachdem sie von gottlosen und verworfenen Menschen sich haben einreden lassen, dieser entsetzliche Gestank und die Fäule, die aus dem Leib des Menschen entweichen, seien förderlich für die Heilung aller und jeglicher Krankheiten. So wenig wir nun aber an echten Mumien besitzen, nämlich jenen, die sich einst in den Königsgräbern von Ägypten befanden (freilich in sehr kleinem Vorrat und für sehr kurze Frist), und nicht einmal die des Avicenna und der anderen Araber besitzen, obwohl sie doch nur aus verwesten Menschenleibern und Erdpech bestünden; so haben wir vielmehr an derer statt eine gewisse dicke Flüssigkeit, welche man aus Kadavern auspreßt und welcher man sich heute bedient, zur großen Schande der Ärzte und zum noch größeren Schrecken der Kranken.«[87]

Die zunehmende Verbreitung dieser falschen Mumien weckt unter den Medizinern ganz neue Einstellungen, die faktisch bedeuten, daß man mit der Mode geht und zugleich versucht, die Risiken zu vermindern. Apotheker und Ärzte bemühen sich, die Kunden, so gut es geht, zu beraten und ihnen die gefährlichsten

Neuerwerbungen zu ersparen. Pomet und Lémery, die sich außerstande sehen, allen »Mißbräuchen« zu wehren und die Liebhaber von der Mumie abzuhalten, empfehlen sorgfältige Prüfung und Auswahl: die Mumie muß tiefschwarz und glänzend sein, ohne Staub und Knochen und von gutem Geruch.[88]

Auch für Pénicher, den alten Aufseher der Pariser Handelsapotheker, muß das olfaktorische Kriterium beim Einkauf ausschlaggebend sein. Aber es gibt, um die Qualität des Produktes zu sichern, ein noch besseres Mittel: sich seine Mumie selber herzustellen. Der Gedanke war kühn, aber nicht neu. Schon im Jahrhundert zuvor hatte der berühmte Schweizer Mediziner Paracelsus interessante Rezepte ausgearbeitet. Seinen Kollegen, diesen »Eseln«, die von der Chemie und den anderen Geheimnissen der Natur nichts wußten, gab der große Neuerer zu bedenken, daß sie zu Hause billiger haben könnten, was sie in fernen Wüsten oder bei den »Barbaren« suchten.[89] Mit Hilfe der bei den Alchimisten beliebten Destillation kann man Mumie, sagt Paracelsus, auf dreierlei Weise zubereiten: rezent, trocken oder flüssig. Die rezente Mumie erhält man folgendermaßen: Fleisch von einer wohlbeschaffenen Leiche in kleine Stücke schneiden und in eine gläserne Vase mit mittelgroßer Öffnung stecken; mit Olivenöl auffüllen, bis das Fleisch bedeckt ist; das Gefäß in dicke Tücher einwickeln; in einem abseits von allen Wohnhäusern gelegenen Garten eine große und tiefe Grube ausheben und mit frischem Pferdemist füllen, der sehr fest gestopft sein muß, damit seine Wärme mehrere Wochen lang anhält; das Gefäß darin eingraben, so daß nur der Hals zwei oder drei Fingerbreit herausragt; drei oder vier Eimer Wasser auf den Dung gießen, um die Wärme zu aktivieren; einen Monat oder länger ruhen lassen, bis das Fleisch sich zersetzt und seinen stinkenden Wassergehalt abgegeben hat, so daß nur noch Olivenöl, Salz und Mumienöl übrigbleiben; das Ganze umgießen in ein Retortenglas, das in die Asche eines Ofens gestellt wird; destillieren. Die so gewonnene Salbe sei sehr wirksam gegen Schmerzen und Gicht. Wenn man noch pro Pfund sechs Unzen Theriak und ein Dram (3,7 g) Moschus hinzufüge, erhalte man ein zuverlässiges Mittel gegen die Pest und andere Gifte.[90]

Das zweite Rezept, wesentlich unkomplizierter und schneller in der Ausführung, erfordert jedoch ein Ingrediens, das nicht immer leicht zu beschaffen ist: »Saft« von einbalsamierten Leichen. Dieses Exsudat, in Form eines grobkörnigen Pulvers, übergieße man in einem Glasgefäß mit einfachem, nichtalkalischem Weingeist; bedecken; nach vierundzwanzig Stunden den Weingeist abgießen und durch neuen ersetzen; das Ganze wiederholen; destillieren; den Extrakt gerinnen lassen. So erhält man eine Mumie, die entweder rein angewendet oder mit anderen Stoffen vermischt werden kann.

Bei der dritten Zubereitungsart muß man Blut von einem jungen, bei guter Gesundheit befindlichem Menschen in einem silbernen oder tönernen Gefäß gegen Sonne und Wind geschützt aufbewahren, so lange, bis die wäßrige Feuchtigkeit sich von der Blutmasse scheidet; durch Neigen des Gefäßes die Lymphe abgießen und durch eine gleiche Menge Salzwasser ersetzen; die Mischung ziehen lassen. So präpariert kann der Lebenssaft nicht verderben und bleibt immer rot. »Balsam der Balsame« wird dies genannt oder »Geheimnis des Blutes«. Es soll das Blut vor jeder Fäulnis schützen und gegen Epilepsie und Lepra erstaunlich wirksam sein.

Von den Rezepten zu diesen drei Mumien-Extrakten behalten die Nachfolger des Paracelsus vor allem das Erfordernis einer jungen und wohlbeschaffenen Leiche bei. Um maximale Qualität zu sichern, hält man sich, bei mangelndem Zugriff auf noch Lebende, an zum Tode Verurteilte, die nach Möglichkeit rothaarig sein sollen. Die Leichen der Hingerichteten seien besonders gut geeignet, weil der durch die Angst erhöhte Blutdruck die Verwesung hemme.[91] Zu den Rothaarigen bemerkt Pénicher, ihr Blut sei feiner, ihr mit Aromen durchtränktes Fleisch besser, weil es einen Schwefel, ein balsamisches Salz enthalte. Das im 17. Jahrhundert sehr beliebte Rezept des Crollius verbindet diese neuen Imperative mit Verfahrensweisen, die mit der ägyptischen Einbalsamierung weniger zu tun haben als mit der Dörrfleischbereitung. Von dem rothaarigen jungen Hingerichteten müsse man zunächst Schenkel und Gesäß abnehmen; Blutgefäße, Nerven und Fett entfernen; sorgfältig mit Weingeist abwaschen; bei trockenem und »heiterem« Wetter zwei Tage lang von Sonne und Mond bescheinen lassen, um die im Fleisch konzentrierten Wirkstoffe verdunsten zu lassen; einreiben, mit echtem Balsam; bestreuen mit Myrrhe, Küchenstorax, Aloe und Safran; in einem fest verstopften Behälter zwölf bis fünfzehn Tage lang in gutem Weingeist und Salz beizen; herausnehmen, abtropfen lassen, in der Sonne trocknen; noch einmal beizen; an der Sonne oder überm Feuer trocknen, »ganz so wie mit Rinder- oder Schweinezunge oder mit Schinken, den man in den Rauchfang hängt, wo er, statt einen üblen Geruch anzunehmen und zu verderben, im Gegenteil zu einer köstlichen und sehr bekömmlichen Speise wird«. Zu dieser Zeit, einem goldenen Zeitalter der Pharmakologie, werden die Rezepte immer komplexer und dienen als Grundlage für andere Zusammenstellungen. Der sächsische Arzt Gabriel Clauder empfiehlt ein »ganz außerordentliches« Präparat, das unter anderem Ruß und Blattgold enthält. Der Tinkturen, Extrakte, Elixiere und »Mumienöle« werden immer mehr. Und Pénicher merkt an, daß, »wollte man in einem Werke all diese vortrefflichen, merkwürdigen und gelehrten Präparate aufführen und wiedergeben, die aus den so kostbaren und so seltenen Mumien zu gewinnen sind ... so käme man nie zum Ende«.[92]

Aber dieser glanzvolle Höhenflug der Mumie sollte im 18. Jahrhundert keine Fortsetzung finden. Trotz mancher von Ärzten aus der Provinz vermeldeter therapeutischer Erfolge[93] befindet sie sich deutlich im Rückgang, und seit 1749 wird sie in Paris praktisch nicht mehr verordnet. Ihre Feinde haben von nun an keine Mühe mehr, der Meinung, daß sie »widerwärtig« sei, Geltung zu verschaffen.[94]

## Ärzte verlieren »die Nase«

Die schon im 18. Jahrhundert mehr oder weniger vorgebildete Kritik an der Wirkung der Geruchsstoffe bei der Pestbehandlung insgesamt wird im folgenden Jahrhundert zur herrschenden Meinung. Bei der Prävention und Therapie der Seuche wendet man sich von ihnen ab, doch die reinigenden und vitalisierenden Kräfte, die man ihnen jahrhundertelang zugetraut hatte, bewahren sie vor dem völligen Verschwinden aus dem therapeutischen Gebrauch. Man kann auch feststellen, daß sie um die gleiche Zeit bei der Behandlung vieler anderer Krankheiten weiterhin verwendet werden.

Auf den ersten Blick jedoch geben die sanitären Vorschriften für den Arzt von 1835 ein Bild, das eines Chicoyneau würdig wäre: Er soll Holzschuhe und Wachstuch tragen und Räucherparfüms verbrennen lassen, wenn er das Zimmer eines Kranken betritt. Aber das sind nur Relikte aus älteren Vorschriften, und der Artikel 616 stellt klar, daß die Parfüms den krankheitserregenden Einfluß der Pestdünste allenfalls »schwächen« können, und die gleichzeitige Anwendung von Chlorkalk wird empfohlen! Der Akzent wird deutlich auf Methoden der Untersuchung und Behandlung aus einigem Abstand gelegt. Die medizinische Untersuchung soll auf mindestens zwölf Meter Entfernung und hinter einer eisernen Barriere erfolgen. Langstielige Instrumente ermöglichen Eingriffe, ohne daß der Arzt den Pestkranken berührt, und wenn die »manuelle Hilfe« eines Chirurgen unerläßlich wird, »fordert man einen Studenten der Chirurgie auf, sich mit dem Kranken einzuschließen; so weit aber läßt man es nur im äußersten Notfall kommen«.[95] Und mehr noch: Das Öffnen einer Pestbeule stellt eine solche Gefährdung dar, daß mit allen Mitteln versucht wird, den Patienten dazu zu bringen, daß er, bevor er das Bewußtsein verliert und auch wenn die Beule noch nicht reif ist, sich selbst operiert.

Muß man in so grausamen Bestimmungen nicht die Angst des Arztes sehen, der den Glauben an seine duftenden Talismane verloren hat? Diese werden mehr und mehr angefochten. 1839 macht Grassi, Chefarzt des Lazaretts von Alexandria und Verfechter der Ansteckungstheorie, die Parfums für das Unglück seiner Familie verantwortlich. Um die gleiche Zeit erklärt Clot-Bey, ein maßgeblicher Gegner derselben Theorie, die Räucherungspraktiken seien eher in Routine als in wissenschaftlichen Argumenten begründet.[96] Die moderne Chemie biete vernünftigere und stärkere Methoden zur Neutralisierung der Miasmen. Offenbar trennt aber noch eine Kluft die in diese Wissenschaft gesetzten Hoffnungen von der wirklichen Hilfe, die sie zu leisten vermag, denn Clot-Bey gibt zu, daß er keine besonderen Empfehlungen vorzubringen hat, es sei denn die schlichte Waschung und das Vertrauen auf die Wirkungen der Luft und des Chlors. 1843 verspottet Aubert-Roche, der lange in Alexandria praktiziert hat, die sanitären Gepflogenheiten, die den wirklichen Krankheitsursachen nicht beikommen: der mangelnden Hygiene und den schlechten Lebensbedingungen. Die Verbindung von Räucherungen und Quarantäne, wie in der ganzen Levante üblich, stelle ein völlig illusorisches Schutzsystem dar.

Wenn in Ägypten oder Syrien, in Smyrna oder Konstantinopel die Pest ausbricht, halten die Europäer und die reichen Christen eine Quarantäne ein. Zunächst versperrt man die Tür seines Hauses mit zwei Holzgittern, mit einem gewissen Abstand dazwischen. Vor das erste stellt man eine Schüssel mit Wasser, dahinter, zwischen die beiden Gitter, ein Gefäß mit brennendem Räucherparfum, in der Hauptsache Storax. Eine eiserne Zange liegt bereit, mit der Gegenstände erfaßt werden können. Alles, was ins Haus kommt, muß zuvor durch das Wasser und den Rauch gereinigt werden. Manche Aufgeklärteren verwenden Chlor.[97] Wenn der Räucherstoff oder das Chlor ausgehen, nimmt man statt dessen feuchtes, gehacktes Stroh. »Also gelten das Räuchermittel, das Wasser und die Schranke als die einzigen Schutzmittel gegen die Pest. Es ist nicht wichtig, ob man in Schmutz und Elend lebt, ob man in einem schlecht gebauten, niedrigen und schlecht gelüfteten Haus wohnt. Wenn man sich in dieser Behausung die Pest holt, dann nur deshalb, weil man die Schranke, das Wasser und das Räuchermittel nicht aufgestellt hat, mit einem Wort, weil man die Quarantäne nicht einhält.«[98] Ohne die Quarantäne-Maßnahmen offen in Frage zu stellen, spricht sich die medizinische Akademie 1846 gegen die Verwendung von Geruchsstoffen in den Lazaretten aus. Die Räucherungen mit aromatischen Stoffen, mit Schwefel und Arsensalzen werden als unwirksam und gefährlich bezeichnet. Solange ein radikaleres Verfahren zur Vernichtung der Pestdünste noch nicht verfügbar sei, gibt die Akademie einem moderneren »Prophylaktikum« den Vorzug: dem Chlor. Trotz der Angriffe, denen es ausgesetzt war, und trotz der Konkurrenz des Chlorkalks kam dieser zuerst von Guyton de Morveau benutzte Stoff stark in Mode und galt noch 1874 als ein sehr wirksames Desinfektionsmittel.[99]

Obwohl bei der Pestbehandlung nicht mehr verwendet, behielten die Aromastoffe bei der Behandlung anderer Krankheiten eine gewisse Beliebtheit. 1859 rühmt Vaillandet die Vorzüge des reinen indischen Weihrauchs für die Heilung von Pusteln, Blattern und brandigen Erkrankungen. In Wundverbänden sei er ein ausgezeichnetes Heilmittel, leicht anzuwenden und vollkommen unschädlich. Bei rechtzeitigem und beharrlichem Gebrauch erspart er die Kauterisierung. Dieses Gummiharz, das den großen Vorteil hat, schmerzlos anwendbar zu sein, erweise sich bei Wundbrand sogar den »modernen« Arzneien als überlegen.[100] Die Chemotherapie steckt noch in den Kinderschuhen und kann nicht von heute auf morgen eine in jahrhundertealter Praxis verwurzelte Aromatherapie ersetzen. Besonders auf dem Lande erkennt man im 19. Jahrhundert eine lebhafte Voreingenommenheit für Kampfer und Aloe. Sie gelten als Allheilmittel, die den Arzt überflüssig machen, und werden in vielerlei Formen gegen so verschiedene Beschwerden wie Angina, Blutarmut, Katarrh, Hornhaut, Schnupfen, Blutungen, Verdauungsstörungen, Schlaflosigkeit und Seekrankheit angewendet. Der Apotheker verkauft sie in phantastischen Mengen. Jede Familie hat einen Beutel mit Kampfer und Aloe. Man tut sie in alles: zwischen die Dielen des Fußbodens, in die Füllung der Matratzen, in die Schränke, um die Motten zu vertilgen, und sogar in den Leim, mit dem man die Tapeten an die Wände klebt.

»Die Folge von alledem ist, daß in den meisten Häusern, die man betritt, einem der Kampfergeruch den Hals zuschnürt. Sonntags ist die ganze Kirche durchdrungen von diesem Geruch.«[101] Kampfer, behauptet Raspail 1843, ist allen anderen Essenzölen weit überlegen. Vielfältig und bequem anwendbar (er verteert nicht und macht keine Flecken in der Kleidung), besitzt er alle erforderlichen Eigenschaften, um für sich allein schon eine richtige »kleine Taschenapotheke« darzustellen. In »hygienischen Camphatièren« getragen, Kästchen mit vierfachem Boden, die nichts von seinen Kräften entweichen lassen, wirke er lindernd bei vielerlei Beschwerden. Seine Einnahme, bröckchenweise dreimal täglich, hätte eine beidseitig gelähmte junge Frau gerettet, wenn der Absinth-Mißbrauch die Unglückliche nicht niedergestreckt hätte. Ein zweijähriges Kind mit Neigung zu Rachitis verdanke seinen guten Gesundheitszustand einer jeden Morgen nach dem Frühstück gerauchten Kampferzigarette. Die Zigarette, mit einer Hülse aus Bein, Elfenbein oder Edelholz und einem Federkiel- oder Strohhalm-Röhrchen, muß oft gefüllt werden, damit die eingeatmete Luft sich mit den Dämpfen tränkt. Bei kaltem Wetter wird empfohlen, das Verdunsten des Kampfers durch Wärmen der Zigarette in der Hand oder in der Westentasche zu befördern. Im Gebrauch ist dieses Medikament relativ sparsam: »Eine gewöhnliche Zigarette kann, wenn man nicht gerade auf ihr herumkaut, mindestens eine Woche lang reichen.« [102]

Kampferspiritus stärke die Gesundheit und die Muskulatur. Männer mit sitzender Tätigkeit werden aufgefordert, morgens und abends je ein »Luftbad« der folgenden Art zu nehmen: »In einem Zimmer mit einer Temperatur von 15 bis 18 Grad wasche man sich nackt am ganzen Körper mit Kampferspiritus, wobei jeder die gymnastischen Übungen ausführt, die er sich zutraut: Kniebeuge, Wiederaufrichten, Kneten mit den Händen beim Einreiben, Boxhiebe und Fechtstöße ...« [103] Ins Rektum oder die Vagina eingeführte Kampferzäpfchen helfen gegen Hämorrhoiden, Scheidenentzündungen, Gebärmuttererkrankungen und Fisteln: »Ein Kampferzäpfchen hält für eine ganze Nacht vor, während derer es nach und nach durch die Wärme des Organs geschmolzen wird.« [104] Die Nützlichkeit des Medikaments scheint fast unbegrenzt. Wie es Krankenhäuser, Kasernen und Gefängnisse vor epidemischen Fiebern schützt, so schützt es die Körperöffnungen gegen das Eindringen von Parasiten. »Jedes Jucken des Afters hört auf, sobald man es dort anwendet, jeder erotische Spasmus läßt nach, sobald man die Geschlechtsorgane damit pudert ... so bringt der Kampfer wieder Ruhe in die Physis und Schamgefühl in die Moral.«[105] Seine Anwendung in der Harnleiter-Chirurgie sei geboten: der Chirurg habe in ihm ein starkes Mittel, »die Erektionen zu unterbinden, die eigensinnig die dringlichsten Operationen erschweren oder verzögern«.[106] In den Gymnasien und Internaten müsse man es unbedingt einführen. Zwischen die Bettlaken gestreut und auf die Badehosen, »in Höhe der Geschlechtsteile«, sei Kampferpuder der sicherste Bürge für Fleiß und Moral.[107]

Dieses feurige Plädoyer stammt von einem Mann, der für die Macht der Düfte die höchste Aufmerksamkeit hat. In der Überzeugung, daß die Milch einer Amme, die Knoblauch ißt, stark wurmabtreibend wirkt, warnt er die reichen Großstädterinnen vor allzu »feiner« und süßlicher Nahrung: »Unsere reichen Damen, die ihre Kinder stillen wollen, sollen sich ernähren wie die Frauen auf dem Lande und alle ihre Gerichte kräftig würzen; sie werden damit den Krankheiten ihrer Kinder vorbeugen.«[108] Aber sein Interesse für die Gerüche beschränkt sich nicht auf ihren Nutzen oder Schaden für die »animalische Ökonomie«: als guter Osphresiologe erinnert er auch daran, daß sie wichtige Elemente der medizinischen Semiologie sind.

Solche Aussagen haben jedoch zu dieser Zeit nichts Neues. Seit dem Ende des 18. Jahrhunderts hatten Bordeu[109], Brieude[110] und Landré-Beauvais[111] es sich angelegen sein lassen, die Auffassungen des Hippokrates weiterzuentwickeln. Und 1821 macht auch Hyppolyte Cloquet, nach so vielen anderen, seine Verbeugung vor dem Scharfsinn des alten Meisters: »Hippokrates hatte also recht, die Gerüche zu den Krankheitszeichen zu zählen ... dies ist ein Mittel der Semiotik, das anzuwenden man auch in den ältesten Zeiten nie versäumt hat.«[112] Jede Erkrankung bewirke spezifische Geruchsabsonderungen, an der man sie erkennen könne. Die Krätze riecht nach Schimmel. Skrofulöser oder milchiger Schorf, schleimige oder lymphatische Eiterungen haben im allgemeinen einen sauren Geruch, während Wabenschorf nach Mäuseharn rieche. Sein geschulter Geruchssinn muß den Kliniker, der ins Zimmer einer Gebärenden tritt, an dem sauren oder ammoniakalischen Geruch, der im Raum hängt, erkennen lassen, ob die Milchabsonderung zufriedenstellend in Gang kommt oder ob ein Kindbettfieber sich anbahnt. Veränderungen im Geruch des Kots, Urins, Schweißes und Speichels müssen ihm über den Verlauf der Krankheiten Aufschluß geben. Diese Untersuchungen werden jedoch behindert durch den abstoßenden Charakter dessen, was zu bestimmen wäre und was man auf Grund einer natürlichen Regung lieber meiden möchte.

Nach Ansicht von Monin sind die Gerüche, vor allem der Schweißgeruch, da sie wichtige chemische Veränderungen anzeigen und je nach Grad und Wesen der organischen Veränderung sehr deutlich wechseln können, manchmal sogar symptomatisch für bestimmte Geisteskrankheiten. Der Geruch des Wahnsinns sei widerwärtig und penetrant, wie der von ständig geballten Fäusten, von wilden Tieren und von Mäusen ... Er sei so unverkennbar, daß manche Psychiater allein auf dieses Zeichen hin nicht zögern würden, jemanden, bei dem sie ihn bemerken, für gestört zu erklären, oder, wenn der Geruch fehlt, Simulation anzunehmen. Es sei darum wichtig, daß der Arzt und der Chirurg das Unterscheidungsvermögen ihrer Riechschleimhäute ausbildeten und daß sie »einer wie der andere ein vir bene munctae naris« seien, Männer »mit Nase«: »Der Geruch ist die feine Seele der klinischen Praxis: Seine Sprache weckt auf dunkle Weise im Geiste des Arztes die erste Ahnung von der Diagnose und stachelt, man weiß nicht, wie, das Interesse des intimen Beobachters an. Dem Mediziner, wenn er darin einmal Übung gewonnen hat, beben ständig die Nüstern beim Versuch, die mysteriösen Entsprechungen und geheimen Verwandtschaften der Geruchssymptome zu vermerken, die er in der Vielfalt ihrer unzähligen Nuancen erhascht.«[113]

Aber diese lyrischen Töne können eine schmerzliche Besorgnis nicht verbergen: die lange Tradition der olfaktorischen Diagnose ist schon im Verfall begriffen. Monin (1885) entrüstet sich über die Gleichgültigkeit, mit der man dieser Art der Beobachtung begegne: sie sei »höchst ungerechter Weise in Mißkredit gefallen«. Die Nase, dieses scharfe Sinnesorgan, der »vorgeschobene Wachtposten« des Körpers und wertvolle Gehilfe eines klaren Verstandes, ist leider wegen mangelnder Betätigung zu »einer Art müßiggehendem König im Zentrum der Physiognomie geworden, dessen Abdankung man nicht genug beklagen kann«. Zu ihrem Unglück verlieren der moderne Mensch und der moderne Arzt jedes feinere Riechvermögen. Alle ihre Anstrengungen gelten der Schulung des Auges, dieses Königs der Sinne, des Gehörs und des Tastsinns, so wenig vertrauenswürdig diese auch seien. Mit dem vorsätzlichen Verzicht auf die Schulung des Geruchssinns würden sie anosmisch. Muß man nicht aus diesem Warnruf die Bestürzung eines Arztes heraushören, der in die Schule der Alten gegangen ist und sich nun in der Ära Pasteurs zurechtfinden soll?

## Olfaktorische Abneigungen und soziale Verdrängung

Die bedeutende Rolle, die der Geruch bis ins 19. Jahrhundert bei den Erklärungen, der Prophylaxe und Therapie der Pest spielt, ist nicht das einzige, was über den sehr vielfältigen olfaktorischen Kontext der Epidemie Aufschluß geben kann. Die Pest hat eine ganze Reihe einander ergänzender Bestrebungen der Geruchsbekämpfung wachgerufen, von der Entwicklung der großstädtischen Hygiene bis hin zu bestimmten sozialen Abdrängungen.

Bemühungen um großstädtische Hygiene treten im 16. Jahrhundert etwa gleichzeitig mit denen um die Reinigung der französischen Sprache auf. Die Verordnung von Villers-Cotterêts, die das Lateinische als Amtssprache entthront, und Du Bellays *Défense et illustration de la langue française* sind dem aufkommenden Interesse an der Verwaltung der Abfallbeseitigung und der »Privatisierung« der Exkremente zeitlich benachbart.[114] Ein Edikt von 1539 untersagt es den Städtern, ihren Schmutz, Urin und schmutziges Wasser auf die Straßen zu schütten, in ihren Häusern Schweine, Geflügel, Kaninchen oder Tauben zu halten, und befiehlt den Besitzern von Häusern, die noch keine Latrine haben, binnen drei Monaten eine bauen zu lassen, bei Strafe der Beschlagnahme ihres Besitzes. Dem Unrat wird der Krieg erklärt. 1568 verlangt Ambroise Paré von den städtischen Behörden, sie sollten über die Reinheit der Gewässer und die Sauberkeit der Häuser und Straßen wachen.[115] Die häusliche und städtische Hygiene stellt man sich dabei als ähnlich der individuellen vor. Ebenso wie man aus Haus und Stadt alles Schmutzige, das üble Gerüche verbreitet, hinauskehren muß, so muß man auch den Organismus von allem säubern und purgieren, was die Reinheit seines Atems beeinträchtigt. Auch der Körper muß ausgekehrt und der »Exkremente und überflüssigen Säfte, die in ihm faulen«, entledigt werden, wie die Stadt ihres Unrats, Kots und schmutzigen Wassers, »die an den Wegen faulen«.[116] Die »Gesundheit des Volkes« und die »Sauberkeit der Stadt« müssen gleichermaßen durch die tägliche Beseitigung des Kots und der Abfälle wie durch die Pflasterung der Straßen, die ihrer Versumpfung vorbeugt, gesichert werden. 1606 spricht sich das Kollegium der Pariser Chirurgen für alle diese Desinfektionsmaßnahmen aus.[117] Die Ähnlichkeit der hygienischen Gebote ist auch hier wieder augenfällig: »Nachdem so der Körper des Hauses gesäubert und von schlechter Luft gereinigt ist, wird man nun das Innere des Menschen vom Kot, Unrat und den schlechten Säften, die sich lange in uns angesammelt haben, säubern und purgieren …«

Das Bestreben, die Stadt durch Säuberung, Pflasterung und Beseitigung der Abfälle geruchlos zu machen, wird begleitet von dem Willen zur moralischen Kontrolle und Reinigung. Man kann sozusagen mit ansehen, wie sich ein »Über-Ich« der Stadt bildet, das seine moralischen Ansprüche nach Maßgabe der Reinlichkeitsgebote formuliert. Eine der ersten Verordnungen dieser Art, die 1565 in Gap erlassen wurde, ist dafür ein Muster. Während man die Stadt sauber halten will und sich dagegen verwahrt, daß sie als Abfallgrube dient, wo man Tierkadaver, Dung, Exkremente, Urin, schmutziges Wasser, Blut von Aderlässen usw. hinschüttet, unterbindet man zugleich alle Vergnügungen durch Tanz, Glücksspiel oder Wirtshausbesuche, und die Prostituierten werden vertrieben.[118] Diese Moralisierung der Sitten soll die göttliche Strafe der Pest abwenden, »weil Gott sehr beleidigt wird durch Wollust und Hurerei und weil durch dieselben besagte Krankheit verursacht werden kann«. Zur »Toilette« der Stadt gehört nicht nur ihre Desinfizierung, sondern auch die Ausstoßung alles dessen, was ihr nicht gemäß ist oder Anstoß erregen könnte. So steht in den Empfehlungen von Maurice de Toulon von 1662 die Ausweisung von Fremden, Komödianten und Personen von schlechtem Lebenswandel gleich neben der Reinigung der Kloaken, Jauchegruben und Waschzuber. Es wird deutlich, daß die Entwicklung einer öffentlichen Hygiene von Ausschließungsgebaren, Puritanismus und Mißtrauen begleitet wird. Den »zwiefachen Unrat« der Hauptstadt auszuscheiden, dies ist der Wunsch, den Louis-Sébastien Mercier ausspricht: »Die moralische Fäulnis ist gewissermaßen eine Begleiterscheinung zur Verschmutzung der Bäche. Oh könnte doch die Schaufel des Straßenkehrers alle schmutzigen Seelen, von denen die Gesellschaft verunreinigt wird, auf einen Karren laden und sie aus der Stadt hinausschaffen, welch segensreiche Erfindung wäre sie dann, und wie würde die Polizei sie schätzen!«[119] Diesem Rigorismus kommt die Entwicklung eines ganzen Komplexes von Prozeduren entgegen, die darauf abzielen, die Individuen zu reglementieren, zu kontrollieren und zu disziplinieren.[120]

Parallel zur Isolierung der Pestkranken und zur Verstärkung der Inspektions- und Unterdrückungsapparate kann man seit dem 16. Jahrhundert die olfaktorische Abdrängung einer ganzen Bevölkerungskategorie, die als schmutzig und ekelhaft gilt, verfolgen. Diese Ausstoßungsrituale sind nicht neu, aber sie werden von dieser Zeit an intensiviert. Schon im 14. Jahrhundert hatte man die Leprakranken und die Juden bezichtigt, die Quellen, Brunnen und Flüsse zu vergiften, indem sie stinkende Bündel hineinwürfen. Die Chronik des Guilleaume de Nangis berichtet von solchen kriminellen Handlungen, durch die angeblich die Krankheit ausgebreitet wurde, und macht sogar detaillierte Angaben über eines dieser abscheulichen Gifte.[121] Solche Beschuldigungen sollten später die Abschlachtung Tausender von Juden und Leprakranken in den meisten Städten Deutschlands, aber auch in Frankreich und in der Schweiz zur Folge haben. Im 16. Jahrhundert werden die Beschuldigungen ausgeweitet: In der beständigen Furcht vor der Ansteckung genügen diese Sündenböcke allein nicht mehr. Der Abscheu vor Juden und Leprakranken tritt hinter der Angst vor ganzen Kategorien von Ausdünstungen zurück. Diese Entwicklung ist auch in den Maßnahmen zu erkennen, die die Behörden der Stadt Gap ergriffen. Die »putains publiques« [122], die Dirnen, die den Archetyp des Gestanks und der moralischen Verderbtheit darstellen, müssen unter Strafe der Auspeitschung die Stadt verlassen. Nach dieser symbolischen Maßnahme gehen die Behörden gegen realere Gerüche vor: Die Handwerker, die Leder, Felle und Wolle verarbeiten, werden wegen ihrer übelriechenden Tätigkeit an den Stadtrand verwiesen und müssen dort bleiben, wenn sie Geldstrafen und die Konfiskation ihrer Waren vermeiden wollen. Olfaktorische Intoleranz geht mit sozialem und moralischem Abscheu Hand in Hand, was Antoine Mizaud schon 1562 zum Ausdruck bringt, indem er diese Handwerker als »unrein« und »nichtswürdig« bezeichnet.[123]

Die Abdrängung bestimmter Kategorien von Individuen sollte sich zur Abdrängung aller am wenigsten begünstigten Schichten der Bevölkerung ausweiten. Im 17. Jahrhundert wird deutlich der Vorwurf erhoben, daß die Armen und die kleinen Leute für das Aufkommen und die Ausbreitung der Pest verantwortlich seien. »Die großen Versammlungen sind gefährlich, besonders, wo die kleinen Leute zahlreich sind« [124], erklärt das Kollegium der Pariser Chirurgen 1606. Und Angelus Sala bemerkt 1617, nichts auf der Welt ziehe so sehr die Pest an wie Krankheit und Gestank. Daraus folgt für ihn, daß sie als erste die Ärmsten trifft, die in ihrer Lebensweise den Tieren nahekommen: »Denn wenn die Pest in ein Land kommt, beginnt sie bei den armen und schmutzigen Leuten, die zusammengepfercht wie die Schweine in engen Hütten leben und sich nach Lebenswandel, Tätigkeit und Gespräch von den wilden Tieren kaum unterscheiden.« [125] In Agen weisen die Ärzte 1629 auf die Gefahr hin, die der Gemeinde aus den Gerüchen der Armen erwachse. Die Vorsicht gebiete, daß man diesen Leuten das Betreten der Straßen untersage.[126]

Diese Darstellung der kleinen Leute als verkommener, untermenschlicher Wesen von bedrohlichem Geruch rechtfertigt ihre Einschließung und Überwachung. In Nîmes werden die Armen 1649 zusammengetrieben und bis zum Ende der Epidemie in den Arenen eingemauert.[127] Dem Pater Maurice de Toulon erscheint dies als unbedingt notwendig, aber er hätte es vorgezogen, daß man sie bei sich zu Hause einsperrte, um jeden Umgang zwischen ihnen zu unterbinden. Denjenigen, die sich gegen eine so »weise« Regelung auflehnen sollten, werden Strafen angedroht.[128] Nicht viele Notabeln verurteilen diese Maßnahmen: »Eine andere Art Sklaverei, die man in Zeiten der Pest noch findet, sind die Baracken, in die man die Armen einsperrt«, schreibt Philippe Hecquet 1722.[129] Er gibt zwar zu, daß die Armen durch ihre Nachlässigkeit, Unsauberkeit und schlechte Ernährung die Luft in einer Stadt verderben könnten, findet aber den Gedanken absurd, ihre Einschließung werde daran etwas ändern. Diese Maßnahme fördere im Gegenteil die Entstehung fürchterlicher Infektionszentren und sei obendrein bar aller Menschlichkeit. »Man weiß schon«, empört er sich, »und dies ist die Meinung der ganzen Welt, daß die Armen derjenige Teil der Bewohner einer verseuchten Stadt sind, wo die Pest am stärksten wütet: will man ihr denn das Opfer vollständig darbringen, indem sie alle der um so gewisseren Infektion aussetzt? Es könnte zumindest so scheinen, als wollte man sich ihrer entledigen, so vieles erlaubt man sich zu ihrem Schaden oder um sie zu entfernen, denn es ist beschlossene Sache, daß man sie entweder einsperren oder in Baracken treiben muß, oder andernfalls nötigt man sie, ihre Häuser, Gewerbe und Städte zu verlassen.«

Diese Methoden wirken um so verderblicher, als sie inzwischen auch andere, sehr nützliche, aber als »arm« geltende soziale Kategorien betreffen. Handwerker, Mönche und Nonnen fallen dieser »Inquisition« zum Opfer, um derentwillen die Meister sich von der Mehrzahl ihrer Gesellen trennen und die Äbte ihre Klöster leeren müssen. Hecquet sieht hier eine Paradoxie: In Zeiten, wo Gebete nötiger wären denn je, schickt man diejenigen fort, deren Aufgabe es ist, für das leidende Volk Fürbitte zu leisten.

Aber diese Erwägungen aus schlichter Vernunft und Menschlichkeit kommen gegen eine schon von so vielen Büchern befestigte Überzeugung nicht auf. Sein Wohlstand und seine Sauberkeit schützen den Reichen vor der Pest, liest man bei Howard. Und mehr noch, das Gift, das der Kranke ausatmet, sei je nach seiner sozialen Zugehörigkeit mehr oder weniger schädlich. »Um die Armen herum ist die Luft ansteckender als um die Reichen.« [130]

Von der physischen zur moralischen Verseuchung ist es nur ein kleiner Schritt. Eine 1841 erschienene Broschüre illustriert dies vortrefflich. Besonders abscheuliche Ausdünstungen gleich vor den Toren von Paris, an den Grenzen seiner dichtestbevölkerten Viertel, bilden eine doppelte Gefahr. Die ekelhaften Fäkalgerüche der Kloakengruben und die noch unerträglicheren der Abdeckereien, wo jährlich etliche zehntausend halbverhungerte und erschöpfte Pferde geschlachtet werden, machen aus dem Vorort Montfaucon »eine entsetzliche Kloake«, »eine Ungeheuerlichkeit« [131], die, weil sie Gesundheit und Moral der arbeitenden Klasse angreift, die Gesellschaft insgesamt gefährdet. Hinter diesen schmutzigen Gebäuden, dem »Meer von Jauche«, den Haufen von Gerippen und Eingeweiden, die unter freiem Himmel vor sich hin faulen, zeichnet sich nicht nur das Schreckgespenst der Pest ab, sondern auch der ebenso beängstigende Schemen eines »Boulevards der Verbrechen«.

Abgesehen von den schädlichen Dünsten, die von der höllischen Kloake über den Teil der Bevölkerung ausströmen, der infolge fleischarmer Ernährung am anfälligsten ist, zieht dieser Infektionsherd auch Scharen von Ratten und damit den Inbegriff des widerwärtigen Tieres an. Von einem früheren Galgen, aus dem nun ein Schindanger geworden ist, erhalten die Bewohner den »Stempel« für ihre Sitten, die sie unter dem Volk von Paris ausbreiten. Die Lumpensammler, die bei Tage hierherkommen, um ein paar Stücke Fleisch zu ergattern, überlassen das Feld nachts den Banden der »gouêpeurs« (Strolche), die sicher sein können, hier eine Zuflucht zu finden, zu der die Polizei sie nicht zu verfolgen wagt. Diese Übeltäter, schon verderbt durch »alle Greuel des Melodrams«, die sie an Mord und Blutvergießen gewöhnt haben, würden ohne Bedenken den Arbeiter, der sich weigern wollte, ihnen das Pferdefleisch, an dem sie sich laben wollen, zu braten, in den Ofen werfen.

Schlimmer noch ist die Gestalt des Abdeckers. Durchtränkt von tierischen Dünsten, die ihm in all dem Dreck eine blühende Gesundheit verleihen, ein schmutziger, zynischer, unflätiger, wüster und rauflustiger Bursche, verströmt er mit allem, was an ihm ist, den Dunst von Montfaucon. Um sich davon zu überzeugen, was der erstickende Geruch dieses Ortes und die unerhörten »Sitten« seiner Bewohner für Greuel hervorbringen können, »stelle man sich nur eine Frau in Abdeckerkleidung vor, mit einem blutigen Messer zwischen den Zähnen, während sie ein anderes wetzt, neben einem Pferd, das sie zerlegen will«. Aus allen Poren dieser blutrünstigen Androgynen, »die sich von Zeit zu Zeit unterbricht, um ihrem alten Vater, der in der Nähe arbeitet, mit dem Messer zu drohen ..., schwitzt Mordlust, ihre Augen atmen Wildheit«. Diese erschütternde Vision macht leicht verständlich, warum der Abdecker imstande ist, einen unheilvollen Einfluß auf Arbeiter auszuüben. Erst wenn der Arbeiter seine Sonntagskleidung anzieht, folgt er wieder seinem Bedürfnis nach Sitte und Anstand. »Die Nachlässigkeit der Kleidung in der armen und arbeitenden Klasse, die körperliche Unsauberkeit, augenfälliges Zeichen eines moralischen Defekts ..., der zynische Ausdruck, der ekelhafte Witz, das Gossen-Epigramm, der grausame Scherz, das Argot-Chanson, das Liedchen unter der Guillotine, der Galgenhumor: all dies ist nur ein Reflex, ein Echo von Montfaucon.«[132]

Aber damit nicht genug. Die Fäulnis dieses Ortes begnüge sich nicht damit, den verständigen und redlichen Teil des Volkes zu infizieren, sie drohe alles zu verheeren. Die Welt der Freigeister und die »Jeunesse dorée et parfumée« seien schon angesteckt: »Was man in Paris an Abscheulichem sehen kann, an Symptomen der Barbarei, die man in der Sprache und den Gepflogenheiten der arbeitenden Klassen erkennt ... all das kommt aus Montfaucon, aus seiner Zersetzung und Ansteckung, die, von diesem Herde ausgehend, schon bis zu den Klassen vorgedrungen ist, denen man einst gute Lebensart nachsagte.« Und darum werde Paris erst dann mit Recht eine zivilisierte Stadt heißen, wenn dieser für die Hygiene und die guten Sitten ungemein gefährliche Herd epidemischer Krankheiten und proletarischer Subversion beseitigt sei.

Als letzte und größte Zielscheibe der aus der Epidemie entstandenen Ausstoßungsprozesse wird nun das Volk insgesamt zum Gegenstand besorgter Überwachung. Hervorzuheben, wie es stinkt und wie gefährlich es deshalb ist, trägt im 19. Jahrhundert, wie Alain Corbin gesagt hat, dazu bei, »jenen Rechtfertigungsterror aufrechtzuerhalten, in dem die Bourgeoisie sich wiegt, in dem sie den Ausdruck ihres schlechten Gewissens erstickt«.[133]

# Dritter Teil:

## *Blut und Weihrauch — woher stammt die Macht der Düfte?*

Bei der Bekämpfung der Pest und der Krankheiten allgemein wurde der Gebrauch der Duftstoffe mit einer ganzen Reihe hygienischer und medizinischer Praktiken verbunden, die auf eine Art Tiefenreinigung des Körpers abzielen. Der Überschuß an Blut und Säften, der eine Zersetzungsgefahr bedeutet, soll abgeführt werden. Ausschwitzen, Erbrechen, Purgierung und Aderlaß sind bis ins 18. Jahrhundert die Losungen einer »körperlichen Reinlichkeit«, deren Kriterien im wesentlichen noch dieselben sind wie in der ägyptischen Medizin. Der Körper wird einer Infektion widerstehen, versichert Oger Ferrier 1548, »wenn er rein und gestärkt und erfrischt ist ... das Überflüssige durch Aderlaß, durch purgierende Mittel, durch Erbrechen und andere Entleerungen, die unmerklich durch die Poren geschehen, abgeführt wird«.[1] Unter diesen Verfahren, die manchmal als »Allgemeinbehandlungen« bezeichnet werden, ist der Aderlaß am meisten zur Aromatherapie komplementär. Tiefrotes Blut ist schließlich, neben dem guten Geruch oder der »guten Luft«, die beste Garantie gegen die Krankheit: »Nichts ist so geeignet, das Herz zu stärken, wie die gute Luft und das gute Blut: zumal nur dies beides dem Herzen vertraut ist, denn es ist die Arzneikammer des Arterienblutes und der Lebensgeister«, versichert Ambroise Paré.[2]

Das Ablassen des Blutes kann vor oder nach der Anwendung von Duftmedikamenten geschehen. »Manche legen ein Epithema auf, nachdem man das erste Mal zur Ader gelassen worden ist«, merkt Ficino an, »aber die Klügeren tun dies zu Beginn und erneuern es oft, nämlich alle drei Stunden, und legen es auf das Herz auf.«[3] Der Überschuß an Blut, selbst wenn es rein ist, und Säften (die als Unterarten des Blutes gelten) bringt die Gefahr mit sich, daß sie sich in Gift verwandeln, wenn der giftige Pestdunst in den Körper eindringt. Da das Überschüssige wärmer und feuchter ist als cholerisches, phlegmatisches und melancholisches Blut, vergrößert es noch die Gefahr, denn es öffnet die Blutbahnen weiter für die pestilente Luft. Außerdem, wenn zu viel Blut in den Adern fließt, können nachteilige Veränderungen auftreten, denn »je mehr Wein in einem Faß ist, desto stärker und saurer der Essig, der daraus wird«.

Beim Aderlaß sind hinsichtlich der Zeiten und Blutmengen strenge Regeln zu beachten. »Es soll in den gemäßigten Jahreszeiten geschehen«, schreibt Ficino vor, »und wenn der Mond in einem guten günstigen Aspekt steht. Reines und dünnes Blut entnimmt man bei Sonnenaufgang, cholerisches mittags, phlegmatisches abends und melancholisches um Mitternacht.« Zweimal täglich, in sechs Stunden Abstand, entnimmt man den Sanguinikern $^1/_2$ Liter, den »mittelmäßig Robusten« $^1/_3$ Liter (acht Unzen), Leuten mit langsamem Puls $^1/_6$ Liter (vier Unzen), Cholerikern $^1/_{12}$ Liter (zwei Unzen). Ficino verdammt die Ärzte, die empfehlen, den Aderlaß bis zur Ohnmacht fortzusetzen. Dieser Exzeß versetzt die Lebensgeister, die Dämpfe des feinen Blutes, in Auflösung und greift damit das Leben in seinem innersten Wesen an. Blindlings angewendet, kann der Aderlaß zum Tod führen: man muß ihn daher für manche Fälle verbieten. Auch Ambroise Paré erteilt strikte Warnungen zu dieser nur allzu oft lebensverkürzenden Therapie. Aber er billigt sie, wenn die Venen zu stark geschwollen sind, denn »wie der Docht erlischt, wenn die Lampe zu viel Öl hat« [4], so erstickt der Überschuß an Blut die natürliche Wärme.

Ficinos und Parés Mahnungen zur Vorsicht genügen nicht, um die Mißbräuche aufzuhalten, die für den Aderlaß schon zu ihrer Zeit üblich werden. Im 17. und 18. Jahrhundert gibt er dann, ebenso wie die anderen Reinigungsverfahren, zu mancherlei Übersteigerungen Gelegenheit, ebenso wie die anderen ableitenden Verfahren. Ein Zeugnis findet sich in den Briefen Liselottes von der Pfalz: »Bei meinem Vetter La Trémoille haben die Ärzte sechs so fürchterliche Aderlässe gemacht, daß man, als man ihn öffnete, keine andere Todesursache feststellen konnte als diese: Er hatte keinen Tropfen Blut mehr in den Adern. Vor zwei Jahren hat derselbe Arzt die Gattin dieses Herrn auf die gleiche Art exekutiert.« [5] Ähnliche Exzesse wurden durch die Leidenschaft für Duftstoffe hervorgerufen. Ludwig XIV. wurde gegen sie infolge übermäßigen Gebrauchs völlig allergisch.[6]

1720 machen die Marseiller Ärzte die traurige Erfahrung, daß der Aderlaß schädlich sein kann, und ihre Kollegen aus Montpellier, die ihrer Ansicht zuerst mit Verachtung begegnen, müssen anerkennen, daß sie wohlbegründet ist. Chicoyneau und Verny, beide Verfechter der alten Methoden, geben zu, daß dieses Verfahren nur bei manchen Patienten anwendbar sei. Siebenundfünfzig Jahre später gesteht Fournier: »Alle [Aderlässe], die ich mitangesehen habe, waren verhängnisvoll und tödlich; manche Kranken erlagen ihnen noch während der Ausführung und fast alle binnen ein oder zwei Stunden, so viel Mühe man sich auch gab, sie mit Stärkungsmitteln wiederzubeleben und zu erhalten.« [7] Wie die Duftstoffe und der Aderlaß gleichermaßen sagenhaften Ursprungs sind [8], so wurde in der Therapie beiden das gleiche Schicksal zuteil. Nachdem sie jahrhundertelang zusammen verwendet wurden, lassen ihre Glanzzeit und ihr heutiger Verfall die engen Beziehungen deutlich werden, die von der Medizin zwischen zwei einander scheinbar ganz fremden Substanzen geknüpft worden waren: dem Blut und den Düften.

An den Grenzen zwischen Medizin und Magie finden wir dieselbe Konstellation in den Schriften der alchemistischen Ärzte. Die »okkulte Philosophie« des Agrippa von Nettesheim zum Beispiel trägt die Rezepte der mittelalterlichen Alchemie ins 16. Jahrhundert hinüber. Die Räucherungen, die empfohlen werden, um eine günstige Konjunktion der Planeten auszunutzen, sind mit einem ganzen System der Sympathien und Antipathien von Kräften verbunden und stammen fast aufs Detail genau aus den Geheimnissen des Albertus Parvus.[9] Dies Räucherwerk für den Mond wird mit dem Kopf eines Froschs zubereitet, den Augen eines Stiers, weißen Mohnkörnern, Kampfer, Weihrauch, Menstruations- oder Gänseblut. Das Parfüm für Saturn enthält schwarzen Mohn, Bilsenkrautsamen, Alraunwurzeln, Katzen- und Fledermausblut. Für den Jupiter nimmt man Eschensamen, Aloeholz, Storax, Benzoeharz, Gehirn von einem Hirsch, Storch- oder Schwalbenblut. Die Gunst der Venus erlangt man mit Moschus, Ambra, Aloe, roten Rosen, roten Korallen, Spatzenhirn und Taubenblut, die des Merkur mit Mastix, Weihrauch, Gewürznelken, Fuchs- oder Wieselhirn und dem Blut einer Elster. Manche Kommentatoren meinen, daß diese Formeln einen geheimen Sinn verbergen. So soll mit dem Froschkopf in Wirklichkeit die Ranunkel gemeint sein, mit dem Stierauge die rote Nelke, mit dem Hirn das Harz des Kirschbaums und mit dem Blut sogenanntes Drachenblut, d. h. Harz des Drachenbaums.[10]

Wenn er jedoch die Wirkung mancher Salben, die jemanden zum Beispiel »bezaubern« sollen, begründet, gibt Agrippa eine Erklärung, die zu besagen scheint, daß wirklich Blut verwendet wurde. Weil der Geist des Menschen ein Blutdunst sei, würden Salben, die man aus ähnlichen Dünsten bereite, mit ihm übereinstimmen: »sie besitzen der Ähnlichkeit halber eine größere Anziehungskraft und sind imstande, den Geist zu verwandeln.« [11] Aber ob man die Rezepte dieser »Parfüms«, mit denen man sich die Planeten oder eine begehrte Person geneigt machte, nun wörtlich oder verschlüsselt liest – unstreitig haben die Duftstoffe und das Blut, ob symbolisch aufzufassen oder nicht, gemeinsam zu ihrer Vermittlerrolle beigetragen.

Andere Beispiele für eine solche gleichzeitige oder gemeinsame Vermittlung lassen sich leicht in den verschiedensten Zivilisationen finden: bei Tätigkeiten, wo es darum geht, die Götter zu befragen oder Abmachungen unter den Menschen feierlich zu bekräftigen. Die Priesterin des Apollo gab den Orakelspruch unter Räucherungen mit dem heiligen Lorbeer bekannt, und bei den Arabern wurde ein wichtiges Bündnis mit dem Eintauchen der Hand in duftendes Salböl besiegelt.[12] In Argos weissagte die Pythia, nachdem sie das Blut eines Lammes getrunken hatte, und auch bei den Arabern wurde in früherer Zeit die Hand nicht in Öl, sondern in Blut getaucht. Daß die beiden Substanzen so oft bei sakralen Handlungen verwendet werden, legt es nahe, auf diesem Gebiet die Antwort auf eine Frage, die sich nun stellt, zu suchen: gibt es zwischen dem Blut und den Düften eine tiefere Entsprechung als die schlichte Ähnlichkeit der Funktionen, und liegt hier die Erklärung dafür, warum den Düften so viel Macht zugeschrieben wurde?

# 5. Kapitel: Das Heilige

»Räucherungen, Opfer und Salbungen durchdringen alles und erschließen die Pforten der Elemente und der Himmel, daß der Mensch durch dieselben hindurch die Geheimnisse des Schöpfers, die himmlischen Dinge und was über den Himmeln ist, sehen und erkennen kann.«

Agrippa von Nettesheim, *De occulta philosophia*

## Rituelle Praktiken

Schon die archaischen Religionen geben Zeugnis von der gleichzeitigen Verwendung von Blut und Duftstoffen. Heilige Bäume, Pfähle oder Steine wurden vielfach geschmückt, beräuchert, mit Salbölen und dem Blut von Opfern getränkt. In Griechenland, besonders auf Kreta, wurden bestimmte Steine und Bäume mit Blut und Duftölen gesalbt. In Indien hängte man Tier- und Menschenopfer in die Zweige des verehrten Baumes, dessen Stamm mit aromatischen Stoffen eingerieben war. Die Sprachwissenschaft zeigt, daß es ähnliche Praktiken auch in Palästina gab: eine wichtige Kultstätte aus dem Megalithikum im Lande Moabs in Judäa heißt El-Mareighât, »die gesalbten Steine«, und ein Steindenkmal in Galiläa trägt den Namen Hajr ed-damm, »der Stein des Blutes«.[1] Doch diese Verknüpfung zwischen dem Blut und den Düften findet sich nicht nur in den urtümlichsten religiösen Bekundungen, sondern auch in den Religionen entwickelter Gesellschaften, ob sie nun polytheistisch oder monotheistisch sind. Drei Beispiele, die wir der ägyptischen, der hebräischen und der aztekischen Religion entnehmen, seien hier wiedergegeben. Sie verdeutlichen den engen Bezug zwischen Blut und Weihrauch, sowohl bei den Opferritualen als auch bei feierlichen Akten, wie den Salbungen, durch die Priester oder Könige das Zeichen der göttlichen Weihe erhalten.

In die Mauern des Tempels von Idfu ist in Hieroglyphen ein Rezept eingemeißelt, das des Kyphi, des »zweifach guten« Duftes. Honig, Wein, Zyperwurzel, Rosinen, Myrrhe, Ginster, Stönanthe, Sesel, Safran, Wacholder, Kardamon, Ampfer und Schilf sind die wichtigsten Ingredienzen. Dies alles wird feingemahlen, durchgesiebt, die dufthaltigen Teile werden extrahiert, in Oasenwein eingeweicht. Plutarch hat diese raffinierte Komposition erwähnt, die von den Griechen und Römern übernommen wurde.[2]

Sehen wir uns nun ein Bild an: die Skulpturen, die die Gesandtschaft der Königin Hatschepsut in das Land Punt darstellen und die an den Wänden des Tempels von Dair Al Bahri zu sehen sind. Fünf Schiffe, jedes mit dreißig Ruderern und mächtigen Segeln, sind in das Land des Gottes gekommen, wo die Abgesandten der Königin von Parohu empfangen werden, dem »Großen von Punt« in Begleitung seiner Gattin, seiner Kinder und seiner Diener. Die ägyptischen Schiffe fahren wieder ab, beladen mit einer kostbaren Fracht: Elfenbein, Gold, Affen, Leoparden, Sklaven, Myrrhe und Weihrauch. Bei ihrer Rückkehr erwecken unter den Geschenken, die sie der Königin mitbringen, die einunddreißig Setzlinge des Weihrauchbaums die größte Bewunderung.[3]

Die Papyri und Flachreliefs weisen vor allem auf die sakrale Bestimmung der Düfte und Aromen hin: es sind Opfergaben für die Götter, für den Herrscher und für die Toten. Sogar die Herstellung der Duftstoffe ist eng mit der Religion verbunden. Wenn das Rezept des Kyphi in Idfu an die Mauer geschlagen steht, dann deshalb, weil sich im Innern der Tempel die »Laboratorien« befanden, wo die »Parfümeure« arbeiteten, die zugleich Priester waren. Jeden Tag brachten sie den Gottheiten dreierlei Düfte dar: morges Harz, mittags Myrrhe, abends Kyphi. Die großen religiösen Feste erforderten einen beträchtlichen Verbrauch an Duftstoffen, die auf feierlichen Prozessionen geopfert wurden, wie aus den Annalen Tutmosis' III., Ramses' III. und

Userkafs hervorgeht[4]: »Bei einer solchen Zeremonie sieht man 120 Kinder auftreten, die in goldenen Gefäßen Weihrauch, Myrrhe und Safran tragen, und eine Anzahl Dromedare, von denen die einen mit je 300 Pfund Weihrauch, die anderen mit Safran, Kaneel, Zimt, Iris und anderen kostbaren Aromata beladen sind.«[5] Die Standbilder der Götter wurden an Festtagen bis zu neunmal mit duftenden Ölen gesalbt, während an gewöhnlichen Tagen nur eine Salbung, das Mezet, stattfand. Dieselben Öle wurden auch bei der Salbung des Königs verwendet, was seine Identität mit den Göttern unterstrich.

So zivilisiert der Gebrauch von Duftstoffen bei religiösen Zeremonien auch sein mag, schloß er doch Blutopfer nicht aus. Ein Beispiel ist der Kult des Gottes Ra. Die Hieroglyphen von Panhy-Mery-Amen zeigen den König, wie er bei Sonnenaufgang Rinder und Duftharze als Opfer darbringt und sich dann mit Weihrauch reinigt. Herodot hat in vielen Einzelheiten über die Zubereitung der Opfertiere berichtet. Bevor sie den Flammen überantwortet werden, stopft man sie »mit gereinigtem Brot, Honig, getrockneten Weinbeeren, Feigen, Weihrauch und dem übrigen Räucherwerk« aus.[6] Und in dem Gedicht des Pentaur an der Mauer des Tempels von Karnak gemahnt Ramses II., bevor er in die Schlacht zieht, den Gott Amon an die Opfer, die er ihm dargebracht hat: »Habe ich dir zu Ehren nicht viele glanzvolle Feste gefeiert? ... Ich habe dreißigtausend Stiere geopfert, mit allen wohlriechenden Kräutern und den erlesensten Düften.«[7]

Auch die Bestattungssitten der alten Ägypter bezeugen, welch überaus große Bedeutung sie den Duftstoffen beimaßen. Sie wurden als intimer Ausdruck von Göttlichkeit aufgefaßt und bewirkten zweierlei. Sie verhinderten, daß der Tote verweste (und schufen damit die notwendige Voraussetzung für sein Weiterleben nach dem Tode), und durch den Wohlgeruch, den sie ihm verliehen, machten sie ihn zu einem »Gesalbten«, einem Gott. Diese zweifache Rolle der Duftstoffe erkennt man auch in den zwei Sequenzen der Einbalsamierungsriten: zum einen technische Hinweise für die ausführenden Priester, zum andern liturgische Begleitformeln.

Nach einer langen Vorbehandlung, die vierzig bis siebzig Tage dauern konnte und bei der von verschiedenen Spezialisten vielerlei Operationen ausgeführt wurden (Enthaarung, Herausnehmen des Gehirns und der Eingeweide, Waschungen mit gewürztem und aromatisiertem Palmwein, Ausstopfen mit Beuteln von trokkenem Natron und Gummiharz zur Absorption der Feuchtigkeit, Einsalzen, dann erneutes Ausstopfen mit diversen Stoffen, um dem Körper wieder mehr Umfang zu geben), erhielt die Leiche eine ganze Reihe von Salbungen mit heiligen Ölen.[8]

Die erste davon gilt dem Kopf. Während sie ihn mit Olibanum-Öl von guter Qualität salben, sprechen die Priester magische Formeln, die dafür sorgen, daß der Weihrauch (»Göttlichmacher« [9] und göttliche Absonderung) die feine Umwandlung bewirken kann: »Oh Osiris N[ame des Toten]! Für dich ist das Olibanum aus dem Land Opone, um deinen Geruch zu verbessern, daß du riechst wie der Gott. Für dich Feuchtigkeit, die aus Re kommt, um deinen Geruch zu verbessern ... Der Duft des großen Gottes ist dein Weihrauch; der vollkommene Wohlgeruch auf deiner Mumie wird sich nicht verflüchtigen.« [10] Dann kommen zehn Salbungen des Körpers, von den Schultern bis zu den Fußsohlen; sie regenerieren den Verstorbenen und geben ihm die unerläßliche Wegzehrung auf die Reise ins Totenreich mit: »Empfange den festlichen Duft, der deinen Leib verschönern wird! ... Für dich kommt die Ladanum-Salbe, um deinen Leib zu erschaffen und dein Herz zu bewegen, dank dem, was aus Re gekommen ist. Sie wird dich in Frieden bis zur großen Duat [11] gelangen lassen, und ihr Ladanum-Duft wird dein Geruch sein in den unteren Nomen [12] ... Der Schweiß der Götter dringe in dich ein, Res Schutz erstrecke sich über deinen ganzen Leib, mögest du Eingang finden ins heilige Gebiet, auf den geweihten Boden der Nomen, mögest du tun, was du gern tust, in den Zwei Landen, dank dem göttlichen Schweiß aus dem Land Opone!« [13]

Während die Priester die Eingeweide in Gefäße mit Salbölen legen, das Fleisch mit den Ölen durchkneten und mit Binden umwickeln, werden immer wieder die organischen, fleischlichen Beziehungen der Düfte zu den Körpersäften der Götter beschworen, denn darin wurzeln ihre vortrefflichsten Eigenschaften. Nachdem die Priester dem Toten den Rücken mit einem Duftöl massiert haben, um ihn geschmeidig zu machen, reden sie ihn folgendermaßen an: »Empfange dieses Öl, empfange diese Salbe! Empfange die Salbe des Lebens ... Empfange den Schweiß der Götter, den Saft, der aus Re kommt, den Speichel Schus, den Schweiß, der aus Geb kommt, den göttlichen Leib, der aus Osiris kommt, die erneuernden Säfte.«

Die Riten der Mundöffnung, die dazu dienen sollten, die Standbilder der Götter und Könige zu beleben, und die während der Epoche der thimitischen Pharaonen mit den Bestattungsriten verbunden wurden, bezeugen ebenfalls die wiederherstellenden, reinigenden, schützenden und mediumatischen Kräfte der Duftstoffe. Bevor der die Zeremonien leitende Oberpriester dem Verstorbenen wieder den Lebensodem einhaucht, reinigt er den mumifizierten Körper oder die Statue, indem er auf Mund, Augen und Arme Weihrauchklümpchen auflegt. Dazu spricht er Worte, die die Reinigung unterstützen. Dann nimmt er Räucherungen mit sehr reinem Weihrauch vor, die den Toten »waschen«, »verschönern«, ihn vollständig einhüllen und mit dem göttlichen Stoff durchtränken, der ihn seinerseits vergöttlicht. Dazu spricht er die Formel: »Sei gegrüßt, Weihrauch! Sei gegrüßt, Weihrauch! Sei gegrüßt, von Horus erschaffener Stoff ... Groß ist deine Reinheit dank dem Weihrauch, N[ame des Toten], darin ist dein der Name ›Gereinigter durch den Weihrauch‹, dein der Name ›Gesalbter‹.« In seinem kostbaren Wohlgeruch kann der Verstorbene von nun an mit den Göttern in Verbindung treten, sich zu ihrem Reich hin verhauchen und sich mit ihren edlen Düften vermischen:

»Hier kommt dein Duft, N, in Gestalt des Weihrauchs,
Hier kommt euer Duft zu N, ihr Götter!
Hier kommt N's Duft zu euch, ihr Götter!
Möge N bei euch sein, ihr Götter, möget ihr bei N sein!
Möge N bei euch leben, ihr Götter, möget ihr mit N zusammenleben!
Möge N euch lieben, ihr Götter. Liebt ihn, ihr Götter!« [14]

Mit Blut und Duftstoffen, »Spezereien«, wird auch der Bund zwischen Jahwe und seinem Volk geschlossen. Der besondere Charakter dieser Beziehung wird vor allem durch das »Blut des Bundes« und das »heilige Salböl« unterstrichen. In der hebräischen Religion erscheinen diese beiden vermittelnden Substanzen, die strengen Verboten und Vorschriften unterliegen, bei vielen Anlässen als miteinander verbunden.

Das heilige Salböl, das die Priester Gott darbringen, ist verschieden von den profanen Duftmischungen. Die Formel ist Moses offenbart worden: »Nimm dir wohlriechende Spezereien, nämlich Staktetropfen, Räucherklaue und Galbanum und reinen Weihrauch, alles zu gleichen Teilen, und bereite hieraus ein Räucherwerk in würziger Mischung, nach Art des Salbenmischers mit Salz gemengt, rein und heilig.« [15] Es soll auf dem Räucher-Altar brennen, der ebenfalls nach göttlichen Anweisungen zu verfertigen ist. Das heilige Salböl – mit dem das Offenbarungszelt, die Bundeslade, die Altäre und alle Kultgegenstände gesalbt und Aaron und seine Söhne von Generation zu Generation zu Priestern geweiht werden – ist also »eine würzige Mischung, wie sie der Salbenmischer macht«. Strenge Regeln unterstreichen die Bedeutung dieser Duftmischungen im Gottesdienst. Sie werden von Priestern zubereitet und sind Jahwe allein vorbehalten. Auf ihre Nachahmung oder Verwendung zu profanen Zwecken steht die Todesstrafe. Nur die Priester aus Aarons Geschlecht dürfen es darbringen, wie das Schicksal des Korach und seiner Anhänger bezeugt, die Moses' feierliche Mahnung mißachtet hatten.[16]

Das Blut ist das ursprüngliche Prinzip des Bundes zwischen Gott und seinem Volk. Dies ist der Blutsbund des Alten Testaments [17], der im Neuen Testament [18] bekräftigt wird. Er wird ständig erneuert und fortgesetzt durch die Sitte der Beschneidung: »Im Alter von acht Tagen soll bei euch in euren Geschlechtern alles Männliche beschnitten werden, der Hausgeborene und der für Gold von einem Fremden Gekaufte, der nicht von dir abstammt ... Mein Bund an eurem Fleische soll ein ewiger Bund sein!«[19] Wie bei den Opfern mit dem Blut der Tiere zu verfahren ist, wird genau angegeben. Es wird auf den Altar versprengt, auf die Körper der Opfertiere und dann auch auf die Gläubigen und die Priester. Die Blutopfer haben zwei Funktionen: zu reinigen und zu Gott zu sprechen. Zunächst erlauben sie die Entsühnung und Reinigung der Opfernden: »Denn das Leben des Leibes ist im Blut; ich habe es euch verliehen für den Altar, daß man euch damit Sühne verschaffe; das Blut nämlich erwirkt durch die Seele, die in ihm lebt, Sühne.«[20]

Der Vorgang der Entsühnung geschieht durch Vermittlung eines Priesters, der entweder das Blut der zu reinigenden Person (in Wirklichkeit das eines Tieres) zum Altar bringt oder an dieser Person eine Salbung mit Blut vornimmt. Im ersten Falle wird die von dem Blut getragene Seele beim Berühren des Altars ihrer Unreinheiten ledig; im zweiten Falle nimmt das Salbungsblut die Unreinheiten aus der Seele des Sünders in sich auf.[21] Diese Opfergaben mußten unbedingt dargebracht werden, bevor das Opfertier auf dem Altar verbrannte, sonst konnte das Sühneopfer von Gott nicht günstig aufgenommen werden.[22]

Die Auffassung, daß das Blut das Leben, der Träger der Seele ist, beherrscht nicht nur die Reinigungsriten, sondern auch die anderen Verbote und Gebote. Der Genuß von Blut ist verboten; Ezechiel nennt ihn unter den Sünden, die zur Zerstörung von Jerusalem geführt haben.[23] Im fünften Buch Moses wird der Genuß von Blut verurteilt[24] und im dritten mit der Todesstrafe bedroht: »Gegen jeden vom Hause Israel und von den Fremden in seiner Mitte, der irgendwie Blut genießt, richte ich mein Antlitz und vertilge ihn aus seinem Volk. Denn das Leben des Leibes ist im Blut ...«[25] Außerdem muß das geopferte Tier fehlerlos sein[26], und der Priester, der es berührt, darf kein körperliches Gebrechen haben.[27] Nur wenn alle diese Bedingungen erfüllt sind, wird der Geruch des Opfers Gott wohlgefällig sein.

Es ist im Lande Moria (»mor« bedeutet im Hebräischen Duft), wo Abraham sich anschickt, Gott seinen einzigen Sohn zu opfern. An zahlreichen Stellen in der Bibel wird eine enge Beziehung zwischen den Düften und dem Blut hergestellt. In dem Bericht von der Weihung Aarons und seiner Söhne sehen wir Moses sie mit dem Salböl und mit dem Blut der Opfertiere besprengen: »Schlachte den Widder, nimm von seinem Blut und streiche davon an das rechte Ohrläppchen Aarons und seiner Söhne ... Nimm auch von dem Blut auf dem Altar und von dem Salböl und besprenge damit Aaron und seine Gewänder und auch seine Söhne und deren Gewänder. Er und seine Gewänder sollen geweiht sein und mit ihm auch seine Söhne und deren Gewänder.« [28] Dieselbe Konstellation findet man auch beim »Hattat«-Opfer, das für den Fall vorgeschrieben ist, daß ein Jude versehentlich eines von Jahwes Geboten verletzt hat.[29] Ebenso ist bemerkenswert, daß bei der Weihe des Altars für das Sühneopfer eine Salbung mit duftendem Öl vorgeschrieben wird, während bei der jährlichen Reinigung des Räucheraltars, der keinerlei Sühneopfer empfangen konnte, eine Salbung mit Blut stattfindet.[30]

## *Das »kostbare Naß« und der Kopal*

Die größte Rolle spielen menschliche Blutopfer in der Religion der Azteken. Diese Sitte wurzelt in einer Theorie über die Entstehung des Alls, in der Blutopfer für den Lauf der Welt unentbehrlich sind. Zu Anfang war Finsternis. Um die Welt zu erhellen, vereinten sich die Götter, und zwei von ihnen stürzten sich in ein Feuer, woraus Sonne und Mond hervorgingen. Aber nachdem sie sich über den Horizont erhoben hatten, blieben die beiden Gestirne unbeweglich dort stehen. Besorgt schickten die Götter einen Boten zur Sonne, um nach den Gründen ihrer Trägheit zu fragen. Um Leben zu erlangen und seine Bahn fortsetzen zu können, brauche er, antwortete der Sonnengott, das Blut der anderen Götter. Da beschlossen sie alle, sich zu opfern und mit ihrem Blut Sonne und Mond zu nähren.

Im Ritus der Menschenopfer wird dieses ursprüngliche göttliche Opfer nachvollzogen. In den Bildern und Skulpturen der Azteken wird die Sonne oft durch einen Adler dargestellt, der ein blutendes Herz in den Klauen hält. Unablässig muß der gewaltige Blutdurst dieses Raubvogels gestillt werden, damit die Welt nicht wieder in die Urfinsternis zurücksinkt.

Das Herausreißen des Herzens, wobei eine starke Ausblutung hervorgerufen wird, erscheint nach diesem System als musterhaft.[31] Das Opfer stieg die Treppe zum höchsten Punkt des Tempels hinauf. Dort wurde es von den Priestern gepackt und auf den Opferstein gelegt, der leicht gerundet war, damit die Brust des Opfers hervortrat. Während vier Priester das Opfer an Kopf und Gliedern festhielten, öffnete ihm der Oberpriester mit einem Steinmesser die Brust, griff mit der Hand hinein und riß das Herz heraus. Er bot es der Sonne dar und legte es dann in ein Zeremonialgefäß. Ein anderer Priester steckte nun ein Schilfrohr in die Wunde, zapfte reichlich Blut ab und begoß damit den Körper des Geopferten. Dann wurde die noch warme Leiche von der Spitze der Pyramide hinabgeworfen und rollte die Treppen hinunter.[32]

Auch in den anderen Riten der Priester spielt Blut eine Rolle. Sahagun zufolge unterbrachen sie ihren Schlaf auf ein Hornsignal und fügten sich mit kleinen Obsidianmessern Schnitte in den Ohren zu; dann stießen sie sich Maguey-Dornen in die Wunden, und die Stärke der Blutung bei jedem galt als Ausdruck seiner Frömmigkeit.

Aber auch Duftstoffe nehmen in den Riten einen wichtigen Platz ein. Verwendet wurde ein weißes aromatisches Harz: der Kopal. Die Priester verbrannten es Tag und Nacht in den Tempeln: in langstieligen Terracotta-Töpfen, die mit Skulpturen und Schellen besetzt waren. Das Volk beräucherte morgens und abends zahlreiche Götterbilder, die in den Häusern und Höfen standen. Diese Beräucherungen gehörten übrigens nicht zur Religionsausübung im engeren Sinne. Auch die Richter verbrannten zum Beispiel vor ihren Arbeiten Kopal, um die Götter zu ehren und ihren Schutz zu erflehen.

Die Vereinigung von Blut und Duftstoffen ist vor allem in den religiösen Zeremonien offenbar eng, aber auch bei anderen feierlichen Anlässen. Der Krieg, der mit den Gefangenen die meisten Kultopfer liefert, heißt »xochiyaoyotl«, »der blumige Krieg«. Bei Nachtwachen vor der Opferung atmen die Verurteilten berauschende Kräuterdüfte ein, und wer der Maisgöttin Xilonen geopfert wird, bringt vorher an vier symbolischen Stellen des aztekischen Kalenders Räucheropfer dar. Immer wieder wird die Verbindung von Blut und Düften bei diesen Opferungen augenfällig: »Als die Satrapen sich zu der Göttin Xilonen begaben, breiteten sie Weihrauch über ihre Schritte ... Man ließ die Frau bis zur Spitze des Tempels hinaufsteigen. Dort nahm einer der Satrapen sie rücklings auf seinen Rücken; ein anderer kam hinzu und schnitt ihr den Kopf ab. Gleich darauf öffnete er ihr die Brust, riß ihr das Herz heraus und warf es in eine Schale ...« [33] Mit Blumengirlanden geschmückt und mit »Kränzen von jenem duftenden Gras, das ›iztauhyatl‹ heißt und dem kastilischen Weihrauch ähnlich ist« [34], geht die Frau, die der »Uixtociuatl«, der Göttin des Salzes, geopfert werden soll, in den Tod. Diejenigen, deren Amt es war, die Opfer in die Glut zu werfen, bestreuten ihnen vorher das Gesicht reichlich mit Weihrauch, den sie in kleinen Beuteln bei sich trugen.[35]

Die Verbundenheit findet auch bei der Zeremonie der Königswahl Ausdruck. Der Erwählte hält in der linken Hand einen Beutel voll Weihrauch, in der rechten eine mit Totenköpfen verzierte Räucherpfanne. Vor den Augen der versammelten Menge steigt er die Stufen zum Tempel des Uitzilopochtli hinauf und beweihräuchert die Statue des Gottes. Dann befolgen seine Ratgeber dasselbe Ritual. Nun gehen der König und seine Minister ins Innere des Gebäudes, um dort Buße zu tun, und zweimal täglich, mittags und um Mitternacht, opfern sie Blut und Weihrauch.

Unter den Überresten des großen Tempels von Tenochtitlan wurden steinerne Messer gefunden, die am Heft eine Kugel von Kopal trugen. Diese seltsamen Gegenstände könnten symbolisch die Konstellation verkörpern, die sich in einander so fremden Traditionen wie denen der Azteken, der Juden und der Ägypter aufweisen läßt. Die Waffe, die das »kostbare Naß« hervorsprudeln läßt, verströmt einen durchdringenden Duft. Blut und Weihrauch scheinen sich ganz selbstverständlich auf denselben Zweck auszurichten: den Zugang zur Gottheit zu finden.

## Der Geruch der Heiligkeit

»Im Geruch der Heiligkeit stehen« oder darin sterben, sind nicht nur abstrakte Ausdrücke. Die hagiographischen Berichte geben ihnen gewöhnlich einen konkreten Gehalt. Demnach hätten manche Heiligen oder Mystiker den Vorzug, zu Lebzeiten oder nach ihrem Tode einen zarten Wohlgeruch abzugeben, der oft als sinnfälliges Anzeichen einer Teilhabe am Übernatürlichen aufgefaßt wird. »Daß der menschliche Leib von Natur aus nicht schlecht riecht«, schreibt Papst Benedikt XIV., »ist möglich, daß er aber gut riecht, das liegt jenseits der Natur ...« Und wenn nun dieser angenehme Geruch, fügt er hinzu, auftrete, »wo keine natürliche Ursache vorhanden ist, die imstande wäre, ihn zu erzeugen, so muß man eine höhere Ursache annehmen und die Tatsache für ein Wunder halten«.[36] Mehr noch als das unverweste Fleisch sei der Wohlgeruch eines Leichnams ein Beweis der Heiligkeit. Collin de Plancys kritisches Wörterbuch der Reliquien und Heiligenbilder berichtet, daß im 13. Jahrhunderte die Überreste einiger von den elftausend jungfräulichen Gefährtinnen der heiligen Ursula in ein Zisterzienserkloster gebracht wurden. Man habe sie in den Chorraum der Kirche gelegt, wo die heiligen Gebeine alsbald einen unerträglichen Geruch abgegeben hätten. Der Abt, eine List des Teufels durchschauend, habe den abscheulichen Geist beschworen, sich zu enthüllen. »Plötzlich sah man ein großes Pferdegebiß mitten unter den Reliquien hervorkommen; man warf es hinaus, und der entsetzliche Gestank, den man bis dahin gerochen hatte, wich einem höchst lieblichen Duft; wofür die Mönche Gott dankten.«[37] Der Kadaver eines Heiligen kann nicht stinken, es sei denn, der Teufel hätte seine Hand im Spiel – »ein Glaubenssatz«, fügt Collin de Plancy mit ein wenig ketzerischer Ironie hinzu, »an dem nur die Gottlosen zweifeln«.

Die Verbindung von Wohlgeruch mit Heiligkeit hat nichts Überraschendes. Der Heilige hat ja ein Vorrecht auf Kontakt mit dem Jenseits und befindet sich schon zu Lebzeiten gewissermaßen in einem Vorzimmer des Paradieses. Nun wird aber dieser Ort traditionell als von erlesenen Düften durchweht dargestellt, eine Auffassung, die unmittelbar aus dem heidnischen Altertum übernommen ist. Der Lethe, der Grenzstrom der Unterwelt, sagt Plutarch, verströme »einen zarten und lieblichen Hauch, der seltsam wollüstige Gerüche herbeitrug und einen ähnlichen Taumel erzeugte, wie ihn der Wein bei denen hervorruft, die der Rausch übermannt. Die Seelen erfüllten sich ganz mit diesen köstlichen Düften, öffneten sich und verbrüderten sich miteinander.« [38] Und Lukian spricht von den duftenden Inseln, wo die Glückseligen in einer goldenen Stadt wohnen, durch die ein Fluß von Myrrhe fließt.[39] Insofern trennt nichts das heidnische von dem christlichen Paradies. Gregor von Tours schildert letzteres als »eine große Wiese, wo unaufhörlich ein herrlicher Duft weht«. Maxime riecht dort »einen unübertrefflichen Ambrosiaduft, der von Blumen, schöner als jeder Frühling, aufsteigt«. Und dem heiligen Salvius ersetzen die Paradiesesdüfte Speise und Trank. Als er auf Gottes Geheiß wieder zur Erde zurückkehren muß, ruft er weinend aus: »Der Duft verläßt mich.« [40]

Als Kontrapunkt zu diesem olfaktorischen Paradies sind Hölle und Fegefeuer, ebenso wie der Hades der Antike natürlich nichts als Gestank und Ersticken. Die brennenden Inseln, wo Blut und Kot fließen, wie sie Lukian schildert, erinnern sonderbar an die Hölle, so wie sie der Zisterzienser Henry de Saltrey im 12. Jahrhundert beschrieben hat. Sein Held, der Ritter Œnus, findet zunächst das Fegefeuer, wo ein stinkender eisiger Fluß fließt und ein Brunnen Flammen speit; dann kommt er in die Hölle, die noch widerlicher ist, erfüllt von Schwefeldämpfen. »Pestilenzgeruch« und »entsetzlicher Gestank« kennzeichnen auch die Höllenvisionen der heiligen Theresa und der heiligen Veronika.[41]

Alle Visionen des Jenseits stimmen also darin überein, als ob von allen Sinnen der Geruchssinn am besten imstande wäre, von Hölle und Paradies einen konkreten Eindruck zu geben.

### *Der Duft der Mystiker*

»Christi Wohlgeruch sind wir vor Gott«, schreibt Paulus im zweiten Brief an die Korinther. In bezug auf viele Heilige und Mystiker kann diese Metapher des Apostels ganz wörtlich verstanden werden. Die Berichte und Zeugnisse schreiben ihnen oft Gerüche zu, meist solche pflanzlichen Charakters. Die hagiographischen Quellen gestatten die Folgerung, daß es nicht nur einen Geruch der Heiligkeit gibt, sondern mehrere, jeder in einer anderen Duftmischung. Bei Lydwyna von Schiedam setzte sich dieser Geruch, Hubert Larcher zufolge, aus sieben Elementen zusammen: Kaneel, Schnittblumen, Ingwer, Gewürznelken, Lilien, Rosen und Veilchen. Der Padre Pio nahm nur sechs Düfte in Anspruch, die hl. Theresa von Aquila vier, Treverus drei, Basilissa zwei. Alle diese Komponenten ergeben bestimmte Duftnoten, wie bei weltlichen Parfüms. Und damit hört die Ähnlichkeit nicht auf. Die heiligen Parfüms machen, wie die weltlichen, mit der Zeit eine Entwicklung und Veränderung durch. In der Sprache der Parfümeure könnte man sagen, die Kopfnoten werden gefolgt von Herz- und dann von Schwanznoten. Im Geruch der Heiligkeit bei Theresa von Avila zum Beispiel wurden nach ihrem Tode die Lilien- und Irisdüfte von Veilchen und Jasmin abgelöst. Auch der Geruch der heiligen Lydwyna wandelte sich ab. Auf Kaneel, Ingwer und Nelken, die Kopfnoten, folgten Rosen, Veilchen und Lilien.

Der Wohlgeruch der Heiligen oder Mystiker wird also als Zeichen ihrer privilegierten Beziehung zum Göttlichen aufgefaßt. Er ist übrigens dazu sowohl Mittel wie Folge. Die Anspannung der Vergeistigung und der Askese lösen den Menschen von seinen tierischen Eigenschaften und folglich auch von den Fäulnisgerüchen. Gleichzeitig gestatten die Sublimierung der organischen Bedürfnisse und die Erhebung der Seele, die sich ganz der anderen Welt entgegenstreckt, die Teilhabe am Duft des Göttlichen. Als ein Gott dargebrachtes Opfer und Gottesgabe zugleich ist der Geruch der Heiligkeit für die gewöhnlichen Sterblichen ein Zeichen der Einzigartigkeit desjenigen, der ihn verströmt. Daß er insbesondere ein Vorrecht von Menschen ist, die dem Fleisch und seinen Gelüsten abgesagt haben, unterstreicht den ersten seiner Aspekte. In gewissem Maße ist es die Opferung seines Körpers, die den Heiligen näher zu Gott bringt, aber statt seines Blutes opfert er den Duft des durch die Buße geheiligten Körpers.

### *Das Blut und der Geruch der Heiligkeit*

Unter einem Gesichtspunkt, den man als idealistisch bezeichnen könnte, drückt der Geruch der Heiligkeit den guten Gesundheitszustand einer Seele aus, der es gelungen ist, den Körper bei ihrem spirituellen Höhenflug mitzunehmen. Görres zufolge entspricht ihm ein Freiwerden von somatischen Bindungen. Der Körper wird dabei »beweglicher, geschmeidiger, fester und stärker«.[42] Diese Auffassung wird die Rationalisten nicht befriedigen, denen andere Erklärungen näher zu liegen scheinen. So wurde manchmal ein Zusammenhang zwischen der Enthaltsamkeit und dem angenehmen Körpergeruch angenommen. Bestimmte Stoffe hätten, wenn sie nicht durch Geschlechtsverkehr freigesetzt würden, eine hemmende Wirkung auf den Stoffwechsel und würden damit die Absonderung dieser Gerüche begünstigen. Aber die wissenschaftliche Kritik hat sich vor allem auf die Fragen der Blutzusammensetzung konzentriert.

Die Hagiographen selbst waren schon in diese Richtung vorangegangen, wenn sie das Phänomen der Heiligkeitsgerüche mit dem des unverwesten Fleisches in Beziehung setzten. Oft treten diese Gerüche nach dem Tod eines Heiligen auf und halten manchmal über sehr lange Zeit an. Dieser Zustand des Unverwestseins hängt nun aber aufs engste damit zusammen, daß sich das Blut nicht zersetzt. Diese Beziehung wird mit Nachdruck in einer Aussage über die hl. Theresa von Avila hervorgehoben. Der

Zeuge, der ihren Leichnam untersucht, bestätigt zunächst »den lieblichen Geruch, der von ihm ausgeht, die Frische und Schönheit des Fleisches, das noch zu leben schien«. Dann wendet er ihm einen klinischeren Blick zu: »Ich begann ihn zu berühren und näher zu betrachten; ich bemerkte bei den Schultern eine Stelle von solcher Farbe, daß ich sie den anderen zeigte, und ich sagte zu ihnen, da sei frisches Blut. Ich legte ein Tuch darauf, das sich sogleich blutig färbte; ich verlangte ein zweites, das sich auf dieselbe Weise tränkte. Die Haut jedoch blieb unversehrt, ohne jedes Zeichen von einem Riß oder einer Wunde. Ich legte mein Gesicht auf die Schulter unserer Heiligen Mutter und bedachte die Größe dieses Wunders, denn schon seit zwölf Jahren war sie tot, und ihr Blut floß noch immer wie das einer Lebendigen.«[43] Es verwundert nicht, daß Positivisten, die nach einer Erklärung für den Geruch der Heiligkeit suchten, sich vor allem auf die Untersuchung des Blutes verlegt haben, eines wissenschaftlich beschreibbaren und beobachtbaren Elements, zumal die Wunden und Stigmata gewöhnlich den Herd dieser Wohlgerüche darstellen.[44]

Ein Zusammenhang zwischen dem Geruch der Heiligkeit und bestimmten Veränderungen in der Zusammensetzung des Blutes ist daher schon oft angenommen worden. Aber diese Veränderungen werden auf sehr unterschiedliche Ursachen zurückgeführt. Manche halten die Ernährung des Asketen für die wichtigste. Ausschließlich vegetarische Kost, durchsetzt mit Fastenzeiten, würde das Blut von den gewöhnlichen Sekreten reinigen und ihm den Pflanzengeruch der aufgenommenen Nahrung verleihen: es enthielte keine oder fast keine Harnstoffe mehr, dafür aber andere Elemente als die von der gewöhnlichen Nahrung zugeführten, und dies, wie bei anders gedüngten Pflanzen, ergäbe einen anderen Geruch ... »Hier entsteht der Geruch nicht mehr aus der Vielzahl der teils flüssigen, teils gasförmigen Sekrete, sondern allein aus den im Blut enthaltenen Gasen.«[45]

Nach Ansicht anderer Mediziner sind diese Veränderungen der Blutzusammensetzung die Folge nervöser Störungen. Angenehmer Körpergeruch konnte in manchen Fällen von Hysterie festgestellt werden. Wieder andere sehen die Ursache in Störungen, die Nahrungsaufnahme und Nervensystem zugleich betreffen. Die Gerüche nach Kaneel, Nelken, Orangen, Ananas, Rosen, Veilchen, Benzoe usw. wären dadurch bedingt, daß im Blut von Alkoholen (Aldehyde, Acetonen) und Äthern abgeleitete aromatische Flüssigkeiten auftreten, wenn die Verbrennungsvorgänge im Körper unvollständig bleiben. Im Normalfall werden alle diese Stoffe verbrannt, das heißt vollständig oxydiert, und ergeben Wasser, Kohlensäure und Harnstoff. Kommt es aber zu einer Verlangsamung in der Ernährung der Gewebe, so werden diese Duftstoffe durch den Atem, den Schweiß und die Haut ausgeschieden: »Störungen der Nahrungsverarbeitung und nervöse Störungen scheinen das Phänomen, das die Hagiographen so erstaunt hat, hinreichend zu erklären, und da die inneren Vorgänge der Ernährung letztlich vom Nervensystem abhängen, das den Stoffwechsel verlangsamt oder beschleunigt, ist der Geruch der Heiligkeit ohne Zweifel fast immer bei Neuropathen festgestellt worden.« [46]

Insbesondere würde das Vorhandensein von Aceton im Blut dem Atem und dem Urin der Kranken jenen angenehmen Geruch verleihen, den die Hagiographen als Zeichen von Heiligkeit auffaßten. Das liebliche Aroma verlöre damit jedes Geheimnis, und die Blumendüfte der heiligen Theresa wären schlicht Symptome von diabetischer Acetonämie.

Eine andere Erklärung, die man als psychosomatisch bezeichnen darf und die vornehmlich von Larcher vertreten wird, versucht in dieses System rein materieller Ursachen eine spirituelle Dimension einzubeziehen. Larcher will rationale und idealistische Gesichtspunkte vereinbaren. Er berücksichtigt das chemische Substrat dieser Gerüche ebenso wie die Störungen des Stoffwechsels, aus denen sie entstehen. Die Abweichungen in der Blutzusammensetzung seien jedoch auf somatische oder pathologische Erscheinungen allein nicht reduzierbar. Das Leben des Mystikers wirke sich durch die tiefgreifenden organischen Veränderungen, die es mit sich bringe, auf Stoffwechsel und Blutzusammensetzung aus. Die Ekstase würde die unvollständige Verbrennung und das Auftreten der neuen Aromastoffe im Blut erklären. Die Alkohole, Äther und Cetone, die durch die verlangsamte Oxydation freiwerden, würden Synthesen mit in den roten Blutkörperchen enthaltenen Stoffen eingehen und dadurch die Abgabe von Pflanzendüften ermöglichen: »Es ist ja gut denkbar, daß das mystische Dasein in manchen Fällen die Verlangsamung des Stoffwechsels und vor allem der Verbrennung von Zucker zur Folge hat, wobei geruchswirksame Verbindungen entstehen.« [47]

Letztlich würde also der auf den Körper einwirkende Geist die Abfolge der Erscheinungen bis hin zum Auftreten der Heiligkeits-Gerüche bestimmen: Die ekstatischen Situationen würden die Verbrennungsvorgänge bremsen, und daraus entstünden Alkohole und andere im Organismus gewöhnlich nicht vorhandene Stoffe, »so daß es der Zustand der Seele wäre, die letztlich über eine Chemie geböte, die sie von manchen somatischen Bindungen befreien und damit ihr Auffliegen erleichtern könnte«.[48]

Die Augenblicke spirituellen Gipfelerlebens würden demnach den gesamten Organismus umwälzen, der, da er nun nicht mehr die gleichen Bedürfnisse hätte, das Blut freiere Synthesen eingehen lassen könnte, in weiterem Abstand zu den körperlichen Bindungen, ästhetischer und wohlriechender. Der Geruch der Heiligkeit käme aus höchst »spirituellen« Gärungen im Blut und hätte daher seine auffälligen Eigenschaften: außerordentliche Lieblichkeit, Stärke, Dauerhaftigkeit und Ausbreitung, abgesehen von den antiseptischen und verwesungshemmenden Eigenschaften.

Larchers These würde auch manche Begleiterscheinungen verständlich machen. Der sich während der Ekstase im Blut verteilende Alkohol hätte mit der »mystischen Trunkenheit« einiges zu tun. Wie manche Drogen den Zugang zu künstlichen Paradiesen gewähren, könnte er die Pforten der Wahrnehmung ins Jenseits öffnen. Diese olfaktorischen Rauschzustände erleuchten vielleicht den Geist, statt ihn zu benebeln, machen Welten sichtbar und spürbar, die den gewöhnlichen Sterblichen verborgen bleiben. Die »Himmelsvisionen«, von denen mehrere unter den Nonnen, die das Sterbebett der hl. Theresa umgaben, übereinstimmend berichteten, könnten mit diesem Prozeß verbunden gewesen sein. »Man muß jedoch bedenken, welchen Einfluß die Moleküle des Geruchs der Heiligkeit – der zu dieser Zeit sehr stark und beinah unerträglich war – möglicherweise auf das Nervensystem und die psychischen Funktionen dieser Nonnen gehabt haben könnten.« [49]

Mit seiner erstaunlichen Kraft und Beharrlichkeit erscheint der Geruch der Heiligkeit als eine Opfergabe, die mehr als jede andere Gott wohlgefällig sein könnte, weil die beiden Grundstoffe jedes Opfers an ihm beteiligt sind: das Blut und der Wohlgeruch.

# 6. Kapitel: Grundstoffe des Lebens

»Die Gerüche allein bereiten schon den Mythen den Boden.«

Gaston Bachelard, *Fragments d'une poétique de feu*

## Blut als Lebenssymbol

Es ist ganz natürlich, daß das Blut seit den ältesten Zeiten als die Essenz des Lebens aufgefaßt worden ist. Wenn das Blut aus dem Körper rinnt, entweicht das Leben mit ihm. »Das Leben des Fleisches ist im Blut«, heißt es im dritten Buch Mose. Man kann logisch folgern, daß dieser »objektive« Gesichtspunkt auch den Gedanken geweckt hat, daß der besondere Saft die Seele oder das Denken in sich berge. Auf die Beschwörung des Totenbuchs: »Sei gegrüßt, Seele in deinem Blut, o Sonne!« [1] antwortet die Behauptung des Empedokles, die Denkkraft sei »das den Menschen ums Herz wallende Blut«.[2]

Diese »Spiritualisierung« des Blutes erklärt die Verbote und Vorschriften, die es vielfach zum Gegenstand haben. Das Alte Testament gebietet kategorisch: »Halte aber streng daran fest, kein Blut zu genießen; denn im Blut ist das Leben, und das Leben sollst du nicht mit dem Fleisch verzehren.« [3]

Für manche Völker befreit das Blutvergießen die Seele, aber die Befreiung kann unheilvolle Folgen haben. Viele Tabus zielen darauf ab, nicht nur den Verzehr, sondern auch den Verlust von Blut möglichst zu vermeiden. Über viele Beispiele dafür hat Frazer berichtet. Die Siamesen richteten königliche Verbrecher durch Zerstampfen mit Mörsern in einem Kessel hin. Die Liste dieser »weißen« Hinrichtungsarten ist lang, und sie finden sich bei vielen Völkern. Damit das Blut des Kapitäns Christian, der 1660 von der Regierung der Insel Man zum Tode befördert wurde, nicht über den Boden spritzte, legte man die Hinrichtungsstätte mit Decken aus. Bei australischen Stämmen wurden die zu beschneidenden Kinder auf eine aus den Körpern lebendiger Männer gebildete Erhöhung gelegt, um zu vermeiden, daß das Blut den Boden berührte. Auf Celebes und den Marquesas wurde aus den gleichen Gründen das Blut der gebärenden Frauen aufgefangen: Eine Sklavin steht unter dem (auf Pfählen ruhenden) Haus und fängt in einer Schale das durch den Bambusfußboden tröpfelnde Blut auf. Bei den Latukas in Zentral-Afrika wird die Erde, auf die bei einer Entbindung Blut gefallen ist, mit einer Schaufel aufgehackt, mit dem zum Waschen der Mutter benutzten Wasser in einen Topf geschüttet und links von dem Hause ziemlich tief vergraben.[4] Die Männer, die man »ramanga« oder »Blaublut« nannte, hatten im Dienst der Adligen bei den Betsileos von Madagaskar die seltsame Pflicht, das Blut ihres Herrn aufzulecken, wenn er sich verletzte, damit der Saft, in dem seine Seele enthalten war, nicht Zauberern in die Hände fiele.

Die Vorstellung vom Blut als dem Träger der Seele war bestimmend auch für die Rache-Rituale der vorislamischen Araber. Die Seele eines Getöteten entwich mit dem vergossenen Blut und war zum Umherirren verurteilt; in ihrem Körper konnte sie nicht zur Ruhe kommen, solange sie das Blut des Mörders nicht getrunken hatte. In einen Vogel namens »hama« verwandelt, schrie sie nach Rache. Der Vollstrecker der Rache mußte jedoch zwei einander widerstreitende Interessen vereinbaren: das Blut des Mörders zu vergießen, aber möglichst wenig davon, damit er nun nicht von dessen Seele verfolgt würde, denn das auf die Erde rinnende Blut verlangte nach Sühne.[5]

## Saft und Blut

Eine urtümliche und augenfällige Äquivalenz besteht zwischen Saft und Blut, weil Saft für das Pflanzenreich dasselbe zu sein scheint wie Blut für das Tierreich. Der Saft tränkt und nährt die Pflanze wie das Blut die tierischen Gewebe. Das Austreten des Saftes aus einer verwundeten Pflanze führt zu deren Absterben. Aber, weit über diese einfache Parallele hinaus, scheinen in der menschlichen Vorstellungskraft schon sehr früh zwischen Blut und Saft überaus vielfältige Bedeutungen sich überlagert zu haben. In prähistorischer Zeit schon war der Baum Gegenstand eines weit verbreiteten Kultes. Als Subsistenzmittel, als nährender oder schützender Baum, ist er eine Gottheit oder Wohnung einer Gottheit. Daher ist der Saft nicht nur das Lebensprinzip der Pflanze, er ist auch Blut, und zwar insbesondere weibliches Blut. Darum wurde das Harz der Akazie als Menstruationsblut der diesen Baum bewohnenden Göttin aufgefaßt.[6] Diesem Saft-Blut wurde befruchtende Kraft zugeschrieben, denn die Monatsblutung galt in frühester Zeit nicht als unrein, sondern im Gegenteil als das reine Blut, das alle Geheimnisse des Lebens in sich birgt.[7] Als Träger dunkler Zeugungskräfte wurden Saft und Blut beide als Quellen des Lebens aufgefaßt.

Die engen Beziehungen zwischen diesen beiden Stoffen haben offenbar zu einer echten Identifikation geführt, wie man aus vielen Sitten und Überzeugungen primitiver Völker entnehmen kann. Wenn bei den Basoga in Zentralafrika ein Mann einen Baum fällen wollte, legte er nach dem ersten Axthieb den Mund an die Einkerbung und sog etwas von dem Saft heraus. Das auf diese Weise geschlossene Bündnis war vergleichbar der Besiegelung verwandtschaftlicher Bande durch wechselseitiges Bluttrinken. Der Holzfäller schloß einen Pakt mit dem Baum, der es dem Blutsbruder nun nicht mehr übelnehmen konnte, daß er ihn fällte. Der Anthropomorphismus kann noch weiter gehen. Die Annäherung zwischen Saft und Blut setzt sich fort in der zwischen dem Baumstamm und dem menschlichen Körper. Ein gutes Beispiel ist die grausame Strafe, mit der die alten Germanen jemanden bedachten, der beim Abschälen der Rinde von einem lebenden Baum ertappt wurde. Der Schuldige mußte für den fehlenden Teil menschlichen Ersatz leisten: man schnitt ihm den Bauchnabel heraus und nagelte ihn auf die entblößte Stelle. Dann wurde er um den Baum herumgejagt, so daß seine Eingeweide sich um ihn umwickelten.[8] Frazer berichtet, bis 1859 habe in Nauders in Tirol eine heilige Lärche gestanden, die bei jedem Einschnitt blutete. Der Volksglaube besagte, daß das Eisen in den Leib des Baumschänders ebenso tief eindringe wie in den Baum und daß die Wunde des Mannes sich nicht schließen werde, solange die Kerbe im Baumstamm nicht vernarbt sei.

Spricht eine so weitgehende wechselseitige Durchdringung von Pflanzlichem und Menschlichem nicht für die fundamentale Einheit des »belebten Baumes« mit der »Fleischpflanze«, wobei das Saft-Blut, das in ihnen fließt, je nachdem die Seele eines Menschen oder eines Gottes tragen kann? Blut und Saft stellen nicht zwei verschiedene Lebensformen dar, sondern ein einziges Lebensprinzip, dessen untergründige Existenz die Bräuche, Überzeugungen und Mythen der Primitiven erraten lassen. Aber hier stellt sich doch die Frage: Ist eine solche Interpretation überhaupt vertretbar? Insbesondere was die Deutung von Mythen angeht, haben die Arbeiten von Georges Dumézil, Claude Lévi-Strauss, Jean-Pierre Vernant und Marcel Detienne die klassische Methode globaler Komparatistik, wie sie Frazer anwandte, zugunsten einer differenzierenden Interpretation aufgegeben, die jeden Mythos innerhalb seines kulturellen Kontextes betrachtet. Ist damit nicht jeder Gedanke an eine universale Symbolik unwiderruflich verworfen? Aber es geht uns ja hier nicht darum, diesen oder jenen Mythos zu enträtseln, indem wir ähnliche Helden oder Götter von anderswoher heranziehen. Es geht nur darum, in den mythischen Berichten eine elementare Bedeutungsnachbarschaft zu erkennen, der zahlreiche rituelle Bräuche mit der Verbindung von Blut und Weihrauch schon eine schwer bestreitbare Universalität verleihen.

Oft ist dem Blut die Fähigkeit zugeschrieben worden, auch pflanzliches Leben zu erzeugen. Der Beispiele sind viele, und sie zeigen, daß das Blut dabei auf direktem oder indirektem Wege in die Pflanze eingehen kann; indirekt, wenn das Blut mit dem befruchtenden Regen verglichen wird, der die ausgedörrte Erde benetzt; direkt, wenn Blumen oder Bäume von vornherein aus dem vergossenen Blut hervorwachsen.

Die Beziehung des Blutes zum Regen wird manchmal symbolisch ausgedrückt. Dies findet man sowohl in manchen östlichen Traditionen, zum Beispiel im alten Kambodscha oder in China, wie in der christlichen Symbolik. Eine chinesische Sage berichtet, daß ein Regen von Blut herniederging, als Cheou-Sin Pfeile in den obersten Himmel hinaufschoß.[9] Und in der Liturgie zum »Fest des kostbaren Blutes« heißt es: »Die wundersame Gewalt der Liebe hat das Universum in Blut gewaschen. Durchtränkt von diesem heilsamen Regen, hat die glückliche Erde, wo bis dahin nur Dornen wucherten, Blumen aufwachsen lassen, und der Wermut hat den Geschmack des Nektars gewonnen.«[10] Zahlreich sind auch die Riten, bei denen Blut als vermittelndes Agens dient, das den Regen herbeiführt. Beispiele hierfür finden sich in bestimmten Bräuchen Indonesiens, Australiens und Afrikas ebenso wie in den Opferriten des vorkolumbianischen Amerika.[11]

Noch deutlicher tritt die Beziehung des Blutes zur Pflanzenwelt in denjenigen Vorstellungen zu Tage, denen zufolge die Pflanze unmittelbar aus vergossenem Blut sprießt. Hierfür finden sich besonders viele Beispiele in der ägyptischen Überlieferung. Aus einem Nasenbluten des Gottes Seth erwachsen Zedern, aus dem Blut der niedergemachten Aufrührer, der Feinde Res, geht der Weinstock hervor; in der »Geschichte von den zwei Brüdern« sprießen zwei Pfirsichbäume aus einem geopferten Stier.[12] Aber noch einige andere Zivilisationen haben ähnliche Motive aufgenommen: Das Blut, und zwar meistens das der Götter, manchmal aber auch von Menschen oder Tieren, läßt die Pflanze wachsen. Mitte des Sommers findet man auf Wiesen eine kleine rote Blume, Adonis aestivalis, in Frankreich auch »Adonisblut« genannt. Sie bezeugt ein Stück des berühmten griechischen Mythos von Adonis, aus dessen Blut, als ihn ein Eber zu Tode verwundet hatte, die roten Anemonen hervorwuchsen. Aus dem Blut des Ajax erblühte eine purpurrote Hyazinthe, »mit zwei Schriftzeichen, die Buchstaben A und Y darstellend, auf einem ihrer Blätter, als Zeugnis des Schmerzes, den er empfand, als er sich selbst tötete«.[13] Nicht weniger blutigen Ursprungs ist der Drachenbaum, der für seinen roten Saft berühmt ist: »Aus dem Blut, welches der Drache aus den Adern von Elefanten gesogen hat, um durch seine Kühle die Glut zu löschen, die ihm die Eingeweide versengt, und welches Blut er wieder erbricht, wenn ihm ein Elefant begegnet und er ihn zermalmt, wie Plinius berichtet, ersteht und wächst auf den Kanarischen Inseln ... der Baum, dessen Harz Sanguis draconis heißt [und dessen] Frucht so deutlich die Gestalt eines Drachens aufweist, daß man sagen möchte, sie sei von einem Maler gebildet worden.« [14] Die christliche Symbolik hat eine ganze Ikonographie entwickelt, in der unter den Wunden des Gekreuzigten Rosen erblühen. Eine enge Beziehung zwischen dem Blut und der Blume findet sich auch in der aztekischen Religion: Die Opferwerkzeuge wie Stein- und Obsidianmesser und die Gefäße für die Menschenherzen sind mit Blumen verziert. Die Geopferten werden als »beblümte Tote« bezeichnet, und die piktographischen Manuskripte stellen oft die blumengesäumten Blutbäche dar, die aus ihrer Brust fließen.[15]

Der schlechte Ruf mancher Pflanzen wie des Alrauns und des Eppichs hat seinen fernen Ursprung in ihrer blutigen Vorgeschichte. »Die Versammlung der Hexen«, ein Bild des Malers Frans Francken aus Anvers, zeigt den Fortbestand eines bis in die Antike zurückreichenden Aberglaubens im 17. Jahrhundert. In einem Pfahl, unter dem sich der Hexensabbat abspielt, steckt ein Messer, von dem Blut herabtropft. Das Blutrinnsal bildet langsam die gezackten Konturen eines Eppichblattes. Dieses Kraut soll aus dem Blut unschuldig Hingerichteter erwachsen sein und ihre Seele enthalten. Das von einer sehr starken Emotion aufgewühlte Blut des Opfers übertrug seine geballte Energie dem Pflanzensaft, der an seine Stelle trat. Der Glaube, daß durch eine Übertragung des Blutes die Seele des Verurteilten in die Pflanze eingegangen sei, ist sicherlich der Grund für die Verbote, die gegen sie verhängt wurden: »Die griechischen Ärzte verboten den Gebrauch von Eppich als Fleischgewürz, denn es hieß, er würde einen epileptischen Anfall auslösen. Da die Epilepsie bis ins 17. Jahrhundert als eine Besessenheit galt, sind die Gründe dieses Verbots leicht zu verstehen: Die in die Pflanze eingegangene Seele des Toten könnte sich eines Essers bemächtigen.« [16]

Die Hypothese einer fundamentalen Einheit von Saft und Blut in den Überzeugungen der alten Völker wird gestützt, wenn es möglich ist, nach dem Aufweis einer häufigen Verbindung in der Abfolge Blut-Saft einen ebensolchen Nachweis für das Auftreten der Abfolge Saft-Blut zu erbringen. In der Tat findet sich dieses umgekehrte Verhältnis mit gleicher Häufigkeit. Beispiele sehen wir in so verschiedenen Kulturen wie der ural-altaischen und der samoanischen. Nach der Überlieferung der Jurak wurde die Sintflut durch den Sturz einer Birke ausgelöst, die im Niederbrechen ihr Blut vergoß.[17] In den samoanischen Legenden ist von blutenden Bäumen die Rede.[18] So auch in der von dem Wäldchen, das niemand abzuholzen wagte: »Eines Tages versuchten Fremde sie niederzulegen, aber das Blut spritzte von den Bäumen, und die Schänder wurden krank und starben.« [18]

Wenn man jedoch nur ein Beispiel für dieses Eingehen des Saftes ins Blut geben dürfte, so müßte es zweifellos das folgende sein, ein außergewöhnlicher Mythos der Maya aus dem *Popol-Vuh* oder »Buch des Rates«, das um die Mitte des 16. Jahrhunderts in der Quiché-Sprache verfaßt wurde.[19] Die »Meister der Zauberei«, von den Gottheiten von Xibalda, dem »Ort des Verschwindens und Vergehens«, zum Federballspiel herausgefordert, steigen in diese unterirdische Welt hinab, wo sie durch Verrat den Tod finden. Der Kopf des obersten Zauberers wird in einen bis dahin unfruchtbaren Baum gehängt, der daraufhin Früchte trägt. Der Baum wird sogleich mit Tabus belegt: Es ist verboten, seine Früchte zu kochen oder sich ihm auch nur zu nähern. »Von da an war der Kopf des Zauberers nicht mehr zu sehen; er wurde eins mit den Früchten des Baumes, den man den Kalebassenbaum nannte.«

Nun beschließt aber eine Jungfrau namens »Blut«, die Tochter eines Xibalda-Häuptlings namens »Sammle-Blut«, die Verbote zu mißachten. Diese Maya-Eva begibt sich zu dem Baum und fragt, ob es ihr Verderben bringen würde, wenn sie die Früchte kochte. Plötzlich beginnt der Kopf des obersten Zauberers zu ihr zu sprechen: »Was willst du? Diese runden Kugeln in den Zweigen des Baumes sind nur Gebeine. Willst du sie immer noch?« Das Mädchen will. »Gut, dann streck nur die Hand aus.« Sie tut es. Da spuckt ihr der Totenkopf kräftig in die Hand;

als sie aber neugierig die Hand betrachtet, ist der Speichel nicht mehr da. »Mit diesem Speichel, diesem Schleim, habe ich dir mein Nachleben geschenkt«, sagt die Stimme aus dem Baum.

Nach einigen Monaten ist das Mädchen Blut schwanger und wird wegen Unzucht angeklagt. Als sie den Namen ihres Geliebten preisgeben soll, sagt sie, sie habe noch keinen Mann gekannt. Die Xibalda-Häuptlinge »Höchster Tod«, »Vornehmster Tod« und ihr Vater »Sammle-Blut« halten Rat und beschließen, sie zu opfern. Sie befehlen, ihr das Herz herauszureißen und es in einer Schale herbeizubringen. Auf dem Weg zur Opferung gelingt es Blut jedoch, die Vollstrecker von ihrer Unschuld zu überzeugen. Sie sind bereit, sie zu verschonen, fragen sich aber, was sie anstelle ihres Herzens in die Schale legen sollen. Da weist Blut sie an, einen Einschnitt in die Rinde des Drachenbaumes zu machen und den Saft in einer Schale aufzufangen. »Da formte das Blut, der Saft des roten Baumes, sich zu einer Kugel. Wie Blut aussehend lag es rötlich glänzend als Kugel in der Schale.« Während das Mädchen zur Oberfläche der Erde entflieht, berichten die Vollstrecker den Häuptlingen der Xibalda von der Erfüllung ihres Auftrags. »Ist er erfüllt? fragte ›Höchster Tod‹. – Erfüllt, o Häuptling. Seht das Herz in der Schale. – Sehr gut, laßt mich sehen, sagte ›Höchster Tod‹. Dann hob er die Schale hoch. Der rötliche Saft floß wie Blut. – Schürt das Feuer. Tut dies ins Feuer, sagte ›Höchster Tod‹. Nachdem man es ins Feuer gelegt hatte, begannen die Xibalda den Geruch zu spüren; alle wurden allmählich benommen, denn wahrhaft lieblich war der Duft, der ihnen aus dem Rauch des Blutes in die Nase stieg.«

Was in dieser Geschichte sofort auffällt, ist die wichtige Rolle zweier Bäume, des Kalebassenbaums und des Drachenbaums. Der Kalebassen-(oder Flaschenkürbis-)Baum erscheint als magischer Baum, als Baum der Erkenntnis oder Baum von Leben und Tod. Trotz des Verbotes, das über sie verhängt ist, oder vielleicht auch *wegen* des Verbotes, gelten die Früchte des Kalebassenbaumes als köstlich. Das junge Mädchen fühlt sich von diesem Baum, der den Xibalda offenbar viel Gesprächsstoff bietet, unwiderstehlich angezogen. Durch die Tabuverletzung erlangt sie nicht sinnliches

Glück, sondern Kenntnis von Geheimnissen. Die Schädelfrucht, die ihr in die Hand spuckt, schwängert sie nicht nur, sondern gewährt ihr auch Wissen und Straffreiheit, so daß sie die unterirdische Welt ohne den obligatorischen Durchgang durch den Tod verlassen kann. »Steig nun zur Erde auf, ohne zu sterben. Möge mein Wort in dich eindringen.« Für die Jungfrau, die gewagt hat, sich ihm zu nähern, erweist sich der Todesbaum als Lebensbaum, sogar in doppelter Hinsicht: zunächst, indem er sie befruchtet – sie gebiert später zwei Kinder -; dann, weil er ihr das Privileg gewährt, in die andere Welt hinüberzugehen, ohne zu sterben.

Als magisch erscheint auch der Drachenbaum. Der Saft, der in die Schale rinnt, nimmt die Form eines menschlichen Herzens an, und als »Höchster Tod«, der vielleicht mißtrauisch ist, es näher ansehen möchte, da täuscht ihn der Saft vollkommen, weil er »wie Blut fließt«. Wenn das »Herz« schließlich ins Feuer geworfen wird, steigt ein köstlicher und berauschender Duft davon auf, der die Xibalda-Häuptlinge benommen macht, so daß die Opferpriester, die dem Mädchen geholfen haben, mit ihm zusammen auf die Oberfläche der Erde fliehen können.

Die Rollen, die der Kalebassen- und der Drachenbaum in diesem Mythos jeweils spielen, bringen auf getrennten, aber konvergierenden Wegen zum Ausdruck, wie sich der Übergang vom Saft zum Blut vollzieht. Daß das junge Mädchen durch den Speichel in ihrer Hand magisch geschwängert wird, ist von naheliegender symbolischer Bedeutung: Der Speichel stellt die Samenflüssigkeit dar. Aber zugleich, weil er ja aus der Kürbis- oder Schädelfrucht kommt, ist er Pflanzensaft. Der Übergang ins Blut geschieht zwar indirekt, aber deshalb nicht minder wirksam. Zwei Kinder werden so gezeugt, zwei Wesen aus Fleisch und Blut, die später die ungerechten Häuptlinge der Xibalda bestrafen werden. Der Saft des Drachenbaumes macht dagegen eine direkte Verwandlung durch. »Weil er dem Blut ähnlich ist und als Ersatz für Blut ausgetreten« und aus dem eingekerbten Stamm in die Schale geflossen ist, rettet der Saft dem Mädchen das Leben.

So liefert dieser Maya-Mythos eine zweifache Illustration zu der Umwandlungsfolge von Saft zu Blut, die den zweiten Teil unserer Gleichung bildet. Übrigens ist auch eine vollständigere Interpretation möglich, die den ersten Teil der Gleichung, nämlich die Umwandlung von Blut zu Saft, ebenfalls enthielte. Der Kalebassenbaum trägt deshalb eine magische Frucht mit zeugungsfähigem Saft, weil der blutige Kopf des Zauberers in seine Zweige gehängt worden ist und weil der Geist des Getöteten sich in dem Baum verkörpert hat. Die letzte Verwandlung: das aus dem Drachenbaum geflossene Herz brennt und erzeugt einen stark riechenden Rauch. So tritt in dem Zyklus von Blut und Saft ein weiteres Element auf: der Duft.

## Der Zyklus von Blut und Weihrauch

Die letzte Episode dieser Geschichte scheint nicht nur für eine Verbindung zwischen Blut und Saft, sondern für eine noch engere Verbindung zwischen dem Blut und ganz bestimmten Säften, solchen mit aromatischen Eigenschaften zu sprechen. Wären diese nun in besonderer Weise berufen, die primäre Äquivalenz der Lebensformen von Pflanzen und Tieren sinnfällig zu machen? Unsere Untersuchung der Beziehungen zwischen Blut und Weihrauch hat schon manche Ergebnisse erbracht, die eine solche Hypothese stützen. In den Mythologien scheint ja oft die Herkunft der Götter mit Pflanzen verbunden, die durch ihr Harz, ihr Holz oder ihre Blüten einen Duft abgeben.

Es ist nicht gleichgültig, daß Adonis aus dem Myrrhenbaum und Ammon-Re wie Brahma aus dem Lotus erwachsen sind oder daß, umgekehrt, der Lotus aus der Brust Wischnus und die Rose aus der Brust der Erdgöttin Gäa entsprungen sind und daß der Weihrauch nach Ansicht der alten Ägypter der »Schweiß der Götter« war. Zwischen dem Göttlichen und den Duftstoffen, vor allem den Salbölen, besteht eine besonders enge Beziehung. Wenn man jeden Saft als Symbol für den Urstoff des Lebens hat auffassen können, sollte dann nicht der wohlriechende Saft die zusätzliche Eigenschaft aufweisen, die nötig ist, daß man ihm einen göttlichen Charakter zuschreibt? Ein Aspekt dieses Verhältnisses zum Göttlichen ist von W. Robertson Smith herausgearbeitet worden, der annimmt, daß die Verwendung von Weihrauch zu sakralen Zwecken mit der Vorstellung verbunden war, er sei das Blut einer belebten und göttlichen Pflanze.[20] Es ist aber wohl billig, daß man die in dieser These behauptete Ordnung der Faktoren auch umkehren kann. Wahrscheinlich ist es der Duft des Weihrauchs, um dessentwillen der Baum, der ihn erzeugt, sakralisiert wurde. Die aromatischen Harze und später die durch Zermahlen von Blütenblättern oder Fasern gewonnenen Duftstoffe müssen den Anschein erweckt haben, sie prägten den jeweiligen Pflanzen das Siegel des Übernatürlichen auf.

Weihrauch ist wie jeder Pflanzensaft Träger des Lebens, wegen seiner Geruchseigenschaften aber neben dem Blut das vollkommenste Symbol. Daraus erklären sich seine große Bedeutung bei Kulthandlungen, seine Allgegenwart in den Beziehungen der Menschen zu den Göttern und bei feierlichen Vereinbarungen. Wenn er schon sehr früh bei Opfern oder Schwüren manchmal das Blut ersetzt hat, so deshalb, weil er wie auch das Blut dasjenige repräsentiert, was der kostbarste Besitz der Menschen ist, den sie den Göttern selber verdanken: das Leben. Die Verbindung des Weihrauchs mit dem Blut und seine Fähigkeit, es zu ersetzen, sind nur Folge einer Gleichung, die auf eine fundamentale Einheit verweist.

# Vierter Teil

## *Die Nase der Philosophen*

»Annaïk Labornez war ein dickes, rosiges Pummelchen. Ihre Augen und ihr Mund waren winzig, die Nase so klein, daß man sie kaum sehen konnte. Das bekümmerte ihre Eltern, die jeden Tag das arme kleine Näschen maßen. ›Da wächst nichts‹, sagten sie. ›Was für ein Unglück! Das ganze Land wird über uns lachen!‹ Und tatsächlich ist man in Schnepfenkirchen überzeugt, die Intelligenz erkenne man in der Länge der Nase. Diese bizarre Meinung kommt sicherlich daher, daß man in dem kleinen Nest während der Badesaison einen großen Gelehrten sehen kann, der Mitglied ungezählter Akademien ist und einen mächtigen Erker im Gesicht trägt.«

Caumery, *L'Enfance de Bécassine*

Diese vergleichende Studie darüber, wie der Geruchssinn und die Gerüche in der Vergangenheit angesehen wurden und wie sie heute aufgefaßt werden, kann sich nicht davon dispensieren, auch die Philosophen zu befragen, denn jahrhundertelang waren sie ja zugleich Gelehrte, die über die Wissenschaft ihrer Zeit nachdachten. Eine solche Befragung ist um so legitimer, als sie von einem Zweifel begleitet wird: Haben die Philosophen überhaupt eine Nase? Wenn man Nietzsche oder Michel Serres glauben darf, begegneten sie dem Olfaktorischen voller Verachtung. Sind solche Anschuldigungen begründet? Sind Geruch und Geruchssinn wirklich infolgedessen allgemein in Mißkredit geraten? Wenn ja, welchen Umfang und welche Gründe hatte diese Disqualifizierung? Danach werden wir fragen müssen, natürlich ohne den Ehrgeiz, das gesamte Feld der abendländischen Philosophie abzugrasen, sondern anhand von Texten, die wegen ihres exemplarischen Werts ausgewählt wurden.

# 7. Kapitel: Die ambivalente Einschätzung des Geruchs in der griechischen und römischen Philosophie

Das bescheidenste unserer Sinnesorgane ist für Aristoteles die Nase, die dem Geruchssinn der Tiere weit unterlegen ist.[1] Dieser Meinung ist auch Theophrast: Jedes Tier, jede Pflanze und sogar manche unbelebten Dinge hätten einen eigentümlichen Geruch, den wir nicht immer bemerken könnten, während die Tiere dafür empfänglich seien. Zum Beispiel sei Mäusegerste, obwohl anscheinend geruchlos, für die Stute so widerwärtig, daß sie nicht davon fressen wolle.[2] Diese Schwäche unseres Geruchssinns ist offenbar durch drei Faktoren bedingt: die Unvollkommenheit unseres Riechorgans, die naturgegebene Flüchtigkeit der Gerüche und der Einfluß der Affekte auf die Geruchswahrnehmung.

Unsere Atemwege haben nicht die richtigen Ausmaße. Platon sagt, unsere »Adern« seien für die Wahrnehmung der Teilchen von Erde und Wasser zu eng, für die von Luft und Feuer zu weit gebildet.[3] Aristoteles macht die Breite der »Kanäle« für die geringe Sinnesschärfe und für die Häufigkeit des Niesens verantwortlich.[4]

Für Platon ist der Geruch »zwitterhaft«: Er geht von Körpern aus, die in einem Übergangszustand begriffen und daher unstet sind, und das macht seine Wahrnehmung so schwierig. Für Aristoteles erbringt der Geruchssinn nur schwer analysierbare Eindrücke.[5] Er hat eine Mittelstellung unter den Sinnen, zwischen den »Fern«-Sinnen Gesicht und Gehör, die ihren Gegenstand durch einen vermittelnden Stoff hindurch erfassen, und den »Tast«-Sinnen, Berühren und Schmecken, die ihn leiblich erfassen oder in den Leib des Subjekts aufnehmen. Daher nehme er zwei verschiedene Arten von Eindrücken auf, und daraus ergebe sich eine Zwiespältigkeit, die sich auch auf seine Gegenstände übertrage. Obwohl sich Aristoteles hierzu nicht klar äußert, könnte diese Zwiespältigkeit den unbestimmten und flüchtigen Charakter der Gerüche erklären. Lukrez sieht die Schwäche der menschlichen Geruchswahrnehmung vor allem hierin begründet. Es handele sich nicht so sehr um einen Mangel des Sinnesorgans (auch die Witterung des Hundes, dessen Geruchssinn als sehr scharf gilt, ist nicht unfehlbar), sondern der Grund liege in den Gerüchen, in ihrer Entstehungs- und Ausbreitungsweise und in ihrer Zusammensetzung:

»Ferner sind offenbar die geruchserzeugenden Stoffe/ größer als jene des Schalls, indem sie die steinernen Mauern/ nicht durchdringen, wodurch gewöhnlich die Stimm' und der Schall dringt./ Schwerer ist es daher, wo sich riechende Dinge verbergen,/ auszufinden den Ort; der Trieb erstarrt in den Lüften,/ während er zaudert und weilt, und nicht mit genugsamer Wärme/ eilt der verratende Hauch und kündigt dem Sinne die Sach' an.« [6]

Und die Entstehung und Ausbreitung eines Geruchs geschehen nur unter Schwierigkeiten: »Langsam kommen sie an, umirrend; vergehn zuvor schon / oft allmählich und werden ein Spiel der leichteren Lüfte, / da sie vorerst mit Mühe sich nur aus dem Innern entwickeln.« Im Gegensatz zur Farbe, die an der Oberfläche haftet und leicht abzulösen ist, ist der Geruch im Innern der Stoffe verschlossen. Den Beweis sieht Lukrez darin, daß zermalmte oder brennende Stoffe stärkere Düfte abgeben: aus ihnen können die geruchstragenden Atome ungehindert entweichen. Gewisse Analogien zwischen dem Geruch und der Seele finden sich zwischen den Zeilen. Beide sind tief verborgen und bestehen aus winzigen Atomen, deren Austritt keinerlei Gewichts- oder Formveränderung des Körpers nach sich zieht.

Das Entweichen der Seele aus ihrer fleischlichen Hülle erinnert nicht wenig an das Ausatmen: Sie steigt aus den Tiefen des Leibes auf und folgt den Mäandern der inneren Kanäle bis zu den Poren. Dann schwebt sie in der Atmosphäre wie ein Duft. Aber dem einen wie dem andern ist im Freien nur ein kurzes Leben beschieden: die Seele kann ohne den Leib, der sie schützt, nicht fortbestehen, und der Duft verflüchtigt sich rasch.

Zur Unvollkommenheit der Sinneswerkzeuge und der Flüchtigkeit der Gerüche kommt noch eine dritte Erklärung hinzu, die Aristoteles gibt: die enge Verbindung des Geruchssinns mit den

Affekten. Daß die Wahrnehmung eines Geruchs notwendig von Lust- oder Unlustempfindungen begleitet wird, zeigt schon, wie ungenau dieses Organ arbeitet, das sich aus seiner körperlichen Befangenheit nie lösen kann.[7] Dies wird allgemein auch als wichtigster Grund für das Fehlen eines geruchsbezeichnenden Vokabulars angesehen. Die verschiedenen Arten von Gerüchen ließen sich in zwei Typen einteilen, sagt Platon, die keinen Namen hätten, weil sie aus Formen bestünden, die weder zahlreich noch einfach seien: »... man unterscheidet das Angenehme und das Unangenehme hier als allein deutlich erkennbar«.[8] Sie sind also nur im Verhältnis zu anderen und nicht für sich definierbar. Auch für Aristoteles besitzen die Gerüche keinen eigenen Charakter, sondern sind den Geschmäcken verwandt, denen auch manche Kennzeichnungen entlehnt werden, »denn Gerüche sind stechend und süß und herb und sauer und ölig, und den bitteren Geschmäkken kann man den fauligen Geruch an die Seite stellen ...« [9] Das Geschmacksvokabular allerdings, stellt Theophrast fest, reicht aber nicht aus, um sie alle zu bezeichnen, und darum werden unvermeidlich Klassifizierungen nach Affekten zu Hilfe genommen.

Hat nun die sinnliche Unvollkommenheit, die alle diese Philosophen dem Geruchssinn und den Gerüchen zugesprochen haben, ihr Urteil über den Erkenntniswert und über den ästhetischen und ethischen Wert des Olfaktorischen beeinflußt?

Platons Achtung vor den Gerüchen äußert sich darin, daß er die Freuden der Nase gleich neben denen des Auges, des Ohres und der Wissenschaft unter die reinen Freuden zählt, das heißt, ungemischte Freuden, die nicht aus Schmerzen oder deren Aufhören entspringen.[10] So werden nur diejenigen Genüsse geschätzt, die nicht einem Bedürfnis oder einer Begierde entstammen und die durch ihre Wahrheit und Reinheit der Weisheit und Vernunft nahestehen. Der Geruchssinn kann also ein Werkzeug edler Freuden sein, zu denen weder der Geschmack noch der Tastsinn Zugang gewähren. Es gibt eine Unterscheidung zwischen den Sinnen, die eine die Seele erhebende Befriedigung zu spenden vermögen, und denen, die allein Quelle fleischlicher Begierden sind und von Erkenntnis und Kontemplation abhalten. Warum aber werden die Geruchsfreuden, die im 9. Buch der *Politeia*[11] als so vortrefflich geschildert werden, dann im *Philebos*[12] für weniger »göttlich« erklärt als die des Gesichts und Gehörs? Die Erklärung dieses scheinbaren Widerspruchs ist wohl, daß manche von ihnen doch mit einem Mangel verbunden sind. Düfte und Blumen können ja den Leidenschaften des verstörten Menschen schmeicheln und dazu beitragen, ihn zu verderben:

»Und wenn nun die anderen Begierden um sie [die Liebe] herum summend, mit Räucherwerk erfüllt und Salben und Kränzen und Weinen und ausgelassenen Lüsten ... der Drohne den Stachel der Sehnsucht eingepflanzt haben, dann zieht diese Herrin der Seele mit dem Gefolge des Wahnsinns umher und tobt ...«[13]

Gerüche und Geruchssinn sind also danach zu beurteilen, welche Art von Freuden sie bereiten: als positiv, wenn diese ästhetisch sind, als negativ, wenn sie die Begierden anstacheln. Daß sie hier im Zusammenhang mit orgiastischen Szenen erwähnt werden, ändert aber nichts an ihrer im übrigen eher positiven Einschätzung.

Dieselbe Zwiespältigkeit finden wir auch bei Aristoteles, der eine ontologische Unterscheidung zwischen den spezifisch menschlichen Gerüchen und denen trifft, die der Mensch mit dem Tier gemein hat. Die Mittelstellung des Geruchssinns in der Rangskala der Sinne bedeutet, daß er zweierlei Gerüche aufnimmt. Die ersten, die nichts mit der Nahrungsaufnahme zu tun haben, besitzen einen absoluten Wert. Ob sie als angenehm oder unangenehm empfunden werden, ist unabhängig von den Zufälligkeiten des Appetits. Sie können daher zur Quelle ästhetischer Freuden werden, wie sie der menschlichen Natur gemäß sind, denn »der Mensch ist von allen Geschöpfen das einzige, das an den Blumen und ihrem Geruch seine Freude hat«. Die trocknende und wärmende Wirkung der Gerüche auf das Gehirn verleiht ihnen zugleich eine physiologische Nützlichkeit: »Dem Menschen ist diese Art des Geruchs zur Erhaltung seiner Gesundheit geschenkt. Denn sie hat keine andere Aufgabe als diese ...«[14] Die Gerüche der zweiten Art sind nur beiläufig gut oder schlecht, das heißt zum Beispiel angenehm, wenn man Hunger hat, und störend, wenn man satt ist. Ihr Wert ist relativ, abhängig von der Subjektivität jedes Individuums. Abgesehen von dieser ontologischen Abwertung trifft sie ein gewisses Maß an Mißbilligung, weil sie, worin Aristoteles mit Platon übereinstimmt, zur Wollust und Gefräßigkeit reizen. Die Düfte sollen ästhetisches Vergnügen, aber keine fleischlichen Gelüste wecken. Trotz gewisser »Ausschweifungen« gehört aber der Geruch zu den edlen Sinnen, die für die Mäßigkeit und die Freiheit keine Gefahr sind.

Die ontologische Unterscheidung des Aristoteles wird von Theophrast aufgenommen, der sie durch eine objektive Definierung dessen, was lieblich und was ekelhaft sei, zu ergänzen versucht. Der Wohlgeruch steht zum Gekochten, Unverderblichen in Beziehung, der schlechte Geruch zur Erde und der Fäulnis. Die Gerüche der Lebewesen sind wechselhaft je nach Alter, Konstitution, Gesundheitszustand und Art der organischen Absonderungen. Beim jugendlichen und gesunden Geschöpf sind sie angenehm, beim alten, kranken oder brünstigen unangenehm.

Diesen ontologisch und ethisch bestimmten Auffassungen steht das Denken des Lukrez offenbar fern. Der üble oder angenehme Geruchseindruck hängt von der Form der Atome ab, die den Geruchssinn ansprechen. Wenn sie geschmeidig sind, gleiten sie weich in die Nase; sind sie hart und stechend, verletzen sie die Gewebe des Riechorgans. Aber Lukrez bemerkt auch, daß es hier so etwas wie Wahlverwandtschaften gibt: Dem einen Lebewesen ist dieser Geruch gemäßer, dem anderen jener, ganz nach der Verschiedenheit der Arten. Die Bienen werden über große Entfernungen hinweg vom Geruch des Honigs angelockt, Geier vom Aasgeruch; und die Hunde finden mit der Nase die Spur des Wildes.[15] Dies ist nur scheinbar widersprüchlich, denn Lukrez geht von der atomistischen Lehre Epikurs aus, der für die Wahrnehmung der Gerüche auch die »Ordnung der Atome« des wahrnehmenden Körpers berücksichtigt.[16] Diese Sichtweise erlaubt ein Verstehen der artspezifischen und individuellen Differenzen der Geruchsempfindlichkeit. Sie macht auch erklärlich, warum ein

Individuum denselben Geruch zu verschiedenen Zeiten verschieden empfinden kann: wenn etwas, das ihm früher gut zu riechen schien, ihm nun widerlich vorkommt, dann deshalb, weil eine Veränderung in der Ordnung der Atome seines Körpers ihn für andere Dinge empfänglich gemacht hat.

Außerdem wird der Geruchssinn von Lukrez rehabilitiert: er erklärt alle Sinne für absolut gleichwertig und vorrangig vor der Vernunft. Ebenso wie die anderen Sinne ist der Geruch eine im Leben unentbehrliche Orientierung. Anders als Platon und Aristoteles hat Lukrez für die Beteiligung des Geruchs an der Ernährung keinerlei abfällige Bemerkung.

Die antiken Auffassungen sind also von zwei gegensätzlichen Haltungen bestimmt. Der Materialismus eines Lukrez weist dem Geruchssinn eine wichtige Rolle bei der Erkenntnis zu. Der platonische Idealismus und die an ihn anschließende Denkrichtung bestreiten ihm den Erkenntniswert, den sie dem Gesichtssinn zuschreiben, während Aristoteles, ohne »Idealist« zu sein, auf Grund seiner Sinneshierarchie zu einer Auffassung kommt, die der Platons sehr nahesteht. Für beide hat der Geruchssinn eine Mittelstellung zwischen den reinen und den unreinen Sinnen; er wird nur geachtet, insofern er Eindrücke eines bestimmten Typs erbringt. Ohne ein vollkommen negatives Urteil über den Geruchssinn und die Gerüche einzuschließen, finden sich in diesen Vorbehalten doch die Ansätze zu deren späterer Verdammung.

# 8. Kapitel: Das Christentum und die Abwertung des Geruchssinns

Mit der Zuspitzung des aus der idealistischen Philosophie der Griechen schon bekannten Gegensatzes von Körper und Geist sollte das Christentum auch eine schärfere Verurteilung olfaktorischer Genüsse befördern. Im Alten Testament gab es diesen Antagonismus nicht.

Dort findet sich nichts, das von Verachtung für den Körper und seinen Schmuck zeugt. Das Hohelied preist die Schönheit mit den sinnlichsten und raffiniertesten Metaphern. Die Leiber der Liebenden werden verglichen mit Edelsteinen, kostbaren Stoffen und Metallen, seltenen Düften und Gärten voller aromatischer Kräuter. »Wie ein Apfelbaum unter den Bäumen des Waldes, so ist mein Geliebter«, sagt die Braut, »ein Myrrhenbüschel«, »des Kopherstrauches Blütentraube«. »Seine Wangen sind wie Balsambeete, in denen Würzkräuter sprießen; wie Lilien sind seine Lippen, tropfend von flüssiger Myrrhe.« Glieder, Leib und Hände sind von Gold, Alabaster, Elfenbein und bedeckt mit Saphiren und Topasen ... Und das Mädchen ist »eine Blume des Sarongefildes, eine Lilie der Täler«, ein Garten voller »Narde und Safran, Würzrohr und Zimt, mit allerlei Weihrauchhölzern, Myrrhe und Aloe«.[1] Kein Wort der Mißbilligung gegen alles, was den Körper ins Licht rückt und ihn begehrenswert macht! Freilich ist das jüdische Volk in seiner turbulenten Geschichte viel mit orientalischen Völkern in Berührung gekommen, bei denen Schmuck, Räucherwerk und Salben besonders hoch in Ehren gehalten wurden.

In den Evangelien findet sich dagegen eine verhüllte Kritik am profanen Gebrauch der Duftstoffe. Als Maria Magdalena mit einem Pfund echten Nardenöls Christus die Füße salbt, da wendet Judas Iskariot ein, warum man nicht lieber das Öl für dreihundert Denare verkaufe, um das Geld den Armen zu geben. »Laß sie!« antwortet Jesus, sie habe das Öl für den Tag seines Begräbnisses aufbewahrt. Angesichts der scheinheiligen Reaktion des Kassenführers unter den Jüngern, der sich über die Verschwendung entrüstete, legitimiert Christus die Handlung der Maria Magdalena (später die Schutzheilige der Parfümeure), indem er ihr einen sakralen Sinn gibt.[2]

Das Mißtrauen gegen die Wohlgerüche findet Bestätigung in den Schriften des Apostels Paulus. Alles, was dem Leib huldigt, wird zur Schranke zwischen Gott und dem Menschen: »Ich sage aber: Wandelt im Geiste, und ihr werdet das Begehren des Fleisches nicht erfüllen. Denn das Begehren des Fleisches ist gegen den Geist gerichtet, das des Geistes gegen das Fleisch; sie liegen im Streit miteinander.« [3] Mit der fleischlichen Hülle wird auch deren Schmuck verworfen. Petrus verlangt von den Frauen: »Euer Schmuck bestehe nicht im Äußern: im Haargeflecht, in Gold oder kostbaren Kleidern, vielmehr ist es der verborgene Herzensmensch in der Unwandelbarkeit eines bescheidenen und ruhigen Geistes, der kostbar ist vor Gott.« [4]

Noch einen Schritt weiter in Richtung auf die Verdammung gehen manche Kirchenväter, die zur Kasteiung aufrufen und alle Kunst der Verschönerung mit dem Anathema belegen, weil sie mit der Prostitution und Ausschweifung im Bunde seien. »Nichts Gutes ist im Fleische«, erklärt der hl. Clemens. Darum müsse der Mann Gottes das Fleisch abtöten, seinen Leib in Zucht und Knechtschaft halten.[5] Tertullian ermahnt die Christinnen, nicht durch eitle Verschönerung, die das Feuer der Begierde in den Herzen entfache, auf das Verderben ihrer Brüder hinzuwirken. Er verlangt sogar, sie sollten sich häßlich machen, um unzüchtigen Regungen vorzubeugen:

»Da also beim Bemühen um Reize, die voller Gefahren sind, zugleich euer Los und das der anderen auf dem Spiel steht, so wisset, daß ihr von nun an gehalten seid, nicht nur alle berechnete Künstelei, welche die Schönheit steigert, von euch zu weisen, sondern auch euren natürlichen Liebreiz durch Verbergen und Vernachlässigung vergessen zu machen, weil er in den Augen, denen er begegnet, ebenfalls Schaden tun kann.« [6]

Eine allgemeine Mißbilligung trifft allen Schmuck, der den Körper schöner und schmiegsamer erscheinen läßt, ihn aber weder auf die Keuschheit noch auf die Verfolgungen vorbereitet, denen die Christen ausgesetzt sind: »Ich frage mich auch, ob die Hand, die für gewöhnlich ein Armband umschließt, es ertragen wird, unter der Härte einer Kette rauh zu werden; ich frage mich, ob das Bein, das ein Fußreif schmückt, es ertragen wird, daß man es in Eisen zwängt. Ich frage mich, ob an dem Nacken, der ein Halsband von Perlen und Smaragden trägt, noch Platz sein wird für das Schwert.« [7]

In der Endzeit der antiken Welt zielt der Kampf der Bischöfe gegen die Begierden auf die Beförderung eines Ideals der Keuschheit, von der man meint, daß sie den Königsweg zu Gott freigebe. Die christliche Moral gibt sich im übrigen unverhohlen kastratorisch: »... wir sind es, die der Herr dazu heranzieht, in gewisser Weise die Welt zu opfern und, wenn ich so sagen darf, zu verschneiden. Wir sind die vollkommen Beschnittenen, im Geiste wie im Fleische, denn sowohl geistlich wie fleischlich üben wir die Beschneidung von den Gütern dieser Welt.« [8] Aus dieser Sicht ist alles, was dem Körper und den Begierden zugute kommt, zu verdammen. Während die Salben und Räucherparfums der griechischen Kurtisane nur ihre Randstellung gegenüber den in der Ehe institutionalisierten legitimen Bindungen unterstreichen, begeht die christliche Frau, wenn sie auf Schmuck nicht verzichtet, abgesehen davon, daß sie sich von der Heidin dann nicht unterscheidet, auch eine Sünde, weil sie Begehrlichkeit erregt (»Schminken wir uns, um die anderen zu verderben!« wettert Tertullian). Um dic »Mägde Gottes« zur Abgrenzung von denen des Teufels geneigt zu machen, schreckt der karthagische Theologe auch nicht davor zurück, ihnen mit einer Strafe zu drohen, die noch schlimmer ist als die ewige Verdammnis: Kahlköpfigkeit und Wahnsinn:

»Ein schlimmes Vorzeichen für jene mit flammenfarbenem Kopf! Obendrein glauben sie zu verschönern, was sie doch verderben: tatsächlich schadet die ätzende Kraft der Farbe dem Haar, ebenso wie die wiederholte Anwendung gleich welcher Flüssigkeit, selbst wenn sie rein ist, den sicheren Verfall des Gehirns bedeutet.« [9]

Nicht damit zufrieden, all diese Duftstoffe dem frommen Gebrauch, zu dem sie bestimmt waren, zu entfremden, machen die Christinnen aus ihren Köpfen einen mit Düften überladenen Altar des unreinen Geistes. Denken sie denn, all diese Buhlerinnen, daß sie am Tag des jüngsten Gerichts mitsamt ihrer Schminke, dem Zinnober, Parfüm und den prächtigen Frisuren auferstehen werden? Die einzigen Wohlgerüche, die von nun an geduldet werden, sind die von inbrünstigen Seelen Gott dargebrachten.

Der hl. Johannes Chrysostomos stellt dem köstlichen Duft der Reue und des Gebets den »schwarzen stinkenden Qualm« der Sünde gegenüber. Hier zeichnet sich eine neue Geruchssymbolik ab. Während die reinen Herzen zarten Wohlgeruch verströmen, der ihnen Schutz und Vergebung erwirkt, verbreiten die Sünder, die an einer »unsichtbaren Pest« leiden, einen Gestank, der den göttlichen Zorn auf sie lenkt:

»Sähe man in dieser Stadt einen Mann seinen toten Leib voller Gestank von Straße zu Straße tragen, wer würde ihn da nicht fliehen und hätte keinen Abscheu vor ihm? Ihr selbst seid dieser Mann, und so tragt ihr überall eure tote Seele herum, die von Würmern zerfressen und faul ist. Wie könnt ihr es wagen, so voller Kot und Unrat die Kirche des Herrn zu betreten und euch einzufinden in seinem Heiligen Tempel? Warum wollt ihr nicht warten, statt ohne rot zu werden diesen Jesus Christus geweihten Tempel mit eurem unerträglichen Gestank zu verpesten? Warum wollt ihr nicht jene heilige Sünderin nachahmen, die dem Heiland die Füße mit einem kostbaren Öle salbte, dessen herrlicher Geruch das ganze Haus erfüllte? Ihr tut ganz das Gegenteil, wenn ihr euch hier einfindet in all eurem Gestank. Freilich, ihr könnt ihn nicht riechen.« [10]

Dieser Kampf gegen die Begehrlichkeit, das Kernmotiv der christlichen Ethik, setzte sich über Jahrhunderte fort. Unerbittlich wird die Unterdrückung der Wollust als Vorbedingung des Heils gepredigt. Der gesalbte, geschmückte und begehrte Körper, wie ihn das Hohelied schildert, ist mehr und mehr dem kasteiten Körper gewichen, der auf keinen Fall irgendein Gelüst wecken darf. Nur gezüchtigt und frei von Begierden ist er erträglich. Die Asketen bemühen sich, durch Enthaltsamkeit zu lebenden Duftopfern zu werden. Der Geruch ihrer Heiligkeit, von einem unverweslich gewordenen Körper ausgehend, schlägt eine Brücke vom Diesseits zum Jenseits. Die Keuschheit, »ein kostbarer Balsam, der unverweslich macht«[11], versetzt denjenigen, der auf das Leben nach den Geboten des Fleisches verzichtet hat, auf Erden schon unter die Seligen.

Es genügt nicht, daß der Heilige aus dem eigenen kasteiten Körper Wohlgerüche hervorbringt, er muß einen ganzen Blumengarten für die göttliche Nase anlegen. »Wie glücklich würde ich mich schätzen«, schreibt der hl. Bernhard an den Propst von Beverla, »die Blüte Eurer Jugend hegen und ihren erfreulichen Duft Gott darbringen zu können.« Die einzigen nunmehr wohlgefälligen Gerüche dienen einem mystischen Zweck: der Weihrauchduft, der zu Gott aufsteigt wie ein Gebet, der Geruch des in Keuschheit unverweslich gewordenen Fleisches, der körperlose Geruch der Auserwählten und, vorbildlich schlechthin, der Geruch des geopferten Christus.

Die Darstellung des Geruchssinns und der Gerüche beim hl. Thomas von Aquino verrät sein Bemühen, den Aristotelismus mit dem christlichen Glauben zu vereinbaren. Er geht von einer Sinneshierarchie aus, die sich danach richtet, wieweit das jeweilige Organ selbst und der Gegenstand der Wahrnehmung modifiziert werden.[12] Das Sehen, bei dem keinerlei physische Variation stattfindet, ist die vollkommene, universale und am stärksten vergeistigte von allen Sinnesfähigkeiten. Dann kommen Gehör und Geruch, die eine physische Modifikation des Gegenstandes erfordern. Geschmack und Tastsinn, bei denen sowohl das Organ wie der Gegenstand eine Veränderung durchmachen, sind die stofflichsten von allen Sinnen. Der Geruch, auf halber Strecke zwischen den edlen und den niederen Sinnen, besitzt einen ähnlichen Status wie bei Aristoteles. Er vermag jedoch Freuden noch höherer Art als die ästhetischen zu gewähren, nämlich immaterielle. Diese olfaktorischen Genüsse sind jedoch nur den Auserwählten zugänglich, deren Sinnesschärfe zur Wahrnehmung feinster Düfte ausreicht.

Die Auserwählten selbst verbreiten einen besonderen Duft,

eine Sublimation des fleischlichen Geruchs zur höchsten Vollkommenheit. Dieser Geruch des verklärten Leibes hat weder etwas mit den gewöhnlichen Ausdünstungen noch mit Verwesung gemein. Um die Skeptiker zu überzeugen, daß eine solche entsinnlichte Geruchswahrnehmung möglich sei, nimmt der hl. Thomas einen seltsamen Vergleich zu Hilfe. Es gebe Fälle, wo der Geruch in der Umgebung und im Organ nur einen unstofflichen Eindruck hervorrufe, ohne daß eine nachweisliche Ausdünstung sie erreiche.[13] Auf diese Weise ziehe ein Kadaver zum Beispiel über sehr große Entfernungen hinweg die Geier an. Es könne keine Absonderungen geben, die so weit reichten, und dennoch würden die Raubvögel den Geruch wahrnehmen.

Aber die Quintessenz des Geruches sei der Geruch Christi, der Gott zum Opfer gebracht werde, der Duft der Weisheit und der Erkenntnis. Im Ritus der Weihrauchverbrennung werde er materialisiert, zunächst in der Beweihräucherung des Altars, als Symbol der Gnade, von der Christus wie von einem Wohlgeruch erfüllt war, sodann in der Beweihräucherung der Gläubigen, auf die ebenfalls etwas von dieser Gnade ausgegossen wurde.[14]

Letztlich finden sich in der Philosopie des hl. Thomas weder die Verachtung des Leibes noch die offene Geringschätzung des Geruchssinns. Aber wie für Aristoteles ist für Thomas die Seele die »Form« des Leibes oder, anders ausgedrückt, das Prinzip seines Lebens und Organaufbaus. Auch von ihm werden der Geruchssinn und die Gerüche nur in gereinigten und vergeistigten Formen geschätzt.

# 9. Kapitel: Montaigne und die Gerüche

Vom 14. bis 16. Jahrhundert sind die philosophischen Auffassungen über den Status des Geruchssinns wenig definiert. Während dieser Zeit, in der die Pest, die seit sechshundert Jahren beinah vergessen war, im Abendland »mit unerhörter Gewalt« neu auftrat [1], konzentriert sich das Nachdenken über den Geruchssinn auf die Deutung der furchtbaren Seuche und der mit ihr verbundenen Gerüche. Erst mit Montaigne werden der Geruchssinn und die Gerüche wieder in einer Perspektive, die nicht von vornherein ethisch ist, zum Thema.

Lucien Febvre, wo er von Du Bellay und den Menschen der Renaissance spricht, sagt, dies seien »Männer des freien Himmels« gewesen, die die Natur mit allen Sinnen in sich aufsogen und sich dagegen verwahrten, Rangordnungen und Zuständigkeiten zwischen den einzelen Sinnesorganen abzugrenzen.[2] Für diese Menschen, die körperlich ebenso lebendig waren wie geistig, ist Montaigne besonders repräsentativ. Bei ihm findet man kein Interesse für eine Scheidung von Leib und Seele. Da er von der Einheit des ganzen Menschen überzeugt war, sucht er das Gleichgewicht zwischen den sinnlichen und den geistigen Freuden – ohne jeden Wunsch, die edlen von den niederen Sinnen zu sondern. Auch wenn sie der Vernunft untergeordnet sein müssen, »sind sie doch unsere Gebieter ... die Wissenschaft beginnt mit ihnen und löst sich in sie auf. Schließlich wüßten wir nicht mehr als ein Stein weiß, wenn wir vom Ton, Geruch, Licht, Geschmack oder Maß nichts wüßten ... Wer mich dazu treiben kann, den Sinnen zu widersprechen, hat mich bei der Kehle; weiter kann er mich nicht zurückweichen machen. Die Sinne sind Anfang und Ende menschlicher Erkenntnis ...« [3] Die *Essais* verraten eine olfaktorische Hypersensibilität und widmen den Gerüchen viel Aufmerksamkeit: »Ich liebe es ... sehr, mich an guten Gerüchen zu weiden, und hasse über alles die schlechten, welche ich aus größerer Entfernung denn jeder andere wahrnehme:

»Namque sagacius unus odoror Polypus an gravis hinsutis cubet hircus in alis, quam canis acer ubi lateat sus.« [4] [Horaz: Denn ob ein Polyp oder ein schwerer Bocksgestank aus zottigen Achselhöhlen vorhanden ist, rieche ich besser, als ein scharfer Hund riecht, wo das Wildschwein sich verbirgt!]

Die Feinheit der Nase trifft sich mit einer erstaunlichen Fähigkeit seines Körpers, Gerüche festzuhalten. Seine Haut und mehr noch sein Schnurrbart, »der gar üppig ist«, durchtränken sich damit. Der Geruch »verrät den Ort, von dem ich komme. Die gierigen Küsse der Jugend blieben ehedem daran hängen, süß und lüstern, und erhielten sich mehrere Stunden lang.«

Montaigne bemerkt auch die Vielfalt der von den Gerüchen hervorgerufenen Wirkungen. Er hat oft bemerkt, daß sie ihn beeinflussen »und, je nachdem sie sind, auf meine Lebensgeister einwirken«. Daher stimmt er der Ansicht zu, daß der religiöse Gebrauch des Weihrauchs und der Räuchermittel auf Weckung und Reinigung der Sinne zur Erleichterung der Kontemplation abziele. Und diese Bemerkungen bringen ihn dazu, die Entwicklung einer Therapie der Düfte zu empfehlen, aus denen die Ärzte mehr Nutzen als bisher ziehen könnten. Aber dieser auf alles neugierige und auf den Fortschritt der Wissenschaft bedachte Geist ist zugleich ein Sinnenmensch, der es bedauert, nicht in die Kunst eingeweiht zu sein, mit der die Köche des Königs von Tunis die Speisen würzten. Mit der Nostalgie des Feinschmeckers beschwört er die Erinnerung an die mit kostbaren Duftkräutern gefüllten Pfauen und Fasanen, die beim Anschneiden liebliche Gerüche abgaben, so daß alle Räume des Palastes und sogar die benachbarten Straßen sich damit erfüllten.

Diese ungewöhnliche Geruchsempfindlichkeit hat jedoch auch ihre Kehrseite: Mehr als andere wird Montaigne vom Gestank gequält. Der scharfe Geruch, der aus den Sümpfen von Venedig und aus dem Dreck von Paris aufsteigt, verleidet ihm diese Städte. Körpergerüche machen ihn krank, und was man von Alexander dem Großen sagt, daß nämlich sein Schweiß wohlriechend gewesen sei, findet er unerhört. Jede körperliche Ausdünstung, besonders von Frauen, ist ihm zuwider. Als Kommentar zu dem Satz des Plautus: »Mulier tum bene olet, ubi nihil olet«, schreibt er: »›Der beste Geruch einer Frau ist, nach nichts zu riechen‹, wie man auch sagt, der beste Geruch der Taten eines Mannes bestehe darin, daß sie unmerklich und geheim seien.«

Die Unterdrückung weiblicher Körpergerüche mit der Neutralisierung männlicher Handlungen zu vergleichen, verrät schon ein gewisses Maß an Frauenfeindlichkeit, und Montaignes Text enthält auch sonst manches, das in diese Richtung deutet. Dem Abschnitt, in dem er davon spricht, geht ein anderer über den reinen Atem gesunder Kinder voraus, an dem das Beste sei, daß er keinen Geruch habe, der uns stören könne. Ebenso kann das Kind uns auch nicht durch seine Worte stören, denn das Kind ist ja schon etymologisch (»infans«) ein Mensch, der nicht spricht. Wird hier der Frau mit der Geruchlosigkeit nicht zugleich Schweigen geboten? Aber wenn die Frau auch am besten nach nichts riechen soll, sind »einfache und natürliche Gerüche« doch verzeihlich:

»Mitten im dichtesten Barbarentum bestreuen und bepudern sich die skythischen Weiber, nachdem sie sich gewaschen, den ganzen Körper und das Angesicht mit einem gewissen wohlriechenden Kraut, das auf ihrem Boden wächst; wollen sie sich den Männern nähern, so wischen sie diese Schminke ab und sind dann zu gleicher Zeit geglättet und wohlriechend.«

Dagegen sind Wohlgerüche zu mißbilligen, wenn sie einen Mangel an Hygiene verhüllen sollen, denn in diesem Falle gilt: »Gut riechen heißt stinken.«

»So viel wie möglich empfinden« [5], um den Menschen zu erkunden, dahin geht das Bestreben des Humanisten Montaigne, der die Sinne, mitsamt dem Geruchssinn, als kostbare Werkzeuge des Erkennens und Genießens achtet. Der Kontrapunkt, eine übersteigerte Intoleranz gegen bestimmte Gerüche, wie man sie bei seinen Zeitgenossen selten findet und die bei einem Denker, der den Körper mit all seinen Funktionen gelten läßt, ein wenig paradox ist, sollte sein unbedingtes Ja zum Leben und seine Liebe zu den Wohlgerüchen nicht vergessen machen, denn dergleichen sucht man vergebens bei den Kartesianern des 17. Jahrhunderts, die einfach alles ausscheiden, »was sich ans Leben und seine Dynamik heftet.« [6]

# 10. Kapitel: Die Abwertung des Geruchssinns im 17. Jahrhundert: die Allianz von Rationalismus und Christentum

Descartes übernimmt aus der antiken Philosophie eine Sinneshierarchie, die dem Geruch eine mittlere Stellung zuweist. Weniger grob als Tastsinn und Geschmack, besitzt er doch nicht die Feinheit des Gehörs und schon gar nicht die des Gesichts.[1] Diese Einstufung wird von einer bestimmten Vorstellung von der Anatomie der Riechwerkzeuge untermauert. Diese erscheinen als ein zur Nase hin vorgeschobenes Anhängsel des Gehirns »unterhalb der beiden ganz hohlen kleinen Teile, die von den Anatomen mit den Spitzen der Brustwarzen einer Frau verglichen wurden«.[2] Die beiden Nerven, die das Riechorgan ausmachen, sind von den Geschmacksnerven nicht verschieden, nur ein wenig dünner, empfindlicher und auf winzige Gegenstände ansprechend. Wenn die menschliche »Maschine« einatmet, dringen kleine, in der Luft schwebende Teilchen von Stoffen durch die Nase ein und werden durch die engen Poren des Siebbeins gefiltert, die nur die allerkleinsten durchlassen. Diese sprechen nun auf verschiedene Weise die Enden der Riechnerven an und erwecken so, auf mechanischem Wege, »mancherlei Geruchsempfindungen« in der Seele.

Wie alle Sinneseindrücke hat auch das Geruchsempfinden nur eine intellektuelle Realität: Farben, Gerüche oder Geschmäcke sind »nichts als Empfindungen« [3], die nur für das Denken existieren. Alle Erscheinungen der von den Sinnen wahrgenommenen Materie beschränken sich nun auf die Vielfältigkeit der Figuren und Bewegungen empfindungsloser Teile in der »res extensa«. Gerüche, Töne, Farben und Geschmäcke ergeben sich aus physischen Bewegungen in den Dingen, durch die unsere Nerven erregt werden. Fühlen und Denken sind für Descartes eins:

»Unseren Körper kennen wir nicht aus dem Empfinden: eine Behauptung von ungeheurer Tragweite; es gibt nun nicht, wie für den ganzen Platonismus, eine körperliche Realität, die Gegenstand der Sinne, und eine intelligible Realität, die Gegenstand des Intellekts oder des Verstehens wäre.« [4]

Ebensowenig wie die anderen Sinne kann der Geruch die Materie auffassen. Den wechselhaften Schein der Vorstellungen und Empfindungen kann nur die Prüfung durch den Geist durchdringen. Dies besagt die berühmte Analyse eines Wachsstücks, das am Feuer schmilzt:

»Was ist es denn, was man an diesem Stück Wachs mit solcher Deutlichkeit erkannte? Jedenfalls kann es nichts von dem sein, was ich durch Vermittlung der Sinne bemerkt habe, denn alles, was dem Geschmack, Geruch, Gesicht, dem Tastsinn oder dem Gehör zufällt, ist nun verändert, und dennoch bleibt es dasselbe Wachs. Vielleicht war es, was ich jetzt denke, nämlich daß das Wachs weder dieses Honigweiche noch dieser Blumenduft war, noch dieses Weiße, noch diese Figur, noch dieser Klang, sondern nur ein Körper, der mir vor kurzem noch in diesen Formen erschien und der mir jetzt in anderen erscheint.«

Letztlich bleibt davon »nichts als etwas Ausgedehntes, Formbares und Bewegliches«.[5] Wie alle sinnlichen Eigenschaften, die Locke als die »sekundären« bezeichnete, gehört der Geruch nicht zur Substanz des Wachses, sondern zur »Kleidung«. Der wissenschaftliche Wert von Geruchs- und Sinnesdaten allgemein wird damit bestritten. Sie dienen nur zur Erhaltung des Körpers: die Sinne sagen uns nichts über die wahre Natur der Dinge, sondern nur darüber, worin diese uns nützlich oder schädlich sind.[6]

Auf die Ausschließung des Sinnlichen aus der Sphäre der Wahrheit zielt auch Malebranche ab. Die Sinne stehen für ihn ganz im Dienst der Nützlichkeit; aber von der Wahrheit geben sie ein »falsches Zeugnis«.[7] Diese erfordert Askese, und der wissenschaftliche Fortschritt bedeutet für die Sinne, daß man ihnen Schweigen gebietet. Als christlicher Philosoph ergänzt Malebranche seine Kritik noch durch eine moralische Mahnung: sie tragen die Last der Sünde. Bevor Adam ungehorsam wurde, hatte Adam durch Lust, Schmerz oder Ekel erfahren, was er für seinen Körper zu tun hatte. Und weil er die körperlichen Regungen, die sich in ihm bekundeten, vollkommen in der Gewalt hatte, konnte er nicht deren Sklave oder unglücklich werden. Nachdem aber der Fehler begangen war, nahmen seine Sinne, die vorher in allem erst seine Erlaubnis eingeholt hatten, nicht mehr so viel Rücksicht und empörten sich gegen ihn. Und weil die Menschen seit dem Sündenfall nicht mehr so eng mit Gott vereint waren, empfingen sie nun nicht mehr die Kraft, Freiheit und Glück zu bewahren. Die Sünde hat das Machtverhältnis zwischen Geist und Körper umgekehrt, und der Körper spricht nun lauter als selbst Gott, und er sagt nie die Wahrheit. Verwirrt von Begierden, weiß der Mensch nicht mehr, worauf er achten soll, und hat ständig zu kämpfen, um aus der finsteren Unwissenheit der Sinne ans »Licht der Ideen« zu gelangen.

Der Spiritualismus des 17. Jahrhunderts steigert noch die Verachtung der Sinne und den Haß auf das Begehren durch eine »Systematisierung der Versagungen«.[8] Bossuet nimmt einen Lieblingsgedanken Malebranches auf, nämlich daß der Körper der Seele beigegeben sei, damit diese etwas zu opfern habe, und legt den Nachdruck auf das Erfordernis, die Sinnlichkeit zu bekämpfen:

»So ist das Übel in uns und auf eine seltsame Weise in unseren Eingeweiden verhaftet, ob wir nun der Lust der Sinne nachgeben oder einen beständigen Kampf gegen sie führen ... um die Einwilligung zu vermeiden, die das Übel vollendet, müssen wir beharrlich der Begierde widerstehen, mit der es anfängt.«

Da die Unruhe vom Fleisch ausgeht, muß alles, was sinnliche Lust bereitet, entschieden abgelehnt werden. Olfaktorische Freuden sind Fallen, und zwar um so gefährlicher, als sie die Keuschheit nicht offen antasten. Bossuet erinnert an die Verführerin aus den Sprüchen Salomos, die ihr Bett mit Myrrhe, Aloe und Zimt besprengt hat und dem Geliebten zuruft, »komm, wir wollen schwelgen in Liebeslust!«. Da sieht man doch,

»wohin sie führen, die Wohlgerüche, die zubereitet werden, um die Seele zu schwächen, sie zu den Lüsten der Sinne hinzulocken durch etwas, das die Scham nicht geradewegs zu verletzen scheint und darum mit verminderter Furcht aufgenommen wird, aber nichtsdestoweniger ihre Lockerung bewirkt, ihre Aufmerksamkeit von dem ablenkt, was ihre natürliche Sorge sein muß.«[9]

Die Trennung von Geist und Körper wird zum Gegenstand methodischer Versuche, die Triebe zu unterdrücken und ihnen die

Befriedigung zu verweigern. Die Körperfeindschaft sollte ihren schärfsten Ausdruck im 18. Jahrhundert in der »Heilsmaxime« des Alphons von Liguori finden: »Hienieden ist Leiden besser als Freude.«[10] Der Gründer der Missionsgesellschaft der Redemptoristen wies olfaktorischen Kasteiungen eine große Bedeutung zu:

»Was den Geruchssinn angeht, so seid nicht so eitel, euch mit Ambra oder anderen wohlriechenden Essenzen zu umgeben oder euch des Duftwassers zu bedienen, alles Dinge, die selbst bei einer weltlichen Person wenig Gutes besagen. Gewöhnt euch vielmehr daran, ohne Abscheu die unangenehmen Gerüche zu ertragen, die oftmals die Kranken umgeben, nach dem Vorbild der Heiligen, die, vom Geiste der Mildtätigkeit und der Kasteiung getrieben, sich in den übelriechendsten Krankensälen wie in einem Garten voller duftender Blumen bewegen.«[11]

## 11. Kapitel: Die Rehabilitierung des Geruchssinns bei den Philosophen des 18. Jahrhunderts

Im Gegensatz zu dieser rigoristischen Strömung und den intellektualistischen Philosophen verschaffen zahlreiche Denker im 18. Jahrhundert den Sinneseindrücken wieder Anerkennung. La Mettrie zum Beispiel sagt, daß alle Vorstellungen aus den Sinnen kommen, die allein die Vernunft bei der Suche nach der Wahrheit aufklären können. Wäre der Mensch ein rein geistiges Wesen, könnte er gar nichts erkennen: Die Seele hängt wesentlich von den Organen des Körpers ab, mit denen sie sich bildet, zu- und abnimmt.«[1] Die Rehabilitierung ist vollständig: Für diesen Materialisten sind die Sinne die zuverlässigsten Wegweiser, seine »Philosophen«. Auch Helvétius führt alle Geistestätigkeiten auf das Sinnesempfinden zurück und faßt dies in einer lapidaren Formel zusammen: »Urteilen heißt empfinden.«[2] Mit der Neubewertung des Körpers in seiner Bedeutung für das Erkennen kommt auch Bewegung in die klassische Sinneshierarchie. Das Gesicht, bis dahin am höchsten geschätzt, weil es der intellektuellste Sinn ist, verliert etwas von seinem Prestige an den Tastsinn, der konkreter ist. Diese Verlagerungen bringen auch den Geruchssinn von neuem in Gunst. Condillacs berühmtes Beispiel mit der fiktiven Marmorstatue ist dafür bezeichnend.

Und zu demonstrieren, daß alle geistigen Fähigkeiten aus einer beliebigen Empfindung hervorgehen können, schickt Condillac sich an, einer Statue alle fünf Sinne zu verleihen, jeden für sich und einen nach dem andern. »Wir glauben mit dem Geruch beginnen zu müssen, denn dieser scheint von allen Sinnen zu den Erkenntnissen des menschlichen Geistes am wenigsten beizutragen.«[3] Und nach und nach gelangt die Statue, obwohl nur mit dem Geruchssinn ausgestattet, in den Besitz aller intellektuellen Fähigkeiten:

»Nachdem wir bewiesen haben, daß unsere Statue der Zuwendung ihrer Aufmerksamkeit fähig ist, der Erinnerung, des Vergleichs, der Urteile, Unterscheidungen und Einbildungen, daß sie abstrakte Begriffe kennt, Vorstellungen von Zahl und Dauer, allgemeine und besondere Wahrheiten, daß sie Begierden und Leidenschaften entwickelt, liebt, haßt und will, daß sie fähig ist zu hoffen, zu fürchten und zu staunen, und schließlich, daß sie Gewohnheiten annimmt: müssen wir folgern, daß der Verstand mit nur einem Sinn ebensoviele Fähigkeiten hat wie mit allen fünfen.«

Also birgt der Geruch alle seelischen Fähigkeiten in sich, und dasselbe gilt auch für die anderen Sinne. Wenn sie aber auch im Hinblick auf die Erzeugung der intellektuellen Funktionen gleichwertig sind, so nimmt doch der Tastsinn eine besondere Stellung ein, weil er als einziger das Erkennen der Außenwelt ermöglicht. Ohne ihn würde die nur mit dem Geruch begabte Statue vor einer Rose zwar »Rosenduft« riechen, hätte aber keine Vorstellung von dem damit wahrgenommenen Objekt: »Sie wird also der Duft sein, von Rosen, Nelken, Jasmin oder Veilchen, je nach den auf ihr Organ einwirkenden Objekten. Mit einem Wort, die Gerüche sind für sie nur Modifikationen ihrer selbst oder ihrer Daseinsweise.« Der Geruch muß also durch den Tastsinn belehrt werden, dessen »exploratorische Mobilität«[4] der Statue zu der Erkenntnis verhilft, daß die Gerüche nicht einfach Veränderungen ihrer selbst sind, sondern von äußeren Gegenständen ausgehen.

In derselben Perspektive stellt Diderot eine Sinneshierarchie auf, in der das Gesicht seinen obersten Rang an den Tast- oder Gefühlssinn abtritt. Auch dem Geruchssinn kommt diese Umwertung zugute; seine Sinnesqualitäten können sich frei entfalten: »Und ich fand, daß das Auge von allen Sinnen der oberflächlichste war, das Ohr der stolzeste, der Geruch der wollüstigste, der Geschmack der abergläubischste und unbeständigste, der Gefühlssinn der tiefste und philosophischste.«[5] Diese Ehrenrettung der verachtetsten Sinne ist Teil eines materialistischen Glaubensbekenntnisses, das dem Körper und dem Empfinden eine Hauptrolle bei der Erkenntnis zuweist.[6] Die materiellsten Sinne sind der Abstraktion fähig: Gesicht, Geruch und Geschmack können die gleichen wissenschaftlichen Fortschritte erzielen. »Unsere Sinne, in ebensoviele denkende Wesen eingeteilt, könnten sich also zu den höchsten Spekulationen der Arithmetik und Algebra erheben, die Tiefen der Analysis ergründen, sich untereinander die verwickeltsten Probleme bezüglich der Natur der Gleichungen vorlegen und sie lösen, als wären sie jeder ein Diophantos.« [7]

Gleiche Hochachtung genießen die Sinne bei Rousseau, weil ihre Betätigung die Entwicklung der Vernunft bestimmt. Sinneserziehung und Gesundheit sind Voraussetzungen einer gelingenden Geisteserziehung:

»Um denken zu lernen, müssen wir demnach auch unsere Glieder, unsere Sinne und Organe üben, denn sie sind die Werkzeuge unseres Geistes; und um den größten Nutzen daraus zu ziehen, muß der Körper, der sie darbietet, kräftig und gesund sein. Wir sind also weit davon entfernt, zu glauben, daß die wahre Vernunft des Menschen sich unabhängig vom Körper ausbilde; vielmehr ist es die gute Konstitution des Körpers, die alle Verrichtungen des Geistes leicht und sicher macht.« [8]

In diesem sensualistischen Rationalismus, der dem körperlichen Substrat entscheidenden Einfluß bei der Entstehung der Vernunft zuschreibt – denn »alles, was in den menschlichen Verstand eingeht, gelangt durch die Sinne hinein« –, findet sich keinerlei Verachtung für den Geruchssinn. Wie unsere Hände, Füße und Augen ist er »einer unserer ersten Lehrer in der Philosophie«, in einer Sichtweise, die von Condillac, vor allem aber von Buffon angeregt wird. Buffon trifft in seiner Behandlung des Geruchssinns eine klare Unterscheidung zwischen dem des Tieres und dem des Menschen. Beim Tier könne dieser Sinn sogar die anderen Sinne ersetzen:

»Dieses universelle Organ des Empfindens ist ein Auge, das die Gegenstände nicht nur da, wo sie sind, sondern auch überall, wo sie gewesen sind, sieht; es ist ein Geschmacksorgan, mit dem das Tier nicht nur kostet, was es berühren und packen kann, sondern auch das, was entfernt und nicht zu erreichen ist; es ist der Sinn, der ihm die frühesten, häufigsten und verläßlichsten Hinweise gibt, nach dem es handelt und sich richtet, durch den es erkennt, was seiner Natur zu- oder abträglich ist; durch den es schließlich bemerkt, spürt und auswählt, womit es seinen Hunger stillen kann.« [9]

Beim Menschen, der sich von einem übergeordneten Prinzip »der Urteilskraft und Vernunft« leiten läßt, ist der Geruch an die letzte Stelle einer ungewöhnlichen Sinneshierarchie gerückt, in der zuerst der Tastsinn kommt, dann der Geschmack, dann Gesicht und Gehör. Diese völlig umgekehrte Stellung des Geruchssinns in den Rangordnungen bei Mensch und Tier drückt einen wichtigen Unterschied der Zwecke aus: »Der Mensch muß mehr erkennen als begehren, das Tier mehr begehren als erkennen.«

Es ist nicht verwunderlich, daß Rousseau als Leser und Bewunderer Buffons sich von dieser Theorie anregen läßt. Seinerseits nimmt er zweierlei Geruchssinne an, einen primitiven, den die Wilden mit den Tieren gemeinsam haben, und einen schwächlichen, der zur Mitgift des zivilisierten Menschen gehört. Da er vollauf mit der Selbsterhaltung beschäftigt ist, entwickelt der »natürliche Mensch« nur die zu seinem Schutz nötigsten Fähigkeiten. Sein Geruchssinn aber, obwohl triebhaft, ist sehr entwicklungsfähig. »Kunst und Gewohnheit«, wie schon Buffon sagte, tragen viel zu seiner Vervollkommnung bei. Durch die Übung in Angriff und Verteidigung wird der Geruchssinn des Wilden ungemein stark. So hätten die Wilden Amerikas die Spanier an der Fährte riechen können wie die besten Spürhunde.[10]

Aber diese sinnlichen Fähigkeiten haben Grenzen, die durch Übung nicht zu verrücken sind. »Von der Natur dem bloßen Instinkt überlassen«, kann der natürliche Mensch ebenso wie das Tier an den Gerüchen keinen ästhetischen Gefallen finden: »Für Geruchsempfindungen, die man nur in Muße genießen kann, wie den balsamischen Duft eines Blumenbeetes, dürften diejenigen unempfindlich sein, die zuviel gehen müssen, als daß sie an einem Spaziergang Vergnügen finden könnten, sowie diejenigen, die nicht genug arbeiten, um die Muße genießen zu können. Menschen die stets hungrig sind, werden an Düften, die nichts Eßbares ankündigen, keine große Freude haben.«[11] Erst in einer anderen Lebensweise, der des »bürgerlichen Zustands«, kann dieser Sinn wirklich kultiviert werden.

Der Übergang vom natürlichen zum bürgerlichen Zustand wird nun von einem Wechsel des Anpassungsinstruments begleitet: Den natürlichen Menschen in seiner physischen Umgebung leitete der Instinkt, den Zivilisierten in seiner sozialen Umgebung leitet die

Vernunft. Diese Veränderung bleibt nicht ohne Folgen für den Geruch: In der Entfernung vom animalischen Leben verliert er an Schärfe. Dafür wird er nun auf einer Ebene weiter ausgebildet, die dem Wilden nicht zugänglich war, und zwar dank der Einbildungskraft, ein Vermögen, das beim natürlichen Menschen zwar angelegt ist, aber, weil er »ohne Voraussicht oder Neugier« [12] ganz in der Gegenwart lebt, erst beim Zivilisierten wirksam wird. Wenn für diesen die Gerüche nur schwache Eindrücke sind, so deshalb weil sie »eher die Einbildungskraft als die Sinne ansprechen, und weniger durch das, was sie bieten, als durch das, was sie erwarten lassen«.[13]

In der sozialen Ordnung nimmt die Einbildungskraft den Geruchssinn so sehr in Anspruch, daß sie mit ihm nahezu verwechselbar wird. Beide spielen eine große Rolle in der Liebe. Und während die Einbildungskraft »zu wilden Herzen nicht spricht«, da diese sich in der Liebe auf das Physische beschränken und sich unter dem Antrieb der Natur wahllos der »Hitze des Temperaments« überlassen [14], wirkt sie beim Zivilisierten mit dem Geruch zusammen, um sein Verlangen zu wecken und wachzuhalten:

»Der Geruchssinn ist der Sinn der Einbildungskraft. Wie er die Nerven stark anspricht, so muß er wohl auch das Gehirn in hohem Grade erregen; deshalb belebt er auch das Temperament nur für Augenblicke und erschöpft es auf die Dauer. Seine Wirkungen in der Liebe sind hinlänglich bekannt. Der süße Duft eines Ankleidezimmers ist kein so schwacher Köder, wie man denkt, und ich weiß nicht, ob man den klugen und wenig empfindsamen Mann beneiden oder bedauern soll, den der Duft der Blumen am Busen seiner Geliebten niemals erbeben ließ.« [15]

Mit der Sozialisierung hat sich der Geruchssinn zugleich intellektualisiert: Er kommt dem Traum, dem Phantasma entgegen. Aber die Zweideutigkeit der Einbildungskraft greift auf ihn über: beide können in Fallen locken. Ob in der Liebe oder bei der Jagd, der Geruch ist ein Werkzeug des Fangens. Während er aber im natürlichen Zustand den Jäger bei der Verfolgung des Wildes leitet, lockt er im bürgerlichen Zustand den Menschen in einen Hinterhalt.

Das enge Verhältnis zwischen Geruchssinn und Einbildungskraft ist die Ursache wichtiger qualitativer Differenzen in den olfaktorischen Fähigkeiten. Frauen haben mehr Einbildungskraft als Männer und sind darum auch für Gerüche im allgemeinen empfindlicher. Kleine Kinder dagegen, die wie die Wilden die Gabe der Einbildung nur der Anlage nach besitzen, zeigen dieselbe Indifferenz, die man auch bei manchen Tieren findet: »Nicht, als ob die Empfindlichkeit bei ihnen nicht ebenso fein oder vielleicht noch feiner als bei Erwachsenen wäre, aber, weil sie noch keine andere Vorstellung damit verbinden, wird durch den Geruch nicht leicht ein Gefühl des Schmerzes oder Vergnügens in ihnen erregt, und sie werden weder angenehm berührt noch abgestoßen wie wir.« [16] Erst mit zwei oder drei Jahren verliert ihr Geruchssinn, wenn ihm die Einbildungskraft zu Hilfe kommt, seine Stumpfheit. Diese olfaktorische Indifferenz der kleinen Kinder läßt Rousseau, im Anschluß an Hobbes, den relativen Charakter der guten und schlechten Gerüche unterstreichen. Die Kinder bemerken zwar schon sehr früh die unterschiedliche Intensität der Gerüche, verbinden damit aber keine qualitative Unterscheidung: »Die Empfindung kommt von Natur, die Neigung oder Abneigung nicht.« [17]

Das Urteil über gute und schlechte Gerüche wird auch vom Verhältnis zwischen Geruchssinn und Geschmack bestimmt. Der durch eine bestimmte Lebensweise bedingte Geschmack färbt auf die Gerüche ab, die ihn ankündigen. Demnach hätten die Wilden ganz andere Geruchsempfindungen als wir und würden sie ganz anders beurteilen: »Ein Tatar muß mit dem gleichen Wohlbehagen ein stinkendes Viertel von einem toten Pferd riechen wie bei uns ein Jäger ein halb verfaultes Rebhuhn.« Und wegen der sehr engen Verbindung beider Sinne müsse man auf den dummen Schwindel verzichten, zu dem man sie manchmal benutzt, wenn man zum Beispiel einem Kind den widerlichen Geschmack einer Medizin durch ein angenehmes Aroma verhüllt: »Denn der Zwiespalt zwischen den beiden Sinneseindrücken ist in diesem Fall doch zu groß, als daß es sich täuschen ließe ... Ein sehr angenehmer Duft verwandelt sich nun in einen widerlichen Geruch, und so vermehren wir durch unsere aufdringlichen Vorsichtsmaßregeln die Summe der unangenehmen Eindrücke auf Kosten der angenehmen.« [18]

Wie Rousseau hebt auch Cabanis die engen Beziehungen des Geruchs zu Geschmack, Liebe und Einbildungskraft hervor. Als »Führer und Wachtposten des Geschmacks« ist der Geruch zugleich der Sinn der erotischen Empfindlichkeit:

»Die Zeit der Blüte ist zugleich die der Liebesfreuden: wollüstige Vorstellungen verbinden sich mit Bildern von Gärten oder von duftendem, schattigem Laub; und die Dichter schreiben mit Recht den Düften die Kraft zu, die Seele mit einer süßen Trunkenheit zu erfüllen. Wo wäre der Mensch, und sei er noch so weise, wenn er im übrigen wohlbeschaffen ist, dessen Einbildungen noch nie von den Düften eines Blumenstraußes bewegt worden wären?« [19]

Trotz mancher offenkundiger Bezüge zum *Émile* wird hier mit dem Sensualismus gebrochen: Cabanis will die Gerüche nicht »in ihren entfernten und moralischen Auswirkungen betrachten, das heißt, sofern sie allein durch die Verknüpfung der Vorstellungen eine Fülle von Eindrücken hervorrufen, die von ihrem eigenen Einfluß nicht direkt abhängig sind.« In dieser Absicht könne man die sinnlichen Erregungen, die der Geruchssinn gewähre, und seine schwache Verhaftung im Gedächtnis rein physiologisch erklären. Unmittelbar wirkten sich die Gerüche sehr stark auf das gesamte Nervensystem aus und machten es zu allen sinnlichen Genüssen bereit; sie übertragen ihm »jenen leichten Verwirrungszustand, der davon anscheinend nicht zu trennen ist; und dies alles, weil sie einen besonderen Einfluß auf diejenigen Organe ausüben, in denen die lebhaftesten Freuden, die der empfindenden Natur gewährt sind, ihren Ursprung haben«. So verknüpft Cabanis zwar, wie Rousseau, den Geruchssinn mit dem Liebesbegehren, besteht aber deutlicher auf den Verbindungen zwischen den olfaktorischen und den sexuellen Vorgängen, auf dem physiologischen Aspekt, auf den der Arzt naturgemäß sein Augenmerk richtet und den Rousseau, der eher an den damit verknüpften Vorstellungen interessiert war, nur angedeutet hatte.

Obwohl sein Hauptwerk *Rapports du physique et du moral* erst 1802 erschien, ist Cabanis doch ganz ein Mensch des 18. Jahrhunderts, ein Nachfolger Condillacs, dessen Tradition der psychologischen Analyse er fortführt. Aber im Unterschied zu dieser Tradition betont er die Notwendigkeit, das Studium der psychischen Tatsachen mit dem der Physiologie zu verknüpfen, und erklärt den Instinkt zum Bindeglied zwischen dem Geistigen und dem Organischen. Die »gute Analyse« darf nicht künstlich die Tätigkeiten der Sinne voneinander isolieren, denn sie wirken zusammen und unterliegen den Einflüssen der Organe, der Eingeweide und des Nervensystems. Darum gilt es, die Empfindungen, »die Quelle aller moralischen Vorstellungen und Gewohnheiten des Menschen« [20], zu erforschen, und zwar in ihrem Verhältnis zum ganzen lebendigen Körper. Condillacs Statue wird ja, wenn sie eine Rose riecht, »ihrerseits ganz zu Rosenduft und nichts weiter, und dieser nicht minder exakte als erfinderische Ausdruck gibt vorzüglich die einfache Modifikation wieder, die das Gehirn in diesem Augenblick durchmachen muß«.[21] Die wirkliche Geruchswahrnehmung aber ist weit davon entfernt, sich auf die Nase zu beschränken und keinerlei fremde Eindrücke aufzunehmen: sie ist viel komplizierter, weil der Geruch nicht nur mit den anderen Sinnen zusammenwirkt, sondern auch »besondere Sympathien« zum Verdauungstrakt und den Geschlechtsorganen unterhält. Diese Beziehungen machen die Wirkung mancher Gerüche verständlich, die den Magen in Aufruhr versetzen, zu krampfhaftem Erbrechen führen, hysterische Anfälle erregen oder beruhigen können.

Wegen der Bedeutung, die Cabanis den inneren Eindrücken für die Geistestätigkeiten zuschreibt, erklärt er die Instinkttheorie Condillacs für unzulänglich. Während die Anhänger Condillacs im Instinkt nur ein »überlegtes Urteil« sehen, versteht Cabanis darunter »alle inneren Antriebe, unabhängig von einem äußeren Eindruck« [22] und weist ihm eine maßgebliche Rolle zu. Bei den Säugetieren sei das wichtigste Organ für Sympathie und Antipathie der Geruchssinn:

»Es ist nicht zu bezweifeln, daß jede Art und sogar jedes Individuum einen besonderen Geruch verbreitet: dieser bildet sich um das Individuum, wie eine Atmosphäre von tierischen Ausdünstungen, die sich im Fortgang des Lebens immer wieder erneuert; und wenn das Individuum wandert, so hinterläßt es überall an seinem Wege Partikel, die es den Tieren seiner oder einer anderen Art, die mit einem feinen Geruchssinn begabt sind, ermöglichen, ihm sicher zu folgen.« [23]

Von da aus ist auch die Anziehung verständlich, die vom Geruch gesunder Tiere ausgeht: Er weckt organische Lüste und hat eine heilsame Wirkung. Die Alten kannten die Wohltaten, die siechen Greisen und durch sexuelle Ausschweifung erschöpften Kranken durch die belebenden Ausdünstungen junger, kräftiger Körper zuteil werden. David teilte im hohen Alter das Lager mit schönen jungen Mädchen, und die griechischen Ärzte, nach Galen, empfahlen zur Behandlung verschiedener Arten der Auszehrung Milch von der Brust einer gesunden, appetitlichen Amme. Aus demselben Grund wird auch zur Heilung mancher Leiden die Luft gut gepflegter Ställe empfohlen.

# 12. Kapitel: Kant und Hegel: der antisoziale Sinn und seine Verbannung aus der Ästhetik

Ob es nun um die Bedeutung der organischen Voraussetzungen für das psychische Leben oder um den Beitrag der Sinne zum theoretischen Denken geht, bei den Denkern im Jahrhundert der Aufklärung besteht unbestreitbar ein neues Interesse für den Geruchssinn. Aber in diesen Bestrebungen zu seiner Rehabilitation herrscht keine Einmütigkeit. Insbesondere Kant steht außerhalb dieser Bewegung.

In Kants Sinneshierarchie, die zugleich von empirizistischen und rationalistischen Auffassungen ausgeht, kommt dem Geruchssinn eine untergeordnete Stellung zu. Er ist »der undankbarste« und »entbehrlichste« der Sinne.[1] Nah verwandt dem Geschmack, stellt er wie dieser einen Nah-Sinn dar. Beide wirken nicht wie Tastsinn, Gesicht und Gehör auf mechanische und äußere Weise auf die Gegenstände ein, sondern auf chemische und »innigst einnehmende« Weise. Die Wirkung auf das Subjekt geschieht ohne ein dazwischen stehendes äußeres Mittel und ist daher eher subjektiv als objektiv. Geruch und Geschmack sind daher »Sinne des Genusses«, nicht der Wahrnehmung, denn sie besagen wenig über die Eigenschaften der äußeren Gegenstände.

Wie er nun schon zur Erkenntnis durch Erfahrung wenig beiträgt, wirkt der Geruchssinn, was seine Nichtswürdigkeit vollmacht, obendrein auch noch der Freiheit und Geselligkeit entgegen. Die »Einnehmung« des Geruchs in die Lungen ist ja »noch inniglicher« als die des Geschmacks in die aufnehmenden Gefäße des Mundes oder Rachens. Außerdem werden Gerüche im Gegensatz zu Speisen meistens unfreiwillig aufgenommen; man kann ihnen nicht ausweichen, und es gibt für sie kein Wiederausstoßen ähnlich dem Erbrechen. »Geruch ist gleichsam ein Geschmack in der Ferne, und andere werden gezwungen, mit zu genießen, sie mögen wollen oder nicht, und darum ist er als der Freiheit zuwider weniger gesellig als der Geschmack, wo unter vielen Schüsseln und Bouteillen der Gast Eine nach seiner Behaglichkeit wählen kann, ohne daß andere genötigt werden, davon mit zu genießen.«

Seine Aufdringlichkeit ist um so ärgerlicher, »denn es gibt mehr Gegenstände des Ekels (vornehmlich in volkreichen Orten) als der Annehmlichkeit, die er verschaffen kann.« Diese sehr flüchtige Erwähnung der Abstoßungen und Konflikte, die der Geruch des gemeinen Volkes hervorrufen kann, begründet für Kant einen gewissen Pessimismus. Es lohne sich nicht, meint er, den Geruchssinn zu kultivieren oder im Interesse des Genusses zu verfeinern. Nicht unwichtig sei nur, daß er helfe, das Einatmen schädlicher Luft oder den Verzehr fauliger Speisen zu vermeiden.

Selten wurde in der ganzen Geschichte der Philosophie ein herablassenderes Urteil über den Geruchssinn abgegeben. So viel Strenge ist schon überraschend bei einem für Gerüche hypersensiblen Denker, der jeden Tag mehrere Stunden mit Freunden bei Tisch zubrachte. Soll man darin die Haltung eines Moralisten sehen, der die Gastlichkeit schätzte, aber allzusehr besorgt war, das Geruchsempfinden anderer nicht verletzen, oder die parosmische Reaktion eines Mannes, der gegen Düfte und Blumen indifferent war? Oder ist es das Mißtrauen des »Weisen« gegen den körperlichsten und sinnlichsten von allen Sinnen; glaubte er sich, wie La Metherie empfiehlt, zur äußersten Zurückhaltung gegen den Gebrauch von Parfüms verpflichtet? Denn diese Aufforderung entspricht einem Thema, das sich filigranhaft durch die ganze philosophische Geschichte des Geruchssinns hindurchzieht und das sein Fazit erst bei Freud und Marcuse findet, nämlich die Abdrängung eines gefährlichen Sinns, der die sexuelle Anziehung beherrscht. »Der gesellschaftliche Mensch«, bemerkt La Metherie, »hat seine Genüsse auf seiten des Geruchssinns noch nicht so weit vervollkommnet wie bei den anderen Gegenständen seines Empfindens. Die Kunst des Schmeckens ist sehr hoch entwickelt worden. Welche Vielfalt an Gerichten und Getränken! Die Musik hat die Klänge unendlich abgewandelt, die Freuden des Auges wurden wunderbar vervielfacht, aber nichts wurde getan, um die Genüsse, die der Geruch bewirkt, zu vermehren, obwohl doch bekannt ist, daß dies sehr wollüstige Empfindungen sind. Denn der ständige Gebrauch der Düfte führt zur Wollust, und darum findet man ihn beim reifen Mann unverzeihlich.«[2] Parfüms und Blumen werden also in kleinen Mengen bei anständigen Frauen geduldet, im übrigen aber den Kurtisanen und Lüstlingen überantwortet. Der sensualistische Arzt teilt in dieser Hinsicht das Mißtrauen Platons und Kants.

Noch ausdrücklicher als bei Kant wird der Geruch bei Hegel als ein Sinn des materiellen Genusses aus der Ästhetik ausgeschlossen.[3] Und der erste Grund für diese Ablehnung findet sich in der Stellung der Nase im Gesicht.[4] Als verbindendes Organ nimmt dieser Appendix ja einen strategischen Ort zwischen den zwei gegensätzlichen Teilen des Gesichts ein: dem »theoretisch geistigen« der Stirn mit Augen und Ohren, und dem »praktischen«, der hauptsächlich aus den Freßwerkzeugen besteht. Obwohl Hegel die Nase in dem Teil des Gesichts angesiedelt findet, der auf die bloße Nützlichkeit gerichtet ist, meint er, daß sie »zu beiden Systemen« gehöre. Alle Zwiespältigkeit des Geruchssinns kommt von dieser Position: an den Grenzen zwischen der geistigen und der materiellen Zone fehlt der Nase die Souveränität, und sie wird wie ein »Pufferstaat« ins jeweils stärkere Lager hinübergezogen.

Von welcher Seite sie annektiert wird, ist schon auf der Ebene der Anatomie zu erkennen. Wird die Trennung zwischen Nase und Stirn durch eine Einsenkung deutlich markiert, so scheint die Nase von oben zu den Mundwerkzeugen hinabgezogen zu werden:

»Dann erhält die Stirn in ihrer isolierten Stellung einen Ausdruck der Härte und der eigensinnigen geistigen Konzentration in sich gegen die beredte Mitteilung des Mundes, der zum Organ der Ernährung wird und sogleich die Nase für den Beginn der Begierde, für den Vorsatz des Riechens in ihren Dienst nimmt und sie auf das physische Bedürfnis hinausgerichtet zeigt.«

Beim Tier ist das praktische System vollkommen dominant, und das Vorstehen des Maules, das der Befriedigung der materiellen Bedürfnisse dient, verleiht seiner Physiognomie »den Ausdruck der Geistlosigkeit«.

Das griechische Profil dagegen, die ideale Form des menschlichen Kopfes, kennzeichnet sich durch den nahezu ununterbrochenen Zusammenhang zwischen Stirn und Nase. Aus ihm spricht der Sieg des Denkens über das bloße Natürliche, das ganz zurückgedrängt wird. Die Nase erscheint darin »mehr der Stirne angeeignet und erhält dadurch, als zum System des Geistigen herübergezogen, selber einen geistigen Ausdruck und Charakter. Das Riechen wird gleichsam zu einem theoretischen Riechen ..., wie sich denn auch die Nase in der Tat durch Rümpfen u.s.f., wie unbedeutend diese Bewegungen auch sein mögen, dennoch höchst regsam für den Ausdruck geistiger Beurteilungen und Empfindungsweisen zeigt.«

Da er so zwischen den widerstreitenden Interessen hin und her gezogen wird und gegenüber dem Geschmack nur eine relative Autonomie besitzt, wird der Geruchssinn unter die praktischen Sinne verwiesen, die es nur mit dem Materiellen zu tun haben und die unfähig sind, eine uneigennützig ästhetische Haltung einzunehmen. Anders als Gesicht und Gehör, die sich nur an die Form der Gegenstände halten und diese selber unversehrt lassen, trägt er zu ihrer Vernichtung bei: Der Geruch kann kein Organ des Kunstgenusses sein, »weil sich die Dinge dem Geruch nur darbieten, insofern sie in sich selber prozessierend sind, sich auflösen durch die Luft und deren praktischen Einfluß«.[5] Unvereinbar mit den Interessen der Kunst wie des Geistes, an der Nahtstelle zwischen den geistigen und den natürlichen Sinnen, kann er eine gewisse Dignität nur durch Verzicht auf seine primäre und naturgemäße Funktion, nämlich das Riechen, erlangen, und auch das nur unter Verdrängung seiner Bindungen an den Körper. Wo wäre, unter diesen Umständen, die theoretische Rolle, die Hegel der Nase zuweist, anders als im Gesicht einer Statue denkbar?

# 13. Kapitel: Zwei Philosophen mit Nase: Feuerbach, Nietzsche

Die bei Kant und Hegel so deutliche Geringschätzung des Geruchssinns ist, nach Feuerbach, bedingt durch einen Idealismus, der in der Hegelschen Philosophie seinen Gipfel erreicht hat. Feuerbachs Kritik des spekulativen Denkens richtet sich sowohl gegen Hegels absoluten Idealismus, der nicht fähig ist, die Welt wirklich aufzufassen, weil er die Wahrheit der Sinne nur widerstrebend annimmt, als auch gegen das Christentum, das ein »entleibtes« und abstraktes Ideal hervorbringt.[1] Beide tragen bei zur Entfremdung und Aufspaltung des Menschen: ein verarmtes und verstümmeltes Denken, das sich vom Körper und den Sinnen abschneidet. Feuerbach, ein unorthodoxer Schüler Hegels, nähert sich dem Materialismus an und bricht mit dem System seines Meisters; er bemerkt, daß dem Idealismus »die Nase« fehlt: ». . . aber das Individuum, das Organ des Geistes, der *Kopf*, sei er auch noch so universell, ist stets gezeichnet mit einer *bestimmten*, sei es nun spitzigen oder stumpfen, feinen oder plumpen, langen oder kleinen, gebogenen oder geraden Nase.«[2] Diesem blutlosen Denken, das der letzte Versuch sei, »das verlorene, untergegangene Christentum durch die Philosophie wiederherzustellen«[3], setzt er ein anderes, ganz und gar leibliches entgegen, das sich »nicht auf eine wesen-, farb- und namenlose Vernunft stützt, sondern auf die mit dem Blute des Menschen getränkte Vernunft.«[4] Der Geruchssinn spielt eine Rolle im Zusammenhang einer Auffassung des »ganzen Menschen«, die, ohne ihre Verbindungen und Divergenzen zu manchen materialistischen Strömungen zu verleugnen, sich doch jeder Etikettierung entzieht. Dieser Mensch »von Fleisch und Blut«, für den Feuerbach seit 1843 eintritt, legt Wert auf seine Körperlichkeit und denkt im Einklang mit dem Körper: »Wenn die alte Philosophie zu ihrem Ausgangspunkt den Satz hatte: Ich bin ein abstraktes, ein nur denkendes Wesen, der Leib gehört nicht zu meinem Wesen; so beginnt dagegen die neue Philosophie mit dem Satze: Ich bin ein wirkliches, ein sinnliches Wesen: Der Leib gehört zu meinem Wesen; ja, der Leib in seiner Totalität ist mein Ich, mein Wesen selber.«[5]

Die Überzeugung, daß Universalität und Freiheit, die den Menschen kennzeichnen, nicht allein das Werk der Vernunft, sondern des ganzen Wesens sind, läßt Feuerbach die »niedersten« Sinne mit den »höchsten« auf eine Stufe stellen. Jede Sinneshierarchie wird aufgehoben. Geruch und Geschmack erscheinen ebenso wie Gesicht und Gehör als fähig, sich aus der tierischen Gebundenheit an das Bedürfnis zu selbständiger »theoretischer Bedeutung und Würde« zu erheben. Besonders charakteristisch für dieses Vorgehen ist übrigens, daß es von einem langen Plädoyer für den Magen begleitet wird, der gemeinhin für das trivialste Organ gilt:

»Ja, selbst der Magen des Menschen, so verächtlich wir auch auf ihn herabblikken, ist kein tierisches, sondern menschliches, weil universales, nicht auf bestimmte Arten von Nahrungsmitteln eingeschränktes Wesen. Eben darum ist der Mensch frei von der Wut der Freßbegierde, mit welcher das Tier über seine Beute herfällt. Laß einem Menschen seinen Kopf, gib ihm aber den Magen eines Löwen oder eines Pferdes – er hört sicherlich auf, ein Mensch zu sein. Ein beschränkter Magen verträgt sich auch nur mit einem beschränkten, d. i. tierischen Sinne. Das sittliche und vernünftige Verhältnis des Menschen zum Magen besteht daher auch nur darin, denselben nicht als ein viehisches, sondern menschliches Wesen zu behandeln. Wer mit dem Magen die Menschheit abschließt, den Magen in die Klasse der Tiere versetzt, der autorisiert den Menschen im Essen zur Bestialität.«

Ebenso wie der Magen ist auch der Geruchssinn nur insofern »menschlich«, als er nicht an beschränkte Eindrücke gebunden bleibt. Diese mangelnde Determination ist der Grund der geringeren Sinnesschärfe, zugleich aber die unbedingte Voraussetzung der Vermenschlichung: Der menschliche Geruchssinn ist schwächer als der des Hundes, aber nur, weil er freier und universeller ist, das heißt vielerlei Gerüche und nicht nur wenige ganz bestimmte umfaßt. Indem er also dem Geruchssinn Privilegien gewährt, die Hegel dem Geist vorbehalten wollte, entbindet ihn Feuerbach von seinem unwürdigen »tierischen« Status und überträgt ihm eine bis dahin verweigerte Selbständigkeit. Er gilt nun nicht mehr als ein auf die Gegenstände nur destruktiv einwirkender Sinn, sondern ist fähig »zu geistigen, zu wissenschaftlichen Akten« im Dienste der Erkenntnis oder der Kunst.[6]

Noch radikaler ist die Aufwertung des Geruchssinns durch Nietzsche, da er hier zum Instrument einer Kritik des Idealismus und des Christentums wird. Nietzsche verwirft die Halbherzigkeit Feuerbachs, der sich noch bemühte, einen von den idealistischen Denkern verachteten Sinn durch dessen Vergeistigung zu retten; er fordert im Gegenteil, für den Geruchssinn wie für den Menschen allgemein, gerade das Tierische, das man ihnen nehmen will: »Wir leiten den Menschen nicht mehr vom ›Geist‹, von der ›Gottheit‹ ab, wir haben ihn unter die Tiere zurückgestellt. Er gilt uns als das stärkste Tier, weil er das listigste ist: eine Folge davon ist seine Geistigkeit.« Die Zähmung seiner Instinkte führe sein Verderben und das »schlechte Gewissen« herbei. Damit habe sich auch die schwerste und furchtbarste Krankheit eingestellt, von der die Menschheit noch nicht genesen sei, nämlich »das Leiden des Menschen am Menschen, an sich: als die Folge einer gewaltsamen Abtrennung von der tierischen Vergangenheit, eines Sprunges und Sturzes gleichsam in neue Lagen und Daseins-Bedingungen, einer Kriegserklärung gegen die alten Instinkte, auf denen bis dahin seine Kraft, Lust und Fruchtbarkeit beruhte«.[7]

Religion und idealistische Philosophie werden hart angefaßt. Zusammen bringen sie verlogene Ideen auf wie die von einem »reinen Geist«, der von seiner fleischlichen Hülle nicht abhängig sei. Das Christentum wird scharf verurteilt als Pathologie des Instinkts, Haß auf das Leben, als größtes Unglück der Menschheit. Wenn der Mensch das mißratenste Tier darstelle, das kränklichste, das am gefährlichsten von seinen Instinkten abgeirrt sei, so liege die Schuld im wesentlichen bei einer

»Religion . . ., die den Leib mißverstehn lehrte! . . . die aus der unzureichenden Ernährung ein Verdienst macht! die in der Gesundheit eine Art Feind, Teufel, Versuchung bekämpft! die sich einredete, man könne eine ›vollkommene Seele‹ in einem Kadaver von Leib herumtragen, und dazu nötig hatte, einen neuen

Begriff der ›Vollkommenheit‹ sich zurecht zu machen, ein bleiches, krankhaftes, idiotisch-schwärmerisches Wesen, die sogenannte ›Heiligkeit‹ – Heiligkeit, selbst bloß eine Symptomen-Reihe des verarmten, entnervten, unheilbar verdorbenen Leibes!« [8]

Aber Nietzsche zieht auch gegen die Philosophen zu Feld, die den Leib verachten. Ohne von dessen »großer Vernunft« etwas zu wissen, zwingen sie ihm eine illusorische Moral auf, die Negation seiner unbekannten Weisheit: »Philosoph sein, Mumie sein, den Monotono-Theismus durch eine Totengräber-Mimik darstellen! Und weg vor allem mit dem Leibe, dieser erbarmungswürdigen idée fixe der Sinne! behaftet mit allen Fehlern der Logik ..., widerlegt, unmöglich sogar, ob er schon frech genug ist, sich als wirklich zu gebärden!« [9]

Die Zielscheibe seiner Kritik ist vor allem Schopenhauer. Dabei hatte dieser, der den Primat des Willens, das heißt des Leibes, über den Geist behauptete [10], immerhin schon von der Tradition Abstand genommen, die sich bemühte, den Menschen als vom Tier grundverschieden darzustellen und sein Wesen ins Bewußtsein zu verlegen. Wenn Schopenhauer den Geruchssinn zu einem »Sinn des Gedächtnisses« erklärt, »weil er unmittelbarer als irgend etwas anderes den spezifischen Eindruck eines Vorganges oder einer Umgebung, selbst aus der fernsten Vergangenheit, uns zurückruft«, distanziert er sich von einer philosophischen Strömung, die diesem Sinn alle geistigen Fähigkeiten absprach. Aber auch er privilegiert die abstrakteren Sinne. Das Gesicht als der unkörperlichste Sinn, ist der intelligenteste, der »Sinn des Verstandes«. Auf originelle Weise wird das Gehör aufgefaßt: obwohl passiv und in ewigem Krieg mit dem Geist, ständig die Vorrechte des Gesichts verletzend, ist es doch »der Sinn der Vernunft, welche denkt und vernimmt«. Geruch und Geschmack, als die beiden körperlichen Sinne, sind auch für Schopenhauer die niedrigsten, »mehr subjektiv als objektiv« (das Erbe Kants verrät sich in diesen beiden direkt aus der *Anthropologie* übernommenen Ausdrücken); sie dienen dem unstillbaren Begehren, einer Quelle des Leidens, von der man sich durch die Negation des »Willens« freimachen müsse.[11] Der Gedanke, daß der Schmerz den Grund allen Lebens bildet, prägt eine pessimistische Ethik, deren Schlüsselworte »Askese« und »Keuschheit« lauten.

Diese Körperfeindlichkeit, die Schopenhauer mit dem Christentum und dem Idealismus teilt, zieht ihm Nietzsches Angriffe zu: »Es besteht unbestreitbar, so lange es Philosophen auf Erden gibt ..., eine eigentliche Philosophen-Gereiztheit und -Rankünе gegen die Sinnlichkeit – Schopenhauer ist nur deren beredtester und, wenn man das Ohr dafür hat, auch hinreißendster und entzückendster Ausbruch.« [12] Zu dieser finsteren Philosophie mit dem »Totengräber-Geruch«, die sich gegen das Leben wendet, bezieht Nietzsche die Gegenposition.

Von dem ganzen »Philosophen-Volk« findet nur Heraklit in Nietzsches Augen Gnade. Das könnte überraschen, weil dieser Grieche ja ebenfalls die Sinne als lügnerisch behandelt. Aber er hat das unendliche Verdienst, nicht die üblichen Vorwürfe, ihre »Vielheit« und Veränderlichkeit betreffend, erhoben zu haben.[13] Und es scheint, als habe Nietzsche sich jenes Fragments von Heraklit erinnert, das offenbar eine Verbindung zwischen Geruch und Erkenntnis herstellt: »Wenn alle Dinge Rauch wären, würde die Nase sie erkennen« [14], wenn er von sich behauptet: »Mein Genie ist in meinen Nüstern.« [15]

Daraus nun macht er sein schärfstes wissenschaftliches Beobachtungsinstrument: »Die Nase ..., von der noch kein Philosoph mit Verehrung und Dankbarkeit gesprochen hat, ist sogar einstweilen das delikateste Instrument, das uns zu Gebote steht: es vermag noch Minimaldifferenzen der Bewegung zu konstatieren, die selbst das Spektroskop nicht konstatiert.« [16] Aber diese Apologie des Geruchssinns wird sofort ins Metaphorische gewendet, verschwimmt mit einer allgemeinen Apologie des Instinkts und des intuitiven Erkennens. Darum begegnet er der Geringschätzung aller Leibesverächter für den animalischsten der Sinne mit einer Art Riechprobe auf die Vernunft. Die Verbindungen des Geruchs zum Scharfsinn und zur Sympathie machen diesen Sinn zu dem eines Psychologen, der sich intuitiv zurechtfindet und dessen Kunst nicht so sehr eine Kunst der Argumentation als vielmehr des Witterns ist. Und als »geborener Psychologe« rühmt sich Nietzsche, in dieser Hinsicht besonders gut ausgerüstet zu sein: »Ich erst habe die Wahrheit entdeckt, dadurch daß ich zuerst die Lüge als Lüge empfand – *roch* ...«[17] Als echtes Mittel psychologischer und moralischer Erkenntnis ermöglicht es der Geruch, die Feigheit, Heuchelei und Dekadenz bis in ihre geheimsten Verstecke aufzuspüren, wohin weder das Auge noch die Argumentation je dringen. Der philosophischen Waffe schlechthin, der Dialektik (»sie kann nur Notwehr sein, in den Händen solcher, die keine andren Waffen mehr haben«[18]), stellt er diesen furchtbaren Verbündeten der Wahrheit entgegen, der die Seelen und die Herzen zu sondieren weiß:

»Mir eignet eine so vollkommene Reizbarkeit des Reinlichkeits-Instinkts, so daß ich die Nähe oder – was sage ich? – das Innerliche, die ›Eingeweide‹ jeder Seele physiologisch wahrnehme – *rieche* ... Ich habe an dieser Reizbarkeit psychologische Fühlhörner, mit denen ich jedes Geheimnis betaste und in die Hand bekomme: der viele verborgene Schmutz auf dem Grunde mancher Natur, vielleicht in schlechtem Blut bedingt, aber durch Erziehung übertüncht, wird mir fast bei der ersten Berührung schon bewußt. Wenn ich recht beobachtet habe, empfinden solche meiner Reinlichkeit unzuträgliche Naturen die Vorsicht meines Ekels auch ihrerseits: sie werden damit nicht wohlriechender ...«[19]

Dank dieses feinen Riechorgans wird die krankhafte Natur des Zivilisierten an den Tag gebracht, den eine Moral, die ihn über seine Instinkte zu erröten lehrt, kastriert hat. Weil er sie nicht mehr frei ausleben kann, unterdrückt er sie zum eigenen Verderben. Bei der Verwandlung dieses menschlichen Raubtiers in den Menschen des schlechten Gewissens wird ein Gestank frei, der eines Wesens, das seine Bestialität und damit auch seinen »Willen zur Macht« einbüßt:

»Auf dem Wege zum ›Engel‹ ... hat sich der Mensch jenen verdorbenen Magen und jene belegte Zunge angezüchtet, durch die ihm nicht nur die Freuden und Unschuld des Tiers widerlich, sondern das Leben selbst unschmackhaft geworden ist – so daß er mitunter vor sich selbst mit zugehaltener Nase dasteht und mit Papst Innocenz dem Dritten mißbilligend den Katalog seiner Widerwärtigkeiten macht (›unreine Erzeugung, ekelhafte Ernährung im Mutterleibe, Schlechtigkeit der Stoffe, aus denen der Mensch sich entwickelt, scheußlicher Gestank, Absonderung von Speichel, Urin und Kot‹).«[20]

Als guter Spürhund riecht Nietzsche schon von weitem die Fäulnis in den erbaulichsten Morallehren, den Verfall von Idealismus und Christentum, die vor der Wirklichkeit fliehen und sich dem Jenseits zuwenden. Es genüge ja, irgendeinen christlichen Agitator, wie den heiligen Augustinus, zu lesen, und man könne förmlich riechen, was für unsaubere Gesellen da obenauf gekommen seien. Immer wieder muß er sich die Nase zuhalten: »Schlechte Luft! Schlechte Luft! Diese Werkstätte, wo man Ideale fabriziert – mich dünkt, sie stinkt vor lauter Lügen.« [21] Seinen Feldzug gegen die Moral aber will er ohne Pulverdampf führen [22]; ganz andere und viel angenehmere Düfte verheißt er den feineren Nüstern.

Als Sinn der Wahrheit, da er aus den sicheren Quellen des tierischen Instinkts schöpft, der dem Leib seine hohe Weisheit verleiht, als Instrument des Psychologen, der Falschmünzerei und Illusionen durchschaut, entthront der Geruchssinn auf der Suche nach der Wahrheit die kalte, aus dem Kampf gegen den Instinkt geborene Logik. Über seine primäre Funktion hinaus nimmt er die eines »sechsten Sinnes« an: des Sinns der intuitiven Erkenntnis.

## 14. Kapitel: Freud und Marcuse: »organische« Verdrängung und »zusätzliche Unterdrückung« des Geruchssinns

Als noch enger erscheint die Beziehung zwischen der Abwertung des Geruchssinns und der Entwicklung der Kultur bei Sigmund Freud. Das eine ist die unabdingbare Voraussetzung für das andere. Zwar beschreitet Freud nicht geradezu die Wege der Philosophie, aber er pflegt sie immer wieder zu kreuzen. 1896 stellt der Vater der Psychoanalyse in einem Brief an Fließ fest, wie sie nun beide den Umweg über die Medizin genommen hätten und wie er selber »im geheimsten« immer noch die Hoffnung nähre, auf diesem Wege zu seinem Anfangsziel, der Philosophie, zu kommen. »Denn das wollte ich ursprünglich, als mir noch gar nicht klar war, wozu ich auf der Welt bin.« [1]

Das Nachlassen des Geruchssinns geschieht im Zusammenhang eines allgemeinen Triebverzichts, trägt aber auf eine viel grundlegendere Weise als für Nietzsche zum Kulturprozeß bei. 1930 bringt Freud eine Hypothese zu der Tatsache vor, daß der Geruchssinn der Primitiven dem des zivilisierten Menschen überlegen ist, anknüpfend an eine schon 1871 aufgestellte Hypothese Darwins. Dieser hatte aus derselben Tatsache nach dem Prinzip der allgemeinen Entwicklung gefolgert, daß dieser Sinn sich im Lauf der Zeit verändert habe und daß seine jetzige Schwäche von seiner geringen Nützlichkeit herrühre. In seinem gegenwärtigen Zustand sei der Geruchssinn ererbt von einem entfernten Vorfahren, der ihn ständig gebraucht habe.[2] Auch Freud stellt eine Verbindung zwischen der Schwächung der Geruchswahrnehmung und der Kultur her, fügt aber noch eine ganze Reihe Vermutungen hinzu. In einem anderen Brief an Fließ, vom 14. November 1897, schreibt er:

»Daß bei der Verdrängung etwas Organisches mitwirkt, habe ich oft geahnt, daß es sich um die Auflassung von ehemaligen Sexualzonen handelt, konnte ich Dir schon einmal erzählen ... bei mir hatte sich die Vermutung an die veränderte Rolle der Geruchssensationen geknüpft: aufrechter Gang, Nase vom Boden abgehoben, damit eine Anzahl von früher interessanten Sensationen, die an der Erde haften, widerlich geworden – durch einen mir noch unbekannten Vorgang.« [3]

Dieser Gedanke einer »organischen Verdrängung« sollte in der Schrift *Das Unbehagen in der Kultur* dann näher ausgeführt werden. Demnach haben die Geruchsreize mit dem aufrechten Gang an Bedeutung verloren; dafür hätten die Gesichtsreize, die die permanente sexuelle Erregung und Bindung an die Partnerin begünstigten, das Übergewicht erlangt und die erregende Wirkung der Menstruationsgerüche abgelöst. Mit dem Übergang von intermittierender zu dauernder sexueller Erregung sei die Entstehung der Familie möglich geworden, als ein erster Schritt zur Kultur.

Erstaunlicherweise ist in keinem dieser beiden Texte von einer wissenschaftlichen Entdeckung die Rede, mit der die These von einer organischen Zurückbildung des Geruchssinns zu untermauern gewesen wäre: dem vom eronasalen oder Jacobsonschen Organ. Nachdem es erstmals im 18. Jahrhundert bei einem erwachsenen Mann festgestellt worden war, hatte es der dänische Anatom Ludwig Jacobson 1809 an Säugetieren nachgewiesen. Für manche heutigen Physiologen wie Yveline Leroy hängt das Fehlen dieses Organs beim Menschen (abgesehen von sehr seltenen Ausnahmefällen, verschwindet es in den ersten Monaten des fötalen Lebens) mit dem Erwerb der zweibeinig-aufrechten Haltung und dem Übergang vom tierischen zum menschlichen Zustand zusammen. Bei seiner Vermutung einer organischen Verdrängung des Geruchssinns scheint Freud von Jacobsons Arbeiten nichts gewußt zu haben. Aber wie dem auch sei, Freud verknüpft ebenfalls dieses Phänomen mit der »Aufrichtung« des Menschen und der Abwehr der tierischen Entwicklungsphase. Dem Tier werden die Haltung »auf allen Vieren«, sexuelle Diskontinuität und Isolierung der Menstruationsperiode zugeordnet, dem Menschen die aufrechte Haltung, sexuelle Kontinuität und gemeinschaftliches Leben.

Die starke Beschränkung des Geruchssinns scheint ein Beitrag zu dem schweren Tribut gewesen zu sein, den der Kulturprozeß forderte. Seine Schwächung, als hemmende Bedingung, die die Rückkehr in die frühere Entwicklungsphase verhindert, wird begleitet von der Tabuisierung der Frauen während der Menstruation. Der Einfluß ihres Geruchs auf die Männer bedeutet ja die Gefahr einer Regression, der Wiederkehr eines archaischen Sexualverhaltens. So hätte also die Überwindung der tierischen Phase Unterdrückung und Ausschließung erzwungen, wobei der Geruchssinn und die Frau als komplementäre Hindernisse erschienen wären. Diese negative Rolle der Frauen wird dann in späteren Phasen der Kulturentwicklung ihre Fortsetzungen finden. Sie treten

»in einen Gegensatz zur Kulturströmung und entfalten ihren verzögernden und zurückhaltenden Einfluß ... Die Frauen vertreten die Interessen der Familie und des Sexuallebens; die Kulturarbeit ist immer mehr Sache der Männer geworden, stellt ihnen immer schwierigere Aufgaben, nötigt sie zu Triebsublimierungen, denen die Frauen wenig gewachsen sind ... So sieht sich die Frau durch die Ansprüche der Kultur in den Hintergrund gedrängt und tritt zu ihr in ein feindliches Verhältnis.«

Der Eintritt in die Kultur erfordert auch den Verzicht auf koprophile Interessen, die der Mensch mit dem Hund gemein hat, einem »Geruchstier«, das sich vor Exkrementen nicht scheut. Der Abscheu vor Fäkalien ist wichtig für die Entwicklung des Reinlichkeitsstrebens und wird durch den Geruchssinn ermöglicht:

»Der Antrieb zur Reinlichkeit entspringt dem Drang zur Beseitigung der Exkremente, die der Sinneswahrnehmung unangenehm geworden sind. Wir wissen, daß es in der Kinderstube anders ist. Die Exkremente erregen beim Kinde keinen Abscheu, erscheinen ihm als losgelöster Teil seines Körpers wertvoll. Die Erziehung drängt hier besonders energisch auf die Beschleunigung des bevorstehenden Entwicklungsganges, der die Exkremente wertlos, ekelhaft, abscheulich und verwerflich machen soll. Eine solche Umwertung wäre kaum möglich, wenn diese dem Körper entzogenen Stoffe nicht durch ihre starken Gerüche verurteilt wären, an dem Schicksal teilzunehmen, das nach der Aufrichtung des Menschen vom Boden den Geruchsreizen vorbehalten ist. Die Analerotik erliegt also zunächst der ›organischen Verdrängung‹, die den Weg zur Kultur gebahnt hat.« [4]

Wenn auch für den Kulturprozeß notwendig, ist die Rückbildung des Geruchssinns doch nicht ungefährlich. Die Einschränkungen, denen sie die Libido unterwirft, verringern die Glücksfähigkeiten des Einzelnen und können zur Ursache von Psychosen und Neurosen werden. Freud und Nietzsche zeigen zwar beide die Entwertung des Geruchs in der abendländischen Kultur auf, beurteilen sie aber verschieden. Während der Philosoph vor allem an die Erkenntnis und die ihr dadurch auferlegten Beschränkungen denkt, versteht sie der Psychoanalytiker unter dem Aspekt der von ihr erzwungenen Einschränkung der Genußfähigkeit. Aber sie treffen sich insofern, als beide diese Entwertung mit einer Triebunterdrückung und mit den Schäden in Verbindung bringen, die daraus für den Einzelnen erwachsen. Freud jedoch spricht ihr eine sehr viel größere Bedeutung zu, weil er eine direkte Beziehung zwischen dem Ausgangspunkt des Kulturprozesses und der organischen Verdrängung des Geruchssinns annimmt. In seinem Gefolge sollte Lacan sogar erklären: »Die organische Verdrängung des Geruchssinns beim Menschen macht viel aus für seinen Zugang zur Dimension Anderer.«[5]

Der freudianisch-marxistische Humanismus eines Herbert Marcuse übernahm diese These, ergänzte sie aber durch eine zusätzliche Differenzierung. Der Geruchssinn fällt einer zweifachen Verdrängung zum Opfer: Die eine, die primäre, fundamentale und für die berechtigten Zwecke der Kultur notwendige, betrifft die koprophilen Triebanteile, die andere, die sekundäre und unnötige, betrifft die olfaktorischen Genüsse und dient den Interessen sozialer Herrschaft. Geruch – und Geschmack ebenso – werden stärker verdrängt als die anderen Sinne, weil sie durch die lebhaften körperlichen Genüsse, die sie bereiten, die Reglementarisierung und Ausbeutung der Individuen behindern: »Geruch und Geschmack liefern tatsächlich unsublimierte Lust an sich (und unverdrängten Ekel). Sie setzen Individuen unmittelbar in Beziehung zueinander (und trennen sie), ohne die verallgemeinerten und konventionalisierten Formen des Bewußtseins, der Moral, der Ästhetik ... Die Lust der Nahsinne spielt an den erogenen Körperzonen – und tut es rein um der Lust willen. Ihre unverdrängte Entwicklung würde den Organismus in einem

Maße erotisieren, das seiner sozialen Nutzbarkeit als Arbeitsinstrument zuwiderliefe.« [6]

Als ein subversiver Sinn, der zugleich die Eindämmung der Partialtriebe und die Gebote einer bestimmten gesellschaftlichen Organisationsweise gefährdet, ist der Geruchssinn »ein gutes Beispiel für die Wechselbeziehung zwischen grundlegender und zusätzlicher Unterdrückung oder Verdrängung«. Gerade letztere übe auf die Individuen unnötigen Zwang aus, ohne zu den kulturellen Zwecken etwas Nützliches beizutragen. Entgegen dem Pessimismus Freuds, der in der Unterdrückung geradezu das Wesen der Kultur sah, versucht Marcuse eine weniger zwanghafte Kultur auszudenken, in der die zusätzliche Unterdrückung aufgehoben wäre. Die zusätzliche Verdrängung des Geruchs aufzuheben, würde folglich dieser Befreiungsabsicht zugute kommen. Er unterläßt es jedoch anzugeben, wie dies ohne Gefahr für die primäre Verdrängung des Geruchs, die für Entwicklung der Menschheit notwendig war, zu bewerkstelligen wäre.

## 15. Kapitel: Von der Philosophie zur Poesie: Fourier und Bachelard

Dem Geruchssinn ist von den Philosophen wahrhaftig übel mitgespielt worden: Platon und Aristoteles warfen ihm mangelnde Feinheit vor, Sprachlosigkeit und gelegentliche Unreinheit seiner Genüsse im Vergleich zu denen des Gesichts und Gehörs; Kant sah in ihm eine Quelle von Belästigungen, Schopenhauer zählte ihn unter die niederen Sinne, Hegel verbannte ihn aus der Ästhetik, und für Georg Simmel war er der antisoziale Sinn schlechthin.

Doch dieses düstere Bild ist zu nuancieren. Manche Philosophen, allerdings nur wenige, haben sich gegen diese Diskreditierung aufgelehnt: die Sensualisten, später Fourier, Feuerbach und vor allem Nietzsche, dessen Plädoyer jedoch nicht viel Widerhall fand. Die Bemühungen um die Rehabilitierung des Sinnes, abgesehen von den partiellen, die von Bachelard unternommen wurden, sind im 20. Jahrhundert nicht merklich vorangekommen. Den Gnadenstoß versetzte ihnen zweifellos die Psychoanalyse. Freud, der einen Zusammenhang zwischen dem Schwund des Geruchssinns und der Entwicklung der Kultur begründet, verweist diesen Sinn in den Bereich des Animalischen. Die klassische Phänomenologie bringt ihm kaum Interesse entgegen. Merleau-Ponty, in seiner *Phénoménologie de la perception*, geht bezeichnenderweise nicht auf ihn ein. Und Michel Serres, in einem neueren Werk, kann nur die Verachtung vieler Philosophen konstatieren: »Viele befassen sich mit dem Gesicht, wenige mit dem Gehör, und noch weniger schenken dem Tast- oder Geruchssinn Vertrauen. Die Abstraktion zerstückelt den empfindenden Körper, schneidet Geschmack, Geruch und Tastsinn weg und behält nur Gesicht und Gehör, Intuition und Verstand. Abstrahieren bedeutet nicht so sehr, den Körper verlassen, als ihn in Stücke reißen: Analyse.« [1]

Die Denkweisen, die den Geist, die Vernunft bevorzugt behandeln, neigen zu abschätzigen Urteilen über den Geruchssinn, während diejenigen, die auf den Körper mehr Wert legen, im allgemeinen auch den Geruch höher einschätzen. Obwohl sich zwischen diesen beiden Grundtendenzen manche Berührungen ergeben haben, ist doch deutlich, daß ihre Vertreter den Status des Geruchssinns oft völlig verschieden aufgefaßt haben. Für die einen leistet er zur Erkenntnis und zur Ästhetik nur einen unerheblichen oder gar keinen Beitrag, für die anderen ist er an beiden Bereichen unbestreitbar beteiligt oder sogar ausschlaggebend. »Ein Sinn des Bedürfnisses«, meint Pradines, der »weder wahre Welterkenntnis noch wahre Selbsterkenntnis«[2] gewährt; für Jaurès dagegen ist er ein ästhetischer Sinn, der »eine uneigennützige Beziehung zwischen uns und dem Leben dieser Erde, aus der wir stammen«[3], begründet; und so hat der Geruch in den Sinneshierarchien eigentlich immer eine strittige und ungefestigte Position eingenommen. Sehr oft scheint er eine irritierende Frage aufzuwerfen, wie wenn die Flüchtigkeit seines Gegenstandes jeden Versuch, ihn in ein System zu zwängen, mehr oder weniger entkräften müßte. Doch während er mit wissenschaftlichen oder philosophischen Begriffen schwer zu fassen ist, kommt er der poetischen Beschwörung entgegen. Und auf die Wege der Poesie sollte er zwei im übrigen so verschiedene Philosophen wie Charles Fourier und Gaston Bachelard führen.

An den Grenzen von Wissenschaft, Philosophie und Dichtung versucht Fourier eine heikle Synthese. Als Sohn einer Tuch- und Gewürzhändlerfamilie träumt dieser glühende Verteidiger des Begehrens und der Leidenschaft von den »Aromen« als Gegenständen einer echten Wissenschaft. Jedenfalls will er von jeder Art, die er anbaut, alle Varietäten haben und alle möglichen Formen des Anbaus erproben. Ein Zimmer wird in ein Treibhaus verwandelt und mit duftenden Pflanzen vollgestopft, bis nur noch ein schmaler Weg in der Mitte frei bleibt, über den man von der Tür zum Fenster gelangt[4]; und hier erarbeitet er die Grundlagen für sein »mouvement aromal« oder »Verteilungssystem der bekannten oder unbekannten Aromen, die Menschen und Tiere leiten, die Keime der Winde und der Epidemien bilden, die sexuellen Beziehungen der Gestirne regieren und die Keime aller Arten der Schöpfung erzeugen«[5]. Er scheut sich nicht, das aufklärungsstolze Jahrhundert vor den Kopf zu stoßen, dem er vorwirft, manche Wissenschaften zu ignorieren und von anderen nur ein Pseudowissen zu besitzen. Den Gelehrten seiner Zeit schlägt er Forschungsthemen vor, die der Wissenschaft neue Horizonte eröffnen sollen.[6] Er weist auf eine »sonderbare Lücke« hin: der Mechanismus der Aromen, der doch eine wichtige Rolle in der Harmonie des materiellen Universums spiele, sei noch nie Gegenstand einer Untersuchung geworden. »Man kennt weder diese Aromen in ihrem regelmäßigen System, noch die Ursachen der ihnen zugeteilten Einflüsse besonders in den Konjugationen der Gestirne, die von den Affinitäten zwischen den Aromen bestimmt werden.« Indem sie so mit den aktiv und passiv auf die tierischen, pflanzlichen und mineralischen Geschöpfe wirkenden Einflüsse verbunden werden, erlangen die Aromen endlich eine theoretische Würde. Die Bedeutung, die ihnen beigemessen wird, erscheint fundamental, weil die ganze Schöpfung als Ergebnis einer »aromalen Kopulation«[7] der Gestirne aufgefaßt wird: den Anfang von allem, was existiert, bildet die Fortpflanzung der Planeten durch Ausstoß von Aromen. Und für diesen Philosophen des Begehrens und der Liebe ist der Genuß so eng mit den Düften verknüpft, daß er sich den Aufenthalt der Seelen in der himmlischen Welt als ein freies Schweben von »Aroma-Körpern« in der Aroma-Hülle vorstellt, die wie eine Seifenblase jeden Planeten umgibt. Und die Schwelger, Gastronomen und andere, die befürchten mögen, daß für sie dort kein Platz sein werde, können beruhigt sein: das subtile Element, aus dem sie dann bestehen werden, wird den Geschmack der Welt sehr viel besser aufnehmen können als ihre jetzige Beschaffenheit aus Erde und Wasser. Unter anderen Genüssen werden sie »eine Fülle von Geschmäcken kosten, sowohl von den anderen Planeten wie aus dem Erdinnern«, und deren beste verzehren dürfen.[8] Diese Vision eines Jenseits, in dem Duft und Geschmack an den Freuden der Seligen einen großen Anteil haben, ist der lunaren Welt Cyrano de Bergeracs verwandt, wo »die unsichtbare Seele der Würzkräuter« die Nüstern des Reisenden umschmeichelt und wo er duftende Rauchwolken sieht, denn »die Kochkunst besteht darin, in großen, besonders geformten Gefäßen den Geruch einzufangen, den das Fleisch beim Kochen abgibt«[9]. Hier trifft sich die Theorie des Philosophen mit dem Traum des Dichters.

Statt über fehlende Untersuchungen des aromalen Mechanismus zu klagen, meint Bachelard im Gegenteil, daß die Gerüche im Bereich der wissenschaftlichen Forschung eine nur allzu große Rolle gespielt haben. Ebenso wie die Geschmäcke gehören sie zu den »groben Sensationen«, von denen die »substanzialistische Überzeugung« sich vorzugsweise bestimmen lasse.[10] Diese entstehe, wo ein unmittelbares Phänomen für das Zeichen einer substanziellen Eigenschaft genommen werde, und müsse als charakteristisch für eine vorwissenschaftliche, alle Fragen erstickende Mentalität bekämpft werden. Die Wirkung der Gerüche habe sich als um so nachteiliger erwiesen, als sie uns durch ihren direkten und intimen Eindruck »eine verläßliche Nachricht über eine materielle Realität zu geben scheinen«. Die Auffassungen vieler Chemiker und Ärzte des 17. und 18. Jahrhunderts bieten für diese Substantialisierung reichlich Anschauungsmaterial. Für Macquer zum Beispiel steckt die »Tugend« oder Kraft der Pflanzen wesentlich in ihrem Geruch.[11] Daraus folge, daß man, um die Kraft zu bewahren, den Geruch bewahren müsse, und der Glaube an die Wirksamkeit einer Substanz sei um so stärker, je mehr sie »das Signum eines spezifischen Geruchs« aufweise.[12] Charas hält denen, die das Vipernsalz von seinem unangenehmen Geruch befreien wollen, entgegen, damit würden sie ihm zugleich die Wirksamkeit nehmen.[13] Die vor allem von Boerhaave aufgestellte Theorie des »spiritus rector« lehrt, daß jede Pflanze oder jedes Tier eine Art Dunst abgebe, der dem jeweiligen Körper eigentümlich sei und sich nur im Geschmack und vor allem im Geruch bekunde. Überaus flüchtig verteile er sich in der Luft, behalte dort aber unzerstörbar seinen eigenen Charakter. Schnee, Regen oder Tau bringen ihn wieder zurück auf die Erde, die er befruchte, um wiederum zu Aroma zu werden[14]: »Ausgehaucht von den Rosen an einem Frühlingsabend, kehrt der Duft mit dem Morgentau in die Rosen zurück.«[15]

Als ob es nicht genügte, daß er so viele Geister von der echten wissenschaftlichen Erkenntnis abirren läßt, kann der Geruch auch »dem Substanzialismus primäre Gewißheiten geben, die sich später als echte Hindernisse für die chemische Untersuchung erweisen«. Die Entdeckung des Ozons bietet für diesen negativen Einfluß ein gutes Beispiel. Schon 1785 hatte van Marum erkannt, daß Sauerstoff einen Geruch annimmt, wenn er einem elektrischen Strom ausgesetzt wird. Er nahm an, daß es sich um den Geruch des elektrischen Stoffes handelte, »eine Folgerung, die lange Zeit die Forschung in falsche substanzialistische Verpflichtungen einband«. Dieser Umweg wird noch vergrößert durch die Tatsache, daß dieser Geruch derselbe ist wie der des Blitzes, der »nach den großen Sommergewittern in der Luft liegt, wenn die Luft weniger schwer geworden ist, angenehmer zu atmen, balsamischer ... was dem Versuch van Marums eine kosmische Bedeutung verleiht«.[16] Noch als Schoenbein 1840 die wirkliche Ursache des Geruchs zu erkennen beginnt, versucht er den wirksamen Geruchsstoff mit bekannten Stoffen wie Chlor und Brom zu vergleichen und gab ihm den Namen Ozon, abgeleitet von dem griechischen Wort für »riechen«. Die Überbewertung dieses Stoffes veranlaßte manche Ärzte sogar zur Suche nach einer Beziehung zwischen seinem Vorhanden- oder Nichtvorhandensein und dem Auftreten oder Aufhören mancher Epidemien, besonders der Cholera. Fast ein Jahrhundert lang tastete man so herum, ehe man auf Kosten einer langsamen »Entsinnlichung« das Wesen und die Eigenschaften des Ozons bestimmen konnte.

Wenn der Geruch in der vorwissenschaftlichen Mentalität als Erkenntnishindernis erscheint, spielt er dafür eine positive Rolle bei der Erweckung des Seins zum Bewußtsein: »Wenn ich für mein Teil den philosophischen Mythos von Condillacs Statue durchleben müßte, die das erste Universum und das erste Bewußtsein in den Gerüchen findet, würde ich nicht wie sie sagen: ›ich bin Rosenduft‹, sondern: ›ich bin vor allem Minzduft, Geruch der Wasserminze‹.«[17] Die ontologische Entsprechung zwischen dem Atem der Pflanze und dem Leben, das mit einem einfachen Aroma gleichgesetzt wird, deutet auf den Phönix-Mythos, den Mythos der Aromen und der Wiedergeburt hin, den Vogel, der an der Schwelle des Todes das letzte und unvollendete Werk eröffnet.[18] Der »Philosoph der Ikonoklasie« mißt den Gerüchen wegen ihrer engen Beziehungen zur Einbildungskraft und zum Gedächtnis höchste Bedeutung bei. Die Träumerei, »ein Universum im Ausströmen, ein Dufthauch, der durch einen Träumer hindurch aus den Dingen kommt«[19], erlaubt das Wiederfinden der Gerüche, in denen die Erinnerungen schlummern.

Bachelard nimmt ein Thema Prousts auf: Die Gerüche sind die Hüter der Vergangenheit, einer Vergangenheit, die aus den tiefsten Schichten des Seins, an den Grenzen des Gedächtnisses, gleichsam aus dem Unvordenklichen hervorgezogen wird. Die Verfahrensweisen sind sich augenfällig ähnlich. Aus einer Tasse Tee, in die Proust an einem Wintertag ein Stück Kuchen taucht, ersteht das Haus seiner Kindheit in Combray mitsamt der Umgebung: »Der Anblick jener Madeleine hatte mir nichts gesagt ... Aber wenn von einer früheren Vergangenheit nichts existiert nach dem Ableben der Personen, dem Untergang der Dinge, so werden allein, zerbrechlicher aber lebendiger, immateriell und doch haltbar, beständig und treu Geruch und Geschmack noch lange wie irrende Seelen ihr Leben weiterführen, sich erinnern, warten, hoffen, auf den Trümmern alles übrigen und in einem beinahe unwirklich winzigen Tröpfchen das unermeßliche Gebäude der Erinnerung unfehlbar in sich tragen.«[20]

Ein andermal ist es der Duft eines Holzfeuers in der kalten Luft seines Zimmers, der sich »wie eine Eisscholle aus einem Winter von ehemals losgelöst« hat und ihn »die Beschwingtheit durch lange Zeit aufgegebene Hoffnungen« wiedergewinnen läßt.[21] Darüber hinaus ermöglicht der Geruchssinn »ein Gedenken alles dessen, was unser Dasein in den vergangenen Minuten von sich hinterlassen hat, diese innerste Essenz von uns selbst, die wir überall verbreiten, ohne sie zu kennen, die aber ein Geruch, den wir damals verspürten ..., uns plötzlich wiederbringt.« Der einstmals wahrgenommene Geruch vergegenwärtigt also etwas ganz anderes als chronologische datierbare Ereignisfolgen der Vergangenheit: er setzt »die dauernde und gewöhnlich verborgene Essenz der Dinge« frei, erweckt unser wahres Ich, das tot zu sein schien, wieder zum Leben und entrückt es aus der Ordnung der Zeit. Ebenso liegt für Bachelard die wirkliche und »dichterisch nützliche« Kindheit [22], die durch die Erinnerung an einen Geruch für uns wieder erweckt wird, im Bezirk nicht der Fakten, sondern der Träumerei. Und für beide Schriftsteller sind diese eigentümlichen inneren Erlebnisse von einem Glücksgefühl begleitet. Bachelard, mit einem von Henri Bosco entlehnten Ausdruck, schreibt, daß ein »Freudendunst« dabei aus der Erinnerung aufsteige.[23]

Die beiden Auffassungen sind jedoch alles andere als identisch. Während bei dem Romancier die intimen Werte unwillkürlich, infolge einer zufälligen Empfindung wieder auftauchen, gedenkt der Philosoph, sie willentlich mit Hilfe der Einbildungskraft herbeizurufen. Er tritt in sich selbst ein, träumt und meditiert, und wie »die großen Träumer, die so die Vergangenheit zu atmen verstehen« [24], atmet er die Erinnerungen und die Gerüche aus: »Die Düfte, erstes Zeugnis unserer Verschmelzung mit der Welt! Diese Erinnerungen an die Düfte von einst finden wir wieder, wenn wir die Augen schließen. Einst haben wir die Augen geschlossen, um ihre Tiefe zu kosten. Wir haben die Augen geschlossen, und schon haben wir ein wenig geträumt. Wenn man gut träumt, einfach träumt, sich in einer ruhigen Träumerei ergeht, wird man sie wiederfinden.« Und diese »Duftbilder« werden um so feiner gezeichnet sein, wenn Einbildung und Gedächtnis sich in vollkommener Symbiose befinden. Also erst im Anschluß an eine willentliche Maßnahme, die auf die Beschreibung verzichtet und den Träumer in das Traumgesicht hineinversetzt, in eine Träumerei, die ihn sich »in seiner Vergangenheit ausruhen« läßt, wird das Geburtshaus erwähnt, das eher ein Obdach der Gesichte und Düfte als ein Wohngebäude ist:

»Wem wäre es zum Beispiel dienlich, den Grundriß des Zimmers aufzuzeichnen, das wirklich *mein* Zimmer war, das kleine Hinterzimmer auf einem Dachboden zu beschreiben, zu sagen, daß man durch das Fenster, zwischen den Giebeln hindurch, den Hügel erblickte. Ich allein vermag in meinen Erinnerungen, aus einem anderen Jahrhundert, den tiefen Wandschrank zu öffnen, der für mich allein noch seinen einzigartigen Duft bewahrt hat, den Duft der Trauben, die auf dem Holzrost trocknen. Der Duft der Trauben! Er ist an der Grenze, man muß viel Einbildungskraft haben, um ihn zu empfinden.« [25]

Die Analyse, die abstrakte Intelligenz ist ohnmächtig, dieses Jenseits hinter der echten Vergangenheit, die Traumbezirke der Intimität wiederherzustellen und den Weg zu ihrem Geheimnis zu weisen. Auch visuelle Bilder, die allzu deutlich sind, vermögen in die Zone einer unbestimmten Kindheit »ohne Eigennamen und ohne Geschichte« [26] nicht vorzudringen. Aber die Einbildungskraft, »die die Sprache lehrt, über sich hinauszugehen«, ist fähig, diese verschwundenen Welten aufzuspüren und ihren Duft freiwerden zu lassen.

Und während für Proust der sinnliche Eindruck notwendig ist, um das Vergangene wieder erstehen zu lassen, hat ein Wort, in dem der Geruch verwahrt ist und das wirklich trifft, für den Philosophen die gleiche Kraft: »Wenn man beim Lesen der Dichter bemerkt, daß in der Erinnerung an einen einzelnen Geruch eine ganze Kindheit beschworen wird, versteht man, daß der Geruch in einer Kindheit oder in einem ganzen Leben ein, wenn man so sagen darf, unermeßliches Detail ist.« [27] Mehr noch als in der *Suche nach der verlorenen Zeit* (wo die Geruchsempfindungen zwar meistens gegenwärtig, aber doch nicht das einzige sind, was die Erinnerungen zum Aufflammen bringt) wird der Geruch hier aufgewertet zum wählerischen Veredler des Gedächtnisses, zum Hüter der Erinnerungen, zur »Wurzel der Welt, Wahrheit der Kindheit«. Dennoch, und anders als etwa Fourier, der eine Wissenschaft von den Aromen geträumt hatte, nimmt sich Bachelard, trotz des gleichzeitigen Hangs zu wissenschaftlicher Strenge und poetischer Sensibilität, vor jeder Vermischung der Denkweisen in acht, wenn auch die Meinungen darüber auseinandergehen, ob er nun zwischen beidem eine undurchlässige Grenze aufrichten oder es gleichsam polyphon zusammenklingen lassen wollte. Bescheiden überläßt er es »den großen Träumern«, den Dichtern, die Gerüche zu beschwören, die uns »die Welträume der Kindheit während ihrer Ausdehnung« [28] zeigen.

# Schluß

Der Geruch kann uns noch belästigen, aber er macht uns keine Angst mehr. Er kann noch verführen, aber nicht mehr heilen. Immer noch kann er Gefallen oder Widerwillen erregen, aber seine Macht über Leben und Tod hat er verloren. So bündige Aussagen sind möglich, aber sie sollen kein allzu vereinfachtes Bild von der Geschichte der Gerüche und des Geruchssinns ergeben. Der Verlust des Geruchssinns bei unseren Zeitgenossen ist keine so neue Erscheinung, wie gern behauptet wird. Schon Aristoteles klagte über die Schwäche dieses Sinnes und seine Unfähigkeit zur vollen Wahrnehmung. – Was die Unterdrückung der Gerüche in unserer Gesellschaft angeht, so hat auch sie eine komplizierte Vorgeschichte. Für den heiligen Thomas von Aquino erfüllte der Weihrauch nicht nur einen symbolischen Zweck, sondern er sollte auch die schlechten Körpergerüche vertreiben, die sonst an der Stätte des Gottesdienstes herrschen und Abscheu erregen könnten. Diesen Widerwillen verspürte auch Michel Montaigne. Und der Wille zur Beseitigung der Gerüche an öffentlichen Orten kam in Frankreich schon seit dem 16. Jahrhundert zum Ausdruck, obwohl es dann noch sehr lange dauerte, bis er Folgen zeitigte. Aber nicht nur die als unangenehm empfundenen Gerüche wurden unterdrückt. Die Verwendung von Duftstoffen in sinnlicher Absicht wurde sowohl von den antiken Philosophen als auch von den christlichen Morallehrern verurteilt. Unhaltbar geworden ist sicherlich die Vorstellung von einer ruhmreichen olfaktorischen Vergangenheit, deren sämtliche Elemente: Umwelt, Vollkommenheit des Sinnes, geistiger Status und Macht der Gerüche, seit Anbruch der Moderne alle in denselben Niedergang mitgerissen worden wären. Die Art, wie Geruchssinn und Gerüche von der Philosophie und Medizin aufgefaßt wurden, läßt große Verschiebungen erkennen, die der manichäischen Sicht, wonach eine geruchsfeindliche Gesellschaft der Gegenwart einer duftliebenden Gesellschaft der Antike gegenüberstünde, widersprechen.

Als der berühmte Chemiker Fourcroy sich Ende des 18. Jahrhunderts über die Gerüche äußerte, verwarf er ohne Umschweife die Irrtümer der Antike. Ihre Werke enthielten dazu »nur Vermutungen, Träume ihrer Einbildungskraft ..., landläufige Irrtümer und unwahrscheinliche Angaben, mit denen unmöglich etwas anzufangen ist«. Nur zwei antike Schriftsteller werden von diesem vernichtenden Urteil ausgenommen: Hippokrates und Galen. Daran ist nichts Erstaunliches, denn »zu allen Zeiten waren es die Ärzte, die über diesen Gegenstand am besten geschrieben haben ... Die Beobachtung der Natur war für die guten Ärzte aller Jahrhunderte in dieser Frage die einzige Richtlinie, und dies ist der Grund für die deutliche Überlegenheit ihrer Schriften zu diesem Thema über die der alten Philosophen«.[1] Also ein Versagen des philosophischen und ein Triumph des medizinischen Denkens? Richtig ist, daß die Philosophen dem Geruch zwar weniger Interesse entgegengebracht haben als die Mediziner, daß aber ihre Urteile oft die triftigeren waren. Wichtig ist jedoch nur, daß die Medizin gegenüber den Gerüchen und ihren Wirkungen eine andere Mentalität ausgebildet hatte.

Beweiskräftig ist hierin der jahrhundertelange Kampf gegen die entsetzliche Plage der Pest. Er zeigt, welcher Abgrund die modernen von den antiken Auffassungen trennt. Daß man hier eine Theorie anwendete, die auf Gerüchen gründete, zeigt, wie ungemein viel Vertrauen man in die Gerüche setzte. Von der Antike bis zum Ende des 19. Jahrhunderts war alles Vorbeugungs- und Heilungsbestreben zum großen Teil auf die Anwendung und Verbesserung von Duftstoffen und Räucherverfahren ausgerichtet. Von den einfachen aromatischen bis zu den chemischen Räucherungen und nach der Entwicklung vielfältig zusammengesetzter, höchst seltsamer und raffinierter Mischungen, in denen starke und linde, faulige, beißende oder zarte Gerüche einander abwechselten oder sich verbanden, enthielt das Arsenal der Pestbekämpfung vor allem Riechstoffe. Nun sind aber die antiken Medikamente keineswegs nur belanglose Kuriositäten, sondern »wahre Infrastrukturen, die in ganze Sozialgebilde Einblick geben«, und zugleich ein Gegenstand rationaler Behandlung.[2] Wenn diese Beharrlichkeit in der Anwendung völlig untauglicher und heute komisch wirkender Methoden den modernen Betrachter auch erstaunen mag, so folgt sie doch einer dem alten medizinischen Schrifttum zugrunde liegenden Logik. Daraus geht zunächst hervor, daß die Ätiologie der Pest in einem olfaktorischen Kontext verstanden wurde, was nicht überraschen kann, denn seit langem bestand für die antike und die mittelalterliche Medizin eine Beziehung zwischen bestimmten Ausdünstungen und dem Auftreten vieler Krankheiten. Wie eine gründlichere Untersuchung aber vor allem zeigt, wurde die Pest selbst als ein Geruch aufgefaßt, ein wichtiger Punkt, aus dem sowohl eine Vorstellung von ihrer Ausbreitungsweise als auch die Wahl der Aromatherapie (und ihrer Derivate) als hauptsächliches und allgegenwärtiges Mittel zu ihrer Bekämpfung folgt. Daß bis ins 19. Jahrhundert manche Ärzte an ihre Wirksamkeit glaubten und ihr trotz offenkundiger Mißerfolge das Abklingen oder Ende dieser oder jener Epidemie zuschreiben konnten, erklärt sich nur aus dieser in der medizinischen Tradition tief verwurzelten Vorstellung: Die Pest ist ein Geruch. Untersucht man, wie diese Krankheit behandelt wurde, so erhält man die sehr nachdrückliche Illustration eines allgemeineren intellektuellen und praktischen Vorgehens: Den Todesdünsten versucht man mit lebenserhaltenden Düften zu begegnen; die außerordentlichen Heilkräfte, die manchen Düften zugeschrieben werden, sind vor allem der natürliche Widerpart tödlicher Gewalten.

Wie soll man sich aber, obwohl die Schriften der Ärzte ein unbezweifelbares Bild von der Entwicklung der therapeutischen Auffassungen ergeben, vergewissern, ob die von ihnen empfohlenen Heilmittel und Behandlungsweisen auch wirklich so angewandt wurden, und wie sie die Vorstellungswelt der Gesellschaft beschäftigt haben? Ein Beispiel für die Schwierigkeiten, die sich bei dieser Frage ergeben, bietet die umstrittene Geschichte des »Pestgewands«, dessen mehr oder weniger entstelltes Bild, so wie es sich durch vielerlei Berichte über die Epidemie hindurchzieht, von Antonin Artaud beschworen wurde: »Über dickflüssige, übelriechende Blutbäche von der Farbe der Angst und des

Opiums, die Leichen fortschwemmen, stelzen seltsame, wachsbekleidete Figuren mit ellenlangen Nasen und Glasaugen; sie gehen auf einer Art von japanischen Schuhen ... und psalmodieren unsinnige Litaneien.«[3] Dieser Aufputz, den Charles Delorme 1619 erfunden hatte, und besonders die famose Schutzmaske mit dem Schnabel voller Riechstoffe, wurden sie wirklich von den Bekämpfern der Seuche getragen, vor allem während der Pest von Rom im Jahre 1656 oder der von Marseille im Jahre 1720? Zahlreiche Texte und Stiche aus ganz Europa haben diese Vorstellung beglaubigt. Die Ärzte Bertrand und Fournier, die in Marseille zugegen waren, haben sich leidenschaftlich gegen solche »grotesken« und für den gesamten Ärztestand ehrenrührigen Behauptungen gewehrt. Andere Zeugnisse aber, etwa das von Manget, sind unklar oder geradezu widersprüchlich. Letztlich könnte es so gewesen sein, wie Janine Bazin meint, nämlich, daß das hartnäckige Gerücht, das den Doktor Chicoyneau und seine Mitarbeiter verfolgte, die Frucht einer Kabale im Zuge der Polemik zwischen den Anhängern und Gegnern der Ansteckungstheorie war. Die ersteren wollten zu verstehen geben, daß die Gegner ihrer eigenen Theorie nicht recht trauten.[4]

Umgekehrt bezeugen übereinstimmende Berichte oftmals, daß die empfohlenen Maßnahmen wirklich angewendet wurden. Das gilt für manche Räucherungsverfahren, bei denen man dies wegen ihrer Gewalttätigkeit sonst bezweifeln könnte. Die scharfe Beräucherung von Erwachsenen wird von Ärzten bestätigt, die den Erstickungstod mehrerer Patienten vermelden und angeben, dabei selbst dem Tode nur knapp entronnen zu sein. Ebenso wird die Straßen-»Sanierung« durch Abfeuern kleiner Kanonen durch Angaben über dabei entstandene Gebäudeschäden (zerbrochene Fensterscheiben, Mauerrisse und Einstürze) und die daran anschließenden Rechtsstreitigkeiten belegt.

Trotzdem führen Prüfung und Vergleich der Quellen manchmal nur zu rein mutmaßlichen Schlüssen. Dies gilt für eine nun keineswegs medizinische, sondern völlig antimedizinische Praxis, nämlich das »Einschmieren« mit übelriechenden Mixturen, die Ausscheidungen und Eiter von Pestkranken enthielten und den Zweck hatten, die Epidemie zu verbreiten. Vielerlei Texte verschiedener Herkunft haben davon berichtet, wobei die Urheberschaft je nach Ort und Zeit den Leprakranken, den Juden, Hexern, Calvinisten, den auf Klientenfang bedachten Barbier-Chirurgen oder Verbrechern zugeschrieben wird, die auf diese Weise Plünderungen vorbereiten. Diese Beschuldigungen veranlaßten oft die Behörden zum Eingreifen, wozu sie manchmal von den Ärzten selbst gedrängt wurden. 1581 werden die Pariser durch ein königliches Edikt dazu ermächtigt, in flagranti ertappte Schmierer auf der Stelle zu töten; und in den Gerichtsarchiven finden sich noch Spuren von zahlreichen Prozessen, an die sich oft Hinrichtungen anschlossen.[5] Da aber die meisten Geständnisse unter der Folter abgelegt wurden, dürfte schwer festzustellen sein, welche davon einer wirklichen kriminellen Betriebsamkeit entsprachen und welche nur Ausfluß der Ängste waren, die sich in dem von der Seuche terrorisierten Sozialkörper entwickelten.

Aber wie es um die wirkliche Anwendung der ärztlichen Methoden auch bestellt gewesen sein mag, jedenfalls hat das medizinische im Unterschied zum philosophischen Denken allem, was mit Gerüchen und Geruchsempfindungen zusammenhing, eine Bedeutung beigemessen, die uns heute als maßlos übertrieben erscheinen mag. Überall, in den Theorien wie in den Behandlungsmethoden, geht es um die Gerüche. Dies ist besonders wichtig wegen seiner Folgen für das tägliche Leben. Die Macht der Gerüche geht nicht nur die Ärzte an, sondern auch die Kranken und die gesamte Bevölkerung. Dies wird deutlich in den unzähligen nichtmedizinischen Quellen, von den *Metamorphosen* Ovids bis zum *Decamerone* und zu Defoes Pest-Tagebuch. Sie bezeugen, daß die Volksmeinungen den Meinungen der Ärzte ähnlich waren.

Wie sollen wir die unterschiedlichen Haltungen von Ärzten und Philosophen erklären? Die erste Erklärung ist, daß von je anderer Seite an das Problem herangegangen wird. Auch wenn sich viele Philosophen, wie Aristoteles, für die Biologie interessiert haben und manche von ihnen selber Ärzte waren, gab es unter ihnen doch nur wenige echte Praktiker. Die Philosophen haben sich vor allem bemüht, den ontologischen, kognitiven, ästhetischen und ethischen Aspekt des Geruchssinns zu beurteilen, während die Mediziner sich vornehmlich für einen konkreten Aspekt interessierten, nämlich die Beziehungen der Gerüche zum Körper, zu Gesundheit und Krankheit. Wenige Philosophen haben die physiologische Betrachtungsweise, sofern sie für sie überhaupt existierte, wie für Platon, Aristoteles, Descartes oder Kant, anders als im Dienste ontologischer oder moralischer Erwägungen berücksichtigt. Noch wenigere unter ihnen, wie Montaigne oder Cabanis, haben sich für die hygienischen und heilsamen Wirkungen der Gerüche auf die »animalische Ökonomie« interessiert. Allerdings war im Falle Cabanis der Philosoph zugleich ein praktizierender Arzt, während Montaigne stark mit Fragen der Therapie beschäftigt war. Ohne sich viel um Werturteile zu kümmern, empfanden die Mediziner für die Gerüche eine echte Faszination, für die eine der Triebfedern in ihrer »substanzialistischen Überzeugung« bestand. Diese, die von Bachelard für viele vorwissenschaftliche Irrtümer verantwortlich gemacht wurde, führt vor allem zur Behauptung, im Geruch komme das Wesen der Dinge selbst zum Ausdruck. Das medizinische Denken ist dieser »sensualistischen Ausrichtung« lange gefolgt.[6] Dies ist augenfällig im Hinblick auf die Heilmittel und besonders die Heilkräuter, deren Kraft als mit ihrem Geruch eng verbunden galt. Zwar handelte es sich dabei in Wirklichkeit um eine sehr viel ältere Auffassung, doch wurde sie im 17. und mehr noch im 18. Jahrhundert zum Gegenstand zahlreicher wissenschaftlicher Erklärungsversuche. Boyle, den »die Fackel der Experimentalphysik erleuchtete« [7], hatte in vielen Versuchen, über die in seinem Buch *De mira effluviorum subtilitate* berichtet wird, versucht, die Duftmoleküle zu erfassen. Der Chemiker Boerhaave bemühte sich seinerseits, sie in mancherlei Flüssigkeiten zu fixieren, und kam zu dem Ergebnis, daß ihr Geruch in einem Wirkstoff bestünde, den er mit einem überlieferten Terminus der Alchemie den »spiritus rector« nannte.

Boerhaaves Gedanke, daß die Körper und insbesondere die

Pflanzen eine Art Dunst absondern, der alles enthält, was das Wesen des jeweiligen Körpers ausmacht, gab den Arbeiten zahlreicher Mediziner und Chemiker wie Venel, Roux, Baumé und Guyton de Morveau die Orientierung. Je nachdem von salzigem oder öligem Charakter, besitzt der »spiritus rector« immer eine ungemeine Feinheit, Flüchtigkeit und Ausdehnungsfähigkeit, Eigenschaften, die Macquer sogar vermuten lassen, es handle sich dabei um ein Gas von besonderer Art.[8] Zwar ist es nach Menge und Kraft verschieden, weil manche Pflanzen damit stärker versehen sind als andere, doch ist es selbst in den angeblich geruchlosesten noch vorhanden, denn auch sie ergeben im Wasserbad eine Flüssigkeit, die ihren spezifischen Geruch verbreitet. Dieses instabile Element aufzuspüren und so lange wie möglich festzuhalten, wird zu einem der Hauptziele beim Abdestillieren von Essenzölen. Dies gelingt nur für kurze Zeit, denn diese Öle, die »ihren ganzen Charakter dem flüchtigen Duftstoff, das heißt dem ›spiritus rector‹, verdanken ..., verlieren alle diese Eigenschaften, wenn er verdunstet«.[9] Diese Ansichten sind so fest verankert, daß Virey noch 1820 in seiner *Histoire naturelle des medicamens, des alimens et des poisons* behaupten kann, die Aromen entsprächen der Haupteigenschaft jedes Stoffes, und es gebe sogar »Medikamente, die ausschließlich in einer Geruchseigenschaft bestehen: so etwa Orangenblüten, Lindenblüten und die meisten Lippenblütler, Gewürze, Antiskorbutmittel, Moschus, die alle mit ihrem Geruch auch jede Kraft verlieren«.[10] Aus der wissenschaftlichen Welt sollte sich der »spiritus rector« nur langsam verflüchtigen, und bei den Künstlern und Schriftstellern spukt er noch immer herum. Hat ihn nicht der Fotograf Joseph Breitenbach in einer außergewöhnlichen Serie einzufangen versucht, in der es ihm gelungen ist, die Aura der von Blumen aufsteigenden Düfte zu materialisieren? Hat ihn nicht Patrick Süskinds Held sich aneignen wollen, indem er schöne junge Mädchen umbrachte, um die Quintessenz ihres Daseins abzupflücken und daraus das Parfüm zu bereiten, mit dem die Herrschaft über die Herzen der Menschen zu gewinnen ist?

Aber der Mechanismus der Substanzialisierung ist nicht die

einzige Erklärung für die Vorrangstellung der Gerüche in der Medizin vor Pasteur. Eine zweite liegt in den Beziehungen, die zwischen dem Geruch und dem Blut bestehen. Der Geruch wie das Blut scheinen Lebens- und Todeskräfte zu bergen. Der schlechte Geruch ist ein Herd der Krankheit, der Epidemie, des Sterbens; der gute stärkt, reinigt und heilt. Das gute, das »scharlachrote« Blut ist der Träger der Gesundheit und des Lebens, und nichts, meint Ambroise Paré, ist herzstärkender. Aber es kann verderben, und diese innere Fäulnis macht den Organismus anfällig für Gefahren von außen. Diese zwieträchtige Auffassung spricht Philippe Hecquet um die Mitte des 18. Jahrhunderts aus: »Das Blut ist freilich der Hort des Lebens, aber ebenso ist es auch der Hort des Todes, das heißt, der Grund der schrecklichsten Krankheiten.« [11]

Die Beziehungen zwischen dem Blut und den Gerüchen beschränken sich jedoch nicht auf die Gleichartigkeit ihrer zwiespältigen Rollen. Diese überlagern sich mit einer Konstanz, die sehr viel weitergehende Schlüsse erlaubt als die Feststellung einer einfachen Funktionsparallele. Betrachtet man die Methoden der Pestbekämpfung, so wird die Vorrangstellung der Aromatherapie deutlich, aber auch die mit ihr verbundene Anwendung des Aderlasses. Der durch die Räucherungen gereinigte und gestärkte Körper wird zugleich des überflüssigen oder verdorbenen Blutes entledigt. Eine doppelte Behandlung also, die wie eine Art Kompensation aussieht, bei der die heilenden Düfte den versiegenden Lebenssaft ersetzen.

Diese Darstellung könnte als übertrieben erscheinen, wenn sie nicht durch vielerlei Indizien bestätigt würde. Die ganze Entwicklung der Geruchsmedizin geht von der austrocknenden und fäulnishemmenden Wirkung aus, die den Duftstoffen seit der Antike zugeschrieben wurde. Als feurige und unverderbliche Stoffe begegnen sie der drohenden Fäulnis. Oft wird auf ihren Gebrauch in Ägypten beim Einbalsamieren der Mumien verwiesen. Fracastoro beruft sich ausdrücklich auf dieses Argument, wenn er die Wirkung der Duftpräparate auf die ansteckenden »Keime« begründet. Aber die Mumie, die das handfesteste Beispiel für die Ersetzung von Blut durch Düfte bietet, ist nicht nur ein theoretischer Gesichtspunkt, sie wird selbst zum Heilmittel. Ob »echt« oder »falsch«, afrikanisch oder europäisch, Gegenstand eines Schwarzhandels oder heftiger Polemiken, jedenfalls wird das makabre Medikament von Mittelalter bis in die Mitte des 18. Jahrhunderts gegen diverse Leiden, vor allem aber gegen Lepra und Pest verordnet. Unter den Rezepten, die Paracelsus denen empfiehlt, die sich den echten »Mumienlikör« nicht verschaffen können, ist eines, das Menschenblut enthält und die vielsagenden Namen »Balsam der Balsame« oder »Geheimnis des Blutes« trägt. Diese wechselseitige Durchdringung, die in der »Mumie« gleichsam paroxystisch gesteigert erscheint, ist mit der Vorstellung in Beziehung zu setzen, daß das wirksame Element des Blutes in einem balsamischen Geist bestehe, der »sein Arcanum in sich birgt, welches die Krankheiten entfernt, wie die Seife die Flecken vom Laken nimmt.« [12] Schon ein Jahrhundert zuvor hatte Agrippa von Nettesheim diesen Geist als einen »feinen, reinen, durchsichtigen, luftigen und fettigen Blutdunst« [13] bezeichnet – Ausdrücke, die seltsam an diejenigen erinnern, die auch den »spiritus rector« der aromatischen Kräuter kennzeichnen.

Die Permanenz der Begriffspaarung von Blut und Aroma, in der Theorie wie in der ärztlichen Praxis, und die Komplementarität und Austauschbarkeit beider Elemente fordern zu der Frage heraus, ob nicht zwischen ihnen eine grundsätzliche Äquivalenz besteht? Sie ist um so berechtigter, als wir dieses Begriffspaar auch in etlichen anderen Bereichen wiederfinden. In den religiösen Riten und im Geruch der Heiligkeit bekunden sich ebenso enge Verbindungen zwischen den beiden Stoffen. Ihre Dünste steigen einander vermischend von den Altären zum Himmel auf, während auf Erden der Leib des Heiligen, ähnlich wie der mumifizierte Leib, seinen wundervollen Geruch verbreitet und zum Spender von Leben und Gesundheit wird.[14] Spuren solcher übereinstimmender Züge aus der Geschichte der Religionen findet man unschwer in den Mythen. Saft und Blut erscheinen dort sehr oft als einander so nah verwandt, daß sie sich wechselseitig erzeugen können. Der Saft verwandelt sich in Blut oder erzeugt Wesen von Fleisch, und aus dem vergossenen Blut wachsen Blumen oder Bäume auf. Sind angesichts der Verschiedenartigkeit der Gesellschaften, in denen solche Vorstellungen entstehen, Folgerungen möglich, ohne daß Frazers Gespenst Grund zur Belustigung hat? [15] Es geht hier nicht um eine vergleichende Interpretation der Mythen, sondern nur um die Feststellung, daß die beiden Lebensformen, die tierische und die pflanzliche, darin immer wieder eine Funktion übernehmen, in der sie austauschbar werden. Nun sind aber die Pflanzen, um die es sich handelt, in der ungeheuren Mehrzahl der Fälle solche, die durch ihren Saft, ihr Holz, ihre Blätter oder Blüten einen Duft abgeben; und die Stellung derer, die aromatische Harze absondern (Weihrauch, Myrrhe, Kopal), scheint ihnen eine besondere Würde zu verleihen, in der sie berufen sind, die Gleichwertigkeit mit dem Blut zu bekunden. Diese Feststellungen besagen, daß die mythische Verkündigung durch die Verknüpfung von Blut und Weihrauch eine elementare Gleichsetzung ausspricht. Die wunderbare Kraft, die einst den Duftstoffen zugeschrieben wurde, findet so eine neue Erklärung: aus einer in ihrem Archetypus verkörperten grundsätzlichen Äquivalenz. Der Weihrauch ist Blut – wie dieses Träger geheimnisvoller Lebenskräfte. Er ist der Urduft, der allen anderen Duftstoffen etwas von seinen Kräften übertragen hat. Obwohl so viel Zeit verflossen ist und die ursprünglichen Gründe vergessen sind, lassen die Kräfte, die ihnen heute noch in den abendländischen Gesellschaften zugeschrieben werden, seine verwischte, aber unauslöschliche Spur erkennen.

Wenn die Beziehungen zum Blut die Bedeutung der Gerüche in den antiken Gesellschaften erklären helfen, so stellen gegenwärtige Forschungen auch eine Beziehung zwischen den Wirkungen der Gerüche und dem Körper her. Hier ist jedoch nicht mehr vom Blut die Rede, sondern von gewissen Sekreten, die als Pheromone bezeichnet werden. Diese von der Körperoberfläche abgesonderten Duftstoffe wurden bei vielen Tierarten festgestellt. Sie wirken als chemische Signale, die Sexualität, Brutpflege und Sozialverhalten auslösen. Die bei bestimmten Säugetieren, vor allem beim Schwein und beim Affen, vorhandenen Pheromone konnten auch beim Menschen isoliert werden. Neuere Versuche lassen annehmen, daß diese Pheromone die menschlichen Verhaltensweisen ebenso beeinflussen können wie die anderer Säugetiere. Damit wird ein neues Interesse am Geruchssinn und den Gerüchen erweckt: sie würden einen sehr viel wichtigeren Platz einnehmen, als wir ihnen bewußtermaßen zugestehen.

Den Parfümeuren, die schon immer von dem idealen aphrodisischen Parfüm geträumt haben, wird damit ein ganz neues Arbeitsgebiet eröffnet. Verführungs-Parfüms, die Pheromone enthalten, wurden in den Vereinigten Staaten, Großbritannien und Japan schon auf den Markt gebracht. So werden zwei Sorten Eau de Cologne Andron, die eine für Frauen, die andere für Männer, damit empfohlen, daß sie fähig seien, »ein starkes Magnetfeld zwischen den Geschlechtern zu schaffen« und unserem Unbewußten stumme Appelle zu übermitteln. Zwar ist heute noch schwer nachzuprüfen, wieweit sie diese Versprechungen einlösen könnten, aber die Werbung für solche Erzeugnisse gibt uns Anlaß, die Rolle des Geruchssinns und der Gerüche in unserer Welt neu zu bedenken. Im 16. Jahrhundert stellte der alchemistische Arzt Agrippa von Nettesheim erotische »Bezauberungs«-Parfüms aus Blut und Duftstoffen zusammen. Werden unsere modernen, pheromonhaltigen Parfüms an Wirksamkeit gewinnen, was sie an Geheimnis verlieren?

# Anmerkungen

## Einleitung

1 Empedokles in: H. Diels, *Fragmente der Vorsokratiker,* Bd. 1, Berlin, Weidmannsche Verlagsbuchhandlung, 1951, 102, S. 350.
2 M. Léglise, *Une initiation à la dégustation des grands vins,* Marseille, éditions Jeanne Laffitte, 1984, S. 19.
3 A. Brillat-Savarin, *Physiologie des Geschmacks oder Betrachtungen über transzendentale Gastronomie,* 2 Bde., München, Georg Müller, 1913, S. 44 f.
4 »Les enfants des Tours à l'école des odeurs«, *Libération,* 25. 4. 1985.
5 A. Holley und P. MacLeod, »Transduction et codage des informations olfactives«, *Journal de physiologie,* Paris, 1977, S. 729.
6 J.-N. Jaubert (Biochemiker am C.N.R.S.), interviewt von M. Castello, *Le Figaro,* 30. 12. 1986.
7 P. Camporesi, *La chair impassible* (1983 zuerst auf Italienisch erschienen), Paris, Flammarion, 1986, S. 217.
8 Ebd., S. 139.
9 D.Howes, »Le sens sans parole: vers une anthropologie de l'odorat«, *Anthropologie et Sociétés,* Université Laval, Québec, 1986, Bd. 10, Nr. 3.
10 A. Corbin, *Le Miasme et la Jonquille. L'odorat et l'imaginaire social, 18*$^{e}$*–19*$^{2}$ *siècles,* Paris, Aubier-Montaigne, 1982, S. 1.
11 D. Howes, op. cit., S. 32.
12 P. Camporesi, op. cit., S. 219.
13 J. Cau, *Sévillanes,* Paris, Julliard, 1986, S. 14–15.
14 C. Baudelaire, *L'Art romantique* (1868), Paris, Garnier-Flammarion, S. 173; »Parfum exotique« und »La chevelure« in: *Les Fleurs du mal,* mit einem Vorwort von J.-P. Sartre, Paris, Gallimard, 1961, S. 37 und 38. Dt.: »Fremdländischer Duft« und »Das Haar« in: *Die Blumen des Bösen,* übersetzt von C. Schmid, Frankfurt a. M., Insel, 1976, S. 40 und 41.
15 J.-K. Huysmans, *Gegen den Strich* (1884), Zürich, Manesse, 1965, S. 220.
16 G. Gusdorf, *Mémoire et personne,* Paris. P. U. F., 1950, Bd. 1, S. 117 f.
17 D. Sperber, *Le Symbolisme en général,* Paris, Hermann, 1974, S. 130.
18 M. Proust, *In Swanns Welt* (1913), in: *Auf der Suche nach der verlorenen Zeit,* Bd. 1, Frankfurt a. M. und Zürich, Suhrkamp, Rascher, 1954, S. 78 f.; *Sodom und Gomorrha,* in: *Auf der Suche nach der verlorenen Zeit,* Bd. 4, Frankfurt a. M. und Zürich, 1955, S. 159.
19 Herodot, *Historien,* Stuttgart, Kröner, Buch III, 107, S. 228.
20 M. Detienne, *Les Jardins d'Adonis. La mythologie des aromates en Grèce,* Paris, Gallimard, 1972, S. 20 f.

21 A. Ermann, *Ägypten und ägyptisches Leben im Altertum,* neu bearbeitet von H. Ranke, Tübingen, Mohr, 1923, S. 603 f.
22 M. Detienne, op. cit., S. 62.
23 Herodot, op. cit., Buch III, 113, S. 230.
24 P. Camporesi, op. cit., S. 197.
25 G. Bachelard, *La Terre et les rêveries du repos. Essai sur les images de l'intimité,* Paris, Corti, 1948, S. 128.

# Erster Teil: Vom wohlriechenden Panther bis zu den Schweißfüßen der Deutschen: Anziehung und Abstoßung durch den Geruch

## 1. Kapitel: Geruch und Überwältigung

1 L. Lévy-Bruhl, *La mentalité primitive,* Paris, 1922, S. 352.
2 A. G. Haudricourt, »Note d'ethnozoologie: le rôle des excrétats dans la domestication«, in *L'Homme,* April-September 1977, XVII (2,3), S. 125.
3 S. Petit-Skinner, »Nauru ou la civilisation de l'odorat«, in: *Objets et mondes,* Fr. 1976, Bd. 16, Nr. 3 (unpaginiert).
4 B. Jullierat, »Mélanésie«, in: *Le Courrier du musée de l'Homme,* Paris, November 1980, Nr. 6 (unpaginiert).
5 L. Bouquiaux, »L'arbre ngbè et les relations amoureuses chez les Ngbaka«, in: *Langage et culture africaine,* Paris, Maspero, 1977, S. 106 f.
6 Lukian, *Lucius oder der Esel,* Leipzig, Wigand, 1921, S. 30; Apuleius, *Metamorphosen,* Darmstadt, Wissenschaftliche Buchgesellschaft, 1956, S. 97.
7 Lukian, op. cit., S. 80.
8 Bericht des Paters du Pont in M. de Certeau, *La Possession de Loudun,* Paris, Gallimard, 1980, S. 50.
9 F. de Rosset, *Les Histoires tragiques de notre temps* ... (1620), Lyon, 1685, S. 56.
10 P. de Lancre, *L'Incrédulité et Mescréance du sortilège* ..., Paris, 1622, S. 73.
11 H. Boguet, *Discours des sorciers* ..., Lyon, 1602, S. 243 f.
12 I. de Nynauld, *De la lycanthropie* ..., Paris, 1615, S. 48.
13 L. Catelan, *Rare et curieux discours de la Plante appelée Mandragore* ..., Paris, o. J., S. 31.
14 P. de Lancre, op. cit., S. 72.
15 F. Azouvi, »La peste, la mélancholie et le diable, ou l'imaginaire réglé«, in: *Diogène,* Paris, Oktober–Dezember 1979, Nr. 108, S. 130 f.

16 J. Bodin, »Jean Bodin au lecteur salut« (unpaginiert) in: *De la démonomanie des sorciers* (1580).

17 H. C. Agrippa von Nettesheim, *De occulta philosophia. Drei Bücher über die Magie* (1531), Nördlingen, Greno, 1987, S. 104.

18 G. Mucherey, *Magie astrale des parfums*, Paris, librairie Leymarie, 1971.

19 L. A. Roubin, »Perspectives générales de l'exposition. Hommes, parfums et dieux«, in: *Le courrier du musée de l'Homme*, November 1980, Nr. 6.

20 R. Chauvin, *Le Comportement social chez les animaux*, Paris, P. U. F., 1973, S. 63.

21 Von griech. *phérein*, »tragen«, und *hormān*, »erregen«.

22 Y. Leroy, *L'Univers odorant de l'animal*, Paris, Boubée, 1987, S. 48–51.

23 E. Schoffeniels, *Physiologie des régulations*, Paris, Maspero, 1986, S. 74 f.

24 R. Chauvin, »Le langage des odeurs«, in: *Le Figaro*, 30. 12. 1985.

25 Y. Leroy, op. cit., S. 97.

26 J. D. Vincent, *Biologie des passions*, Paris, Odile Jacob, 1986, S. 267.

27 E. Schoffeniels, op. cit., S. 75.

28 P. Langley-Danysz, »La truffe, un aphrodisiaque«, in: *La Recherche*, September 1982, Nr. 136, S. 1059.

29 E.Schoffeniels, op. cit., S. 75.

30 A. Galopin, *Le parfum de la femme et le sens olfactif dans l'amour*, Paris, 1886, S. 157.

31 W. Fließ, *Über den ursächlichen Zusammenhang von Nase und Geschlechtsorgan*, Halle 1902.

32 Collet, *L'Odorat et ses troubles*, Paris, 1904, S. 51.

33 R. Jouet, »Troubles de l'odorat«, in: *Bulletin d'oto-rhinolaryngologie*, Paris, Baillière, 1912.

34 S. Freud, *Das Unbehagen in der Kultur*, in: *Gesammelte Werke*, Bd. 14, Frankfurt a. M., Fischer, 1948, S. 466.

35 J. Le Magnen, *Odeurs et parfums* (1949), Paris, P. U. F., 1961, S. 54.

36 M. Proust, *Sodom und Gomorra*, op. cit., S. 170.

37 Petronius, *Satyricon*, Stuttgart, Reclam, 1968, S. 168.

38 M. Detienne, Les Jardins d'Adonis, op. cit., S. 172–181; G. Dumézil, *Le Crime des Lemniennes*, Paris, 1924, S. 13 ff.

39 Könige I, 10, 10–12: »Niemals mehr kamen soviel Spezereien ins Land, wie die Königin von Saba sie damals dem König Salomo schenkte.«

40 E. G. Gobert, »Tunis et les parfums«, in: *La Revue africaine*, Algier, 1961–1962, S. 61.

41 S. Petit-Skinner, op. cit. (unpaginiert).

42 Eine Rindenart, die die Nauruaner am Strand sammeln. Zu Pulver zermahlen und zusammen mit Kokosnüssen verbrannt, gibt sie einen durchdringenden Geruch ab.

43 Aristoteles, *Problemata physica*, Darmstadt, Wissenschaftliche Buchgesellschaft, 1962, S. 129.

44 Theophrast, *De causis plantarum,* Leipzig, 1821, VI, 5, 2, S. 363.
45 A. J. Festugière, »Le bienheureux Suso et la panthère«, in: *Revue de l'histoire des religions,* Paris, P. U. F., 1977, Nr. 191, S. 82.
46 Aelianus, *On the Characteristics of Animals* (aus dem Griechischen übersetzt), London, Loeb Classical Library, 1958, V. 40, S. 335.
47 »Iunx«, zugleich Name und Gattungsname, besitzt im Griechischen drei Bedeutungen: ein Vogel, der Wendehals; das bewegliche Rädchen, das in der Magie benutzt wird; eine Magierin, die Liebestränke braut.
48 M. Detienne, op. cit., S. 164 f.
49 Seit dem 5. Jahrhundert gibt es lateinische Übersetzungen der verschiedenen griechischen Fassungen des Physiologus. Die ältesten illuminierten Handschriften stammen aus karolingischer Zeit.
50 *Physiologus,* hrsg. von F. Sbordone, Mailand und Rom, 1936, S. 61.
51 Ebd.
52 Ebd.
53 Das *Ashmole-Bestiarium* (nach dem berühmten Sammler Elias Ashmole, 1617–1692) in der Bodleian Library in Oxford, kann auf das Ende des 12. oder den Anfang des 13. Jahrhunderts datiert werden. Eine französische Übersetzung ist im »Club du Livre«, 1984 erschienen, vgl. dort S. 84.

## 2. Kapitel: Geruch und Diskriminierung

1 P. Debray-Ritzen, *Psychologie de la création, de l'art des parfums à l'art littéraire,* Paris, Albin Michel, 1979, S. 66.
2 J.-P. Sartre, *Baudelaire,* Paris, Gallimard, 1963, S. 221.
3 J. Le Magnen, op. cit., S. 116.
4 A. Holley, »La perception des odeurs«, in: *La Recherche,* Juli–August 1975, Nr. 58, S. 630; R. Diatkine, »Fecondation in vitro, congélation d'embryons et mère de substitution«, in: *Actes du colloque génétique, procréation et droit,* Arles, Actes Sud, 1985, S. 282.
5 R. Chauvin, op. cit., S. 113 f.
6 H. Piéron, »Contribution à l'étude du problème de la reconnaissance chez les fourmis«, in: *Extrait des comptes rendus du 6e congrès international de zoologie,* session de Berne, 1904, S. 483–490.
7 G. P. Largey und D. R. Watson, »The Sociology of Odors«, in: *American Journal of Sociology,* 1972, Bd. 77, S. 1027.
8 R. Winter, *Le Livre des odeurs,* Paris, Le Seuil, 1978, S. 50.
9 A. Galopin, op. cit., S. 111.
10 B. Prus, *Lalka,* Warschau, Governemental Publishing House, 1969, S. 68.
11 G. Simmel, *Soziologie,* Leipzig, Duncker & Humblot, 1908, S. 657.
12 E. Bloch, *Politische Messungen, Pestzeit, Vormärz* (Gesamtausgabe, Bd. 11), Frankfurt a. M., Suhrkamp, 1977, S. 189.

13 E. Bérillon, »La bromidrose fétide des Allemands«, in: *Bulletin et mémoires de la Société de médecine de Paris,* Paris, 1915, S. 142–145.
14 G. Deschamps, »Dégoûts ... et des couleurs«, in: *Sporting,* 31. 1. 1917.
15 Ebd.
16 Ebd.
17 G. Simmel, op. cit., S. 657.
18 L. Speleers, *Traduction, index et vocabulaire des textes des pyramides égyptiennes,* Brüssel, 1934, S. 89, Pyr. 643.
19 Hiob, 19, 17–18: »Mein Atem ist zuwider meiner Frau, und übel rieche ich den leiblichen Geschwistern.«
20 L. Golding, *The Jewish Problem,* London, 1938, S. 59. Vgl. auch C. Klineberg, *Race Differences,* New York, 1935, S. 130.
21 A. Corbin, *Le Miasme et la Jonquille,* op. cit.; dt: *Pesthauch und Blütenduft,* Berlin, Wagenbach, 1984, S. 191 ff.
22 D. Champault, »Mahreb et Proche-Orient«, in: *Le Courrier du musée de l'Homme,* op. cit. (unpaginiert).
23 J. Dollard, *Casts and Class in a Southern Town,* New York, Doubleday, 1957, S. 381.
24 W. Brink und L. Harris, *The Negro Revolution in America,* New York, Simon and Schuster, 1969, S. 141.
25 G. Simmel, loc. cit.
26 E. Gobert, op. cit., S. 58.
27 M. Leenhardt, *Do Kamo,* Paris, Gallimard, 1947, S. 68.

## Zweiter Teil: Der Geruch der Pest

1 J. Ruffié und J.-C. Sournia, *Die Seuchen in der Geschichte der Menschheit,* Stuttgart, Klett-Cotta, 1987, S. 17.
2 J.-H. Baudet, *Histoire de la médecine,* Dumerchez-Naoum, 1985, S. 57.
3 Hier ist auf das Vorwort zur italienischen Ausgabe des Buches von Alain Corbin, *Le Miasme et la Jonquille,* hinzuweisen, wo Piero Camporesi kurz auf einige Zusammenhänge zwischen der Pest und der Fäulnis und ihrem Geruch eingeht, besonders im Hinblick auf die Pest-Prophylaxe im 17. Jahrhundert. Vgl. auch J. Bazin, *L'Évolution du costume de médecin de peste en Europe de 1348 à 1720,* Paris, E. M. U., 1971.

### 3. Kapitel: Der todbringende Geruch

1 M. D. Grmek, »Les civissitudes des notions d'infection, de contagion et de germe dans la médecine antique«, in: *Textes médicaux latins et antiques,* Saint-Étienne, Centre J. Palerme, 1984, S. 65.

2 Hippokrates *Die Natur (Konstitution) des Menschen,* in: *Werke* des Hippokrates, Teil 7, Stuttgart, Hippokrates Verlag, 1934, S. 27. Vgl. auch Hippokrates, *Die Winde* (Werke, Teil 5), Stuttgart, 1934, S. 34.

3 Lukrez, *De rerum natura* (lateinisch und deutsch), Stuttgart, Reclam, 1973. Zitiert nach der dt. Übersetzung von K. L. v. Knebel (1831): *Von der Natur der Dinge,* Frankfurt a. M., S. Fischer, 1960, Buch VI, 1090 ff., S. 249 f.

4 Seneca, *Naturales Quaestiones,* Stuttgart, Teubner, 1970, Buch II, LIII.

5 Seneca, op. cit., VI, XXVIII.

6 Rufus von Ephesus, *Œuvres* (griechisch und französisch), Paris, 1879, S. 353 f.

7 Philon von Alexandria, *De aeternitate mundi,* Paris, éditions du Cerf, 1969, S. 161.

8 Galenos, *De febrium differentiis,* Leipzig 1833, in: *Galeni opera,* Bd. 7, S. 292.

9 Consultation sur l'épidémie faite par le collège de la faculté de médecine de Paris en 1348, in: H. E. Rébouis, *Étude historique et critique de la peste,* 1888, S. 77.

10 Mezeray, zitiert von J. Astruc, *Dissertation sur l'origine des maladies épidémiques et principalement sur l'origine de la peste ...,* Montpellier, 1721, S. 44.

11 M. Ficin (i. e. Marsilio Ficino), *Antidote des maladies pestilentes,* Cahors, 1595, S. 11.

12 J. Fracastor (i. e. Girolamo Fracastoro), *Les Trois Livres sur la contagion, les maladies contagieuses et leurs remèdes,* Paris, 1893, S. 106.

13 A. Paré, *Le Vingt-quatrième Livre traitant de la peste,* in: *Œuvres complètes,* Paris, 1840, Bd. 3, S. 358.

14 Du Françoys, *Traité de la peste, de ses remèdes et préservatifs,* Paris, 1631, S. 12.

15 Maurice de Toulon, *Le Capucin charitable enseignant la méthode pour remédier aux grandes misères que la peste a costume ede causer parmi les peuples,* Paris, 1662, S. 3.

16 P. Rainssant, *Advis pour se préserver et pour se guérir de la peste des ceste année 1668,* Reims, 1668, S. 5.

17 T. Sydenham, *Médecine pratique* (französische Übersetzung des englischen Originals von 1676), Paris, 1835, S. 66.

18 Ebd., S. 65.

19 F. Chicoyneau, *Lettre ... à M. de la Monière, doyen du collège des médecins de Lyon,* 1721, S. 22.

20 Ebd, S. 15–17.

21 J. Fournier, *Observations sur la nature et le traitement de la fièvre pestilentielle ou la peste ...,* Dijon, 1777, S. 104.

22 J.-B. Bertrand, *Relation historique de la peste de Marseille en 1720, nou-*

*velle édition corrigée de plusieurs fautes,* Amsterdam, 1779, S. 22 (Erste Ausgabe: Köln, 1721).

23 J.-B. Goiffon, *Relation et dissertation sur la peste du Gevaudan,* Lyon, 1722, S. 46.

24 J.-B. Goiffon (J.-B. Bertrand et Michel), *Observations sur la peste qui règne à présent à Marseille et dans la Provence,* Lyon, 1721, S. 6.

25 J.-J. Manget, *Traité de la peste recueilli des meilleurs auteurs anciens et modernes* . . ., Genf, 1721.

26 R. Mead, *Traité de la peste* (1720), in: J. Howard, *Histoire des principaux lazarets de l'Europe, accompagnée de différens mémoires relatifs à la peste* . . ., Paris, Jahr IX, S. 284.

27 Ebd., S. 249.

28 Ebd., S. 250.

29 P. Hecquet, *Traité de la peste* . . ., Paris, 1722, S. 73.

30 R. Boyle, *The General History of the Air,* London, 1692, S. 3.

31 J. Astruc, *Dissertation sur la contagion de la peste où l'on prouve que cette maladie est véritablement contagieuse* . . ., Toulouse, 1724, S. 8 des Vorworts.

32 J. Astruc, *Dissertation sur l'origine des maladies épidémiques* . . ., op. cit., S. 81.

33 A. L. de Lavoisier, »Altérations qu'éprouve l'air respiré«, *Lavoisier, la chaleur et la respiration, 1770–1789,* Paris, 1892, S. 68.

34 M. E. Hales, *Description du ventilateur* . . ., Paris, 1744, S. 68 (Übersetzung des englischen Originals von 1743).

35 Duhamel du Monceau, *Moyens de conserver la santé aux équipages des vaissaux avec la manière de purifier l'air des salles des hospitaux* . . ., Paris, 1749, S. 52.

36 A. L. de Lavoisier, »Expériences sur la respiration des animaux et sur les changements qui arrivent à l'air en passant par leur poumons« (1777) in: *L'Air et l'Eau,* Mémoires de Lavoisier, Paris, 1923, S. 62.

37 Rouland, *Tableau historique des propriétés et des phénomènes de l'air* . . ., Paris, 1784, S. 110 f.

38 Cadet de Vaux, *Mémoire sur le méphitisme des puits* . . . (Auszug aus dem *Journal de physique,* März 1783), S. 4.

39 A. L. de Lavoisier, »Mémoire sur la combustion des chandelles dans l'air atmospérique et dans l'air éminemment respirable« (1977), in: *L'Air et l'Eau,* op. cit., S. 63.

40 J.-J. Ménuret de Chambaud, *Essai sur l'action de l'air dans les maladies contagieuses* . . ., Paris, 1781, S. 17.

41 Ebd., S. 25.

42 J.-J. Ménuret de Chambaud, *Essai sur l'histoire médico-topographique de Paris* . . ., Paris, 1786, S. 31.

43 Ebd., S. 47.

44 M. D. Samoilowitz, *Mémoire sur la peste qui, en 1771, ravagea l'Empire de Russie . . .*, Paris (1783), S. XIX.

45 C. Mertens, *Traité de la peste contenant l'histoire de celle qui a régné à Moscou en 1771 . . .*, Paris, 1784, S. 71.

46 J.-N. Hallé, *Recherches sur la nature et les effets du méphitisme des fosses d'aisance*, Paris, 1785, S. 11.

47 A. Corbin, *Pesthauch und Blütenduft*, op. cit., S. 142.

48 »Rapport fait à l'Académie Royale des Sciences le 17 mars 1780 par MM. Duhamel, de Montigny, Le Roy, Tenon, Tillet et Lavoisier, rapporteur«, *Mémoires de l'Académie des Sciences*, 1780, Lavoisier, *Œuvres*, Bd. III, S. 492 f.

49 »Rapport des commissaires chargés, par l'Académie, de l'examen du projet d'un nouvel Hôtel-Dieu«, par MM. de Lassone, Daubenton, Tenon, Lavoisier, Laplace, Coulomb, d'Arcet, Bailly, rapporteur«, *Mémoires de l'Académie des Sciences.* 1786, Lavoisier, *Œuvres*, Bd. III, S. 647.

50 P. A. Garros, *Défense du gymnase devant la justice et les hommes éclairés*, Jahr IV, S. 48.

51 M. E. Hales, *La Statistique des végétaux et l'analyse de l'air* (Übersetzung aus dem Englischen), Paris 1735, S. 221.

52 B. Langrish, *The Modern Theory and Practice of Physic*, London, 2. Aufl. 1738.

53 E. Pingeron, »Lettre sur les agrémens de la vie champêtre« traduite de l'anglois et tirée du *Sentimental Magazine* du mois de juin de l'an 1773, in: *Recueil de différens projets tendans au bonheur des citoyens*, Paris, 1789, S. 146 f.

54 J. B. T. Baumes, *Essai d'un système chimique de la science de l'homme*, Nîmes, 1798, S. 27.

55 J. H. Pott, *Des éléments ou essai sur la nature, les propriétés, les effets et l'utilité de l'Air, de l'Eau, du Feu et de la Terre*, Paris, 1782, Bd. 1, S. 43. Vgl. dazu auch Corbin, *Pesthauch und Blütenduft*, op. cit., S. 109 f.

56 A. F. de Fourcroy, »Extraits d'un mémoire sur les propriétés médicinales de l'air rital«, *Annales de chimie ou recueil de mémoires concernant la chimie et les arts qui en dépendant*, Paris, 1790, IV, S. 93.

57 J. B. T. Baumes, op. cit. S. 92.

58 »Rapport des mémoires et projets pour éloigner les tueries de l'intérieur de Paris«, par MM. Daubenton, Tillet, Lavoisier, Laplace, Coulomb, d'Arcet, Bailly, rapporteur«, *Mémoires de l'Académie des Sciences*, 1787, Lavoisier, Œuvres, Bd. III, S. 585.

59 »Rapport sur le projet de M. Boncerf relatif au dessèchement des marais«, *Extraits des mémoires de la Société Royale de Médecine*, Paris, 1790, S. 9.

60 Jacques Guillerme bemerkt dazu, unter dem Oberbegriff des Mephitismus habe es eine fortdauernde Verwechslung zwischen der Verderbnis der

Luft durch mit der Atmung verbundene chemische Vorgänge und ihrer Verunreinigung durch Ausdünstungen aller Art gegeben. Vgl. J. Guillerme, »Le malsain et l'économie de la nature« in: *Dix-huitième siècle*, 1977, Nr. 9., S. 66.

61 Prus, *Rapport à l'Académie Royale de Médecine sur la peste et les quarantaines* . . ., Paris, 1846, S. 25.

62 »Discussion dans le sein de l'Académie de Médecine, séance du 14 juillet 1846, opinion de M. Pariset«, in: Prus, op. cit., S. 935 ff.

63 Vgl. dazu R. Dubos, *Louis Pasteur, franc-tireur de la science*, Paris, P.U.F., 1955, S. 300 (Übersetzung eines englischen Originals von 1950).

64 F. Laurent, *Copies de mémoires présentés à S. M. I. Napoléon III, empereur des Français*, Montmédy, 1858, S. 25.

65 Ebd., S. 16.

66 Hippokrates, *Die Winde*, op. cit., S. 19.

67 So die Werke Diodors von Sizilien, von Titus Livius, Appianus, Dionysios von Halikarnassos, Platon, Aristoteles, Seneca, Plutarch, Marc Aurel, Plinius, Varro, Columella, Lukrez, Vergil, Vegetius. Vgl. M. D. Grmek, »Les vicissitudes des notions d'infection, de contagion et germe dans la médecine antique«, op. cit., S. 61.

68 Aristoteles, *Problemata physica*, op. cit., S. 76 f.

69 Ovid, *Metamorphosen* (lateinisch und deutsch), München, Heimeran, 1952, VII, 547–551, S. 261.

70 M. D. Grmek, op. cit., S. 55.

71 J. Pigeaud, *La Maladie de l'âme. Étude sur la relation de de l'âme et du corps dans la tradition médico-philosophique antique*, Paris, Les Belles Lettres, 1981, S. 215.

72 Thukydides, *Geschichte des Peloponnesischen Krieges*, München, Artemis, 2. Aufl. 1976, S. 149.

73 V. Nutton, »The sees of disease: an explanation of contagion and infection from the Greeks to the Renaissance«, in *Medical History*, 1983, 27, S. 1.

74 M. D. Grmek, op. cit., S. 64.

75 Galen, *De febrium differentiis*, op. cit., S. 279.

76 Galen, »Ad pisonem de theriaca«, in: *Galeni opera*, op. cit., Bd. 14, S. 280.

77 Nach M. D. Grmek gewinnt zwar »der Begriff der Infektion ein neues Gewicht, das in der Praxis Isolierungsmaßnahmen ermöglicht, doch in der medizinischen Literatur bleibt seine Erklärung gewunden, oft auf Grund des Konflikts zwischen rationalem und magischem Denken. Um sich darüber klar zu werden, genügt es, das *Compendium de epidemia* durchzugehen . . . Kein Wort über den ansteckenden Charakter der Pest.« M. D. Grmek, »Le concept d'infection dans l'Antiquité et au Moyen Âge. Les anciennes mesures sociales contre les maladies contagieuses et la fon-

dation de la première quarantaine à Dubrovnik (1377)« in: *Rad. Jug. Akad.*, Zagreb, 1980, Bd. 384, S. 26.

78 *Consultation sur l'épidémie* . . ., op. cit., S. 130–32.

79 O. de La Haye, op. cit., S. 140.

80 Zitiert nach L. A. J. Michon, in: *Documents inédits sur la grande peste de 1348,* Paris, 1860, S. 93. (»Wenige wagten im Freien zu atmen/ oder aus der Nähe miteinander zu sprechen,/ denn ihr verdorbener Atem/ verdarb den der anderen, die noch gesund waren.«)

81 G. Boccaccio, *Das Dekameron,* München, Winkler, 1964.

82 Guy de Chauliac, *La Grande Chirurgie composée en l'an 1363, revue avec des notes, une introduction sur le Moyen Âge, la vie et les œuvres de Guy de Chauliac,* Paris, Alcan, 1890, S. 171.

83 M. Ficino, op. cit., S. 11.

84 M. de Montaigne, »Über die Gerüche«, in: M. de Montaigne, *Versuche,* Berlin, Wiegandt & Grieben, o. J., S. 357 ff.

85 J.-N. Biraben, »L'épidémiologie n'est plus ce qu'elle était«, *Traverses,* September 1984, Nr. 32, S. 75. Man muß jedoch ergänzen, daß sich Fracastoro diese lebenden Keime als eine Art Ferment vorstellte.

86 G. Fracastoro, op. cit., S. 94.

87 Ebd., S. 113.

88 Ebd., S. 31 f.

89 A. Paré, *Le Vingt-quatrième Livre traitant de la peste,* op. cit., S. 351. Siehe auch N. Goddin, *La Chirurgie militaire à tous les chirurgiens et à tous ceux qui veulent suyvre un camps en temps de guerre* . . . (Übersetzung aus dem Lateinischen), Anvers, 1558, S. 2.

90 A. Paré, op. cit., S. 359.

91 Ebd., S. 380 f.

92 Ebd., S. 378.

93 J. de Lampérière, *Traité de la peste, de ses causes et de sa cure,* Rouen, 1620, S. 82–84: »Die einfache rührt von einer schlimmen und schädlichen Eigenschaft her, welche die Luft aus schlechten Einflüssen von oben oder Ausdünstungen von unten annimmt . . ., welche uns auf Grund einer spezifischen und unerklärlichen Antipathie ohne ein äußeres Zeichen tötet . . . Die allgemeine ist diejenige, welche durch Vermittlung verseuchter Geister die Säfte und den Körper verseucht, wobei sie eine erkennbare Fäulnis mit äußeren Anzeichen hervorruft. Die erste ist die echte Pest. Die zweite die ansteckende Pest . . . Bei der ersten muß man sich eher vor der Luft als vor den Menschen hüten, bei der zweiten eher vor den Menschen als vor der Luft.«

94 F. Citois, *Advis sur la nature de la peste et sur les* moyens de s'en préserver et guérir, Paris, 1628, S. 1 und 7 f.

95 F. Robin, *Advis sur la peste recogneu en quelque endroit de la Bourgogne avec chois des remèdes propres* . . ., Dijon, 1628, S. 27.

96 A. Kircher, *Scrutinium physico-medicum contagiosae luis, quae dicitur pestis,* Rom, 1658, zitiert nach Manget, op. cit., S. 44 f.
97 C. Manget, *Traité de la peste . . .,* op. cit., S. 45.
98 N. Hodges, *Loimologia or an account of the plague in London in 1665 with precautionary direction against the like contagion, to which is added an essay on the different causes of pestilential diseases, and how they become contagious with remarks on the infection now in France, and the most probable means to prevent its spreading here by J. Quincy,* London, 1721, S. 64.
99 D. Jouysse, *Examen du Livre de Lampérière sur le sujet de la peste,* Rouen, 1622, S. 290.
100 D. Defoe, *Ein Bericht vom Pestjahr,* Bremen, Schünemann, 1965, S. 276. (Der Autor, der zur Zeit der Pest erst fünf Jahre alt war, verfaßte diesen Bericht nach den Mitteilungen vieler Augenzeugen im Jahre 1722.)
101 Ebd., S. 260.
102 Ebd., S. 282.
103 Ebd., S. 282.
104 Ebd., S. 276.
105 J.-B. Goiffon, *Relation et dissertation sur la peste de Gevaudan,* op. cit., S. 96 f.
106 Ebd., S. 77.
107 J. Astruc, *Dissertation sur la contagion de la peste où l'on prouve que cette maladie est véritablement contagieuse et où l'on répond aux difficultés qu'on oppose contre ce sentiment,* Toulouse, 1724, S. 127.
108 Gaudereau, *Relation de différentes espèce de peste que reconnaissent les Orientaux . . .,* Paris, 1721, S. 68.
109 R. Mead, op. cit., S. 294 ff.
110 J. Fournier, op. cit., S. 94.
111 C. Manget, op. cit., S. 353.
112 J.-B. Goiffon, op. cit., S. 8.
114 J. Astruc, *Dissertation sur la contagion de la peste . . .,* op. cit., S. 33 ff. und 44 f.
114 Ebd., S. 51 f.
115 Ebd., S. 41 f.
116 *La Contagion de la peste expliquée et les moyens de s'en préserver,* Marseille, 1722, S. 9 f.
117 Vgl. dazu M. Foucault, *Les Mots et les Choses. Une archéologie des sciences humaines,* Paris, Gallimard, 1966, S. 32–40. (Deutsch: *Die Ordnung der Dinge,* Frankfurt a. M., Suhrkamp, 1980.)
118 J. Howard, *Histoire des principaux lazarets de l'Europe, accompagnée de differens mémoires relatifs à la peste et suivie d'observations ultérieures sur quelques prisons et hôpitaux, ainsi que de remarques additionnelles sur l'état présent de ceux de la Grande-Bretagne et de l'Irlande, Paris,* Jahr VII, S. 57.

119 Ménuret de Chambaud, *Essai sur l'action de l'air . . .*, op. cit., S. 57.

120 J. A. F. Ozanam, *Histoire médicale générale et particulière des maladies épidémiques contagieuses et épizootiques qui ont régné en Europe depuis les temps les plus reculés jusqu'à nos jours*, Paris, Lyon, 1835, S. 55 (erste Ausgabe: 1817–23).

121 Ebd., S. 73.

122 Prus, op. cit., S. 941 f.

123 Ebd., S. 693.

124 Ebd., S. 948.

125 H. Mollaret und J. Brossollet, *Yersin ou le vainqueur de la peste*, Paris, Fayard, 1985, S. 144 f.

126 A. Proust, *Essai sur l'hygiène internationale, ses applications contre la peste, la fièvre jaune et le choléra asiatique*, Paris, 1873, S. 160.

127 M. Rouffiandis, »Théories chinoises sur la peste«, in: *Annales d'hygiène et de médecine coloniales*, Paris, 1903, S. 342.

128 M. Dupire, »Contagion, contamination, atavisme. Trois concepts Sereer ndut (Sénégal)«, *L'Ethnographie*, Paris, 1985–2, S. 123–139.

129 C. Bernand, »Idées de contagion dans les représentations et les pratiques andines«, in: *Bulletin d'éthnomédecine*, Paris, März 1983, Nr. 20, S. 12 f.

130 J.-P. Papon, *De la peste ou les époques mémorables de ce fléau et les moyens de s'en préserver*, Paris, Jahr VIII (1800), Bd. 1, S. 115.

131 J. Fournier, op. cit., S. 19.

132 Moses II, 26, 25–26; Moses V, 28, 21–22; Jeremias, 29, 17–19; Moses II, 9, 2–4; Samuel 24, 15–16; Ezechiel 5, 12–13; Ovid, *Metamorphosen*, VII, v. 523 ff.; Seneca, *Ödipus*, v. 55 ff.; Sophokles, *König Ödipus*.

133 »Un des premiers règlements sur la peste (Gap 1565)«, in: P. L. Sarlat, *Contribution à l'histoire de la thérapeutique de la peste*, Marseille, 1936, S. 57. Unter den zahlreichen Werken, die in der Pest eine Strafe Gottes sehen, vgl. zum Beispiel O. Ferrier, *Remèdes, préservatifs et curatifs de la peste*, Lyon, 1548, S. 4: »Von denen, die diese Dinge studiert und näher untersucht haben, haben manche sie die Geißel Gottes genannt.«

134 D. Defoe, op. cit., S. 54 ff.

135 »Mandement de l'évêque de Marseille du 22 octobre 1720«, in: J.-P. Papon, *Relation de la peste de Marseille en 1720 et de celle de Montpellier en 1629 . . .*, Montpellier, 1820, S. 40.

136 J. Fournier, op. cit., S. 10.

137 Lukrez, op. cit., VI, 1168–1176.

138 M. de Toulon, op. cit., S. 57.

139 J. Fournier, op. cit., S. 18 f. und 99.

140 J.-P. Papon, op. cit., S. 43 f.

141 Thukydides, op. cit., S. 153.

142 M. de Montaigne, *Essais* (1560–1595), Paris, Garnier, 1958, Bd. 3, S. 293.

143 *The Diary of Samuel Pepys*, London, Dent, 1953, Bd. 2, S. 153.

144 J. Fournier, op. cit., S. 15 f.
145 »Mandement de l'évêque de Marseille du 22 octobre 1720« in: J.-P. Papon, op. cit., S. 42.
146 J. Fournier, op. cit., S. 14.
147 Johannes Chrysostomos, *Homélies ou sermons,* Paris, 1665, S. 360 f. (französische Übersetzung aus dem Griechischen).

## 4. Kapitel: Der heilkräftige Geruch

1 Galen, *Ad pisonem de theriaca,* op. cit., S. 281. Das Heilmittel verdankt seinen Namen seiner Wirksamkeit gegen Bisse von wilden Tieren (»theríon« ist bei den Griechen seit Homer als Bezeichnung für alle wilden Tiere gebräuchlich). Es soll von Mithridates erfunden und von Neros Leibarzt Andromachos allgemein verbreitet worden sein. Galen gibt eine Zusammensetzung an, die in späterer Zeit Veränderungen durchgemacht hat, aber immer Schlangenfleisch und etwa sechzig Pflanzen umfaßte, die in Form einer Latwerge zubereitet wurden. Die Zubereitung gab während der Renaissance zu regelrechten öffentlichen Zeremonien Anlaß. Bis ins 19. Jahrhundert galt der Theriak als Allheilmittel.
2 Rufus von Ephesus, op. cit., S. 439.
3 Galenos, *De febrium differentiis,* op. cit., S. 294.
4 A. Souques, »Mahomet, les parfums et les cosmétiques coloronts«, Auszug aus *La Presse médicale,* Paris, 13.–16. März 1940, Nr. 25, S. 5 f.
5 J. Michot, »L'Épître d'Avicenne sur le parfum«, in: *Bulletin de philosophie médiévale,* Louvain, 1978, Bd. 20, Nr. 20, S. 56. Avicenna war von iranischer Herkunft, und er war Parfümbereiter. Er ist der Erfinder des Destillierkolbens, der die Extraktion ätherischer Öle aus Blumen ermöglichte. Er war sicherlich der Erste, der Rosenwasser herstellte. Sein Einfluß war bis ins 18. Jahrhundert sehr groß.
6 *Consultation sur l'épidémie,* op. cit., S. 131.
7 Olivier de La Haye, op. cit., S. 80 ff.
8 Das Kollegium gibt an, wie diese »trochisques« (Pillen) zu bereiten und anzuwenden sind. Vgl. *Consultation sur l'épidémie,* op. cit., S. 135.
9 Olivier de La Haye, op. cit., S. 79 f. und 138: »Das Zimmer dicht bestreuen/ und leicht benetzen/ mit sehr kaltem Wasser und Essig,/ der scharf ist und stark riecht, / und darauf streut man nach Belieben / Rosen und Heckenrosen/ oder Blätter vom Huflattich, / einem sehr kühlen und angenehmen Kraut, / und andere frische Sachen, / die gut, angenehm und trocken duften.«
10 E. Launert, *Scent and Scent Bottles,* London, Barrie and Jenkins, 1974, S. 39.
11 *Consultation sur l'épidémie,* op. cit., S. 137.
12 Ebd., S. 137–139.
13 A. Paré, *Traicté de la peste, de la petite verolle & rougeolle,* Paris, 1568, S. 44.

14 *Consultation sur l'épidémie*, op. cit., S. 119.
15 Olivier de La Haye, gp. cit., S. 115.
16 M. Ficino, op. cit., S. 76 ff.
17 Ebd., S. 74.
18 Ebd., S. 55.
19 Ebd., S. 16. Die Furcht vor den Bädern führte übrigens im 16. Jahrhundert zur Schließung der Badestuben (vgl. G. Vigarello, *Le Propre et le Sale. L'hygiène du corps depuis le Moyen Age*, Paris, Le Seuil, 1985, S. 42).
20 Ebd., S. 80.
21 Ebd., S. 55.
22 Zur »Reinigungs«-Funktion der Räucherungen vgl. Vigarello, op. cit., S. 97–102.
23 M. Ficino, op. cit., S. 80.
24 G. Fracastoro, op. cit., S. 228.
25 Ebd., S. 245.
26 Ebd., S. 238.
27 Ebd., S. 231.
28 A. Paré, *Discours à sçavoir de la mumie, des venins, le la licorne et de la peste*, Paris, 1582, S. 36.
29 G. Fracastoro, op. cit., S. 240.
30 A. Paré, op. cit.
31 A. Paré, *Réplique d'Ambroise Paré, premier chirugien du Roy, a la response faite contre son Discours de la licorne* (1582), in: *Œuvres complètes*, Paris, 1841, S. 518.
32 A. Paré, *Discours à sçavoir de la mumie ...*, op. cit., S. 37.
33 O. Ferrier, *Remèdes, préservatifs et curatifs de peste*, Lyon, 1548, S. 52.
34 H. de la Cointe, *Rapport des médecins d'Amiens sur les ayriements qui se doivent faire des maisons et meubles infectés en la dite ville*, Amiens, 1634, S. 44 f.
35 M. E. Alvarus, *Sommaire des remèdes tant préservatifs que curatifs*, Toulouse, 1628, S. 27. Der Glaube, daß der Bock vor der Pest schützen könne, war nicht völlig unbegründet: sein Geruch hält ebenso wie der anderer Tiere (Stier, Pferd, Ziege, Kamel) die Läuse und Flöhe fern, die die Keime der Beulenpest übertragen. Dasselbe gilt für das Aroma mancher Oliven-, Nuß- und Erdnußöle. Vgl. J.-N. Biraben, *Les Hommes et la peste en France et dans les pays européens et méditerranéens*, Paris–La Hye, Mouton, 1975–1976, Bd. 1, S. 15.
36 H. de la Cointe, op. cit., S. 43 ff.
37 A. Sala, *Traité de la peste*, Leyden, 1617, S. 21 ff.
38 F. Rancin, *Traité de la peste*, in: *Opuscules ou traités divers et curieux en médecine*, Montpellier, 1940, S. 237. Kastoreum ist eine Drüsen-Absonderung des Bibers.

39 Du François, *Traité de la peste, de ses remèdes et préservatifs*, Paris, 1631, S. 69.

40 J. de Lampérière, op. cit., S. 135 ff.

41 D. Jouysse, op. cit., S. 205.

42 Ebd., S. 168.

43 J. de Lampérière, op. cit., S. 165.

44 D. Jouysse, op. cit., S. 267 f.

45 J. de Lampérière, op. cit., S. 412 f.

46 D. Jouysse, op. cit., S. 289 ff.

47 M. de Toulon, *Traité de la peste et des moyens de s'en préserver ... abrégé et réimprimé avec d'autres remèdes tirés d'ailleurs par les soins du Père André François de Tournon, capucin*, Lyon, 1720, S. 26.

48 J.-N. Biraben, *Les Hommes et la Peste ...*, op. cit., S. 177 f.

49 Der Sanitätshauptmann war verantwortlich für die Durchführung der Maßnahmen, die von der seit 1577 geschaffenen Gesundheitsbehörde angeordnet worden waren, um die Epidemie einzudämmen. Er befehligte Offiziere und Soldaten, die Kommissare und die »Dizainiers«, die für die Schließung der infizierten Häuser und die Absonderung der Kranken verantwortlich waren. Jeder Dizainier überwachte zehn Häuser und ließ jeden Morgen die Bewohner heraustreten, um sich zu überzeugen, daß keiner fehlte, das heißt der Seuche erlegen war.

50 A. Baric, *Les Rares Secrets ou remèdes incomparables, préservatifs et curatifs, contre la peste des hommes et des animaux, dans l'ordre admirable intérieur et extérieur du désinfectement des personnes, des animaux et des étables*, Toulouse, 1646, S. 65 ff.

51 F. Ranchin, op. cit., S. 273 ff.

52 Ebd., S. 262.

53 A. Corbin, *Pesthauch und Blütenduft*, op. cit., S. 98 ff.

54 J.-B. Bertrand, op. cit., S. 372 ff.

55 M. D. Samoilowitz, op. cit., S. 275.

56 M. D. Samoilowitz, *Mémoire sur l'inoculation de la peste avec la description des trois poudres antipestilentielles*, Straßburg, 1782, S. 29.

57 J.-B. Bertrand, op. cit., S. 73 f.

58 C. Mertens, op. cit., S. 123.

59 Dieses aromatische Präparat soll es vier Dieben ermöglicht haben, in ein verseuchtes Haus einzudringen, ohne sich die Pest zu holen.

60 J. Fournier, op. cit., S. 201.

61 Ebd., S. 203. Diese Tracht geht von dem berühmten Kostüm aus, das sich der Hofarzt Charles Delorme ausgedacht hatte. Während der Epidemie von 1619 entwarf er ein Gewand aus Marokkoleder, das den ganzen Körper gegen die Pest abschirmen sollte. Etwas später kam noch eine lederne Maske hinzu, mit Kristallaugen und einer langen Nase voller aromatischer Stoffe als Filter gegen die Luft. Über diesen extravaganten

Aufputz wurde viel Tinte vergossen, aber nach Meinung von J. Bazin wurde er wohl nie wirklich getragen. Vgl. Bazin, op. cit., S. 181.

62 F. Ranchin, op. cit., S. 240.

63 J. Fournier, op. cit., S. 181.

64 Ebd., S. 173 ff.

65 M. D. Samoilowitz, *Mémoire sur l'inoculation de la peste ...*, op. cit., S. 34 f.

66 Marcorelle (de), *Avis pour neutraliser à peu de frais les fosses d'aisances, afin d'en faire la vidange sans inconvénient et sans danger*, Narbonne, 1782, S. 4.

67 Janin de Combe-Blanche, *L'Antiméphitique ou Moyens de détruire les exhalaisons pernicieuses et mortelles des fosses d'aisances, l'odeur infecte des égouts, celle des hôpitaux, des prisons, des vaissaux de guerre, etc.*, Paris, 1782, S. XXIV f. und 24.

68 L. B. Guyton de Morveau, *Traité des moyens de désinfecter l'air, de prévenir la contagion et d'en arrêter le progrès*, Paris, 1801, S. 65.

69 Aber trotz eines gewissen Achtungserfolgs (Lavoisier empfiehlt ihn 1780 für die Desinfektion der Gefängnisse) beklagt sich Guyton de Morveau 1801 darüber, daß dieses wirksame und billige Verfahren, mit dem er die Grüfte von Saint-Étienne in Dijon desinfiziert hatte, vollkommen vergessen worden und daß die alte Gepflogenheit der aromatischen Räucherungen in Lazaretten, Krankenhäusern und Gefängnissen immer noch im Schwange ist. Das neue, von Guyton de Morveau erfundene Desinfektionsmittel, das, wie Corbin sagt, eine »Revolution der Geruchsbeseitigung« einleitete, kam erst seit der Zeit des Konsulats wirklich zur Geltung. Vgl. A. Corbin, op. cit., S. 141.

70 Guyton de Morveau, op. cit., S. 295.

71 F. Dagognet, *La Raison et les Remèdes. Essai sur l'imaginaire et le réel dans la thérapeutique contemporaine*, Paris, P. U. F., 1964, S. 73 und 76.

72 L. de Serre, *Les Œuvres pharmaceutiques du Sr Jean de Renou ...*, Lyon, 1626, S. 433.

73 L. Guyon, *Les Diverses Leçons divisées en cinq livres contenant plusieurs histoires, discours et faits mémorables, recueillis des autheurs grecs, latins, français, italiens, espagnols*, Lyon, 1625, S. 22 f.

74 W. R. Dawson, »Mummy as a Drug«, in: *Proceedings of the Royal Society of Medicine*, 1928, 21, S. 35.

75 L. Reutter de Rosemont, *Histoire de la pharmacie à travers les âges*, Paris, 1931, Bd. 1, S. 541 ff.

76 P. Belon, *Les Observations de plusieurs singularitez et choses mémorables trouvées en Grèce, Asie, Judée, Égypte, Arabie et autres pays estranges ...*, Paris, 1553, S. 118.

77 J. Cardan, *De la subtilité, et subtiles inventions, ensemble les causes occultes et raisons d'icelles*, Paris, 1556, S. 359 (erste lateinische Ausgabe: 1550).

78 A. Paré, *Discours de la mumie . . .*, op. cit., S. 479 ff.
79 L. Guyon, op. cit., S. 24 f.
80 J. Cardan, op. cit., S. 359.
81 A. Paré, op. cit., S. 482.
82 A. Paré, Ebd., S. 469.
83 A. Paré, Ebd., S. 482.
84 L. Reutter de Rosemont, op. cit., Bd. 1, S. 575.
85 B. Caesius, *Mineralogia,* Leyden, 1636, S. 369.
86 La Martinière, *L'Heureux Esclave ou relations des aventures du sieur de la Martinière . . .*, Paris, 1674, S. 119.
87 J. de Renou, op. cit., S. 433 f.
88 P. Pomet, *Histoire générale des drogues traitant des plantes et des animaux et des minéraux . . .*, Paris, 1694, Buch I, S. 7. Vgl. auch N. Lémery, *Traité universel des drogues . . .*, Paris, 1698, S. 509.
89 P. A. T. B. Paracelsus, *Les XIV livres où sont contenus en Épitome ses secrets admirables . . .* (französische Übersetzung aus dem Lateinischen), Paris, 1631, S. 15.
90 P. A. T. B. Paracelsus, *La Grande Chirurgie (1536) . . .* (französische Übersetzung aus dem Lateinischen), Lyon, 1593, S. 147 ff.
91 D. Becker, *Medicus Microcosmus,* London, 1660, S. 293.
92 L. Pénicher, *Traité des embaumements selon les Anciens et les Modernes avec une description de quelques compositions balsamiques et odorantes,* Paris, 1699, S. 250 ff., 263, 270 f.
93 M. de Sevelinges, »Observation sur les effets de la Momie d'Égypte«, *Journal de Médecine, Chirurgie, Pharmacie,* Paris, Sept. 1759, S. 224–227. Vgl. auch M. Mareschal de Rougères, »Lettre de M. Mareschal de Rougères, maître en chirurgie à Plancoët en Bretagne, contenant quelques observations sur les effets de la Momie«, *Journal de Médecine, Chirurgie, Pharmacie,* Mai 1767, S. 466–469.
94 Vgl. *Dictionnaire raisonné universel de Matière Médicale,* Paris, 1773, S. 161.
95 Artikel 614 und 615 der genannten Bestimmungen, nach Prus, op. cit., S. 221 f.
96 »Réponse de M. le docteur Clot-Bey aux questions posées par le Ministère anglais en 1839«, bei Prus, op. cit., S. 388.
97 Dennoch stellt Aubert-Roche die völlige Unwirksamkeit des Chlors bei der Behandlung von gelbem Fieber, Cholera und Typhus fest. Vgl. L. Aubert-Roche, *De la peste ou typhus d'Orient,* Paris, 1843, S. 37.
98 Ebd.
99 *Procès-verbaux de la Conférence sanitaire internationale,* Wien, 1874, S. 506.
100 A. Vaillandet, *De l'encens dans la pustule maligne et les maladies charbonneuses de la peau,* Besançon, 1859, S. 23.

101 H. Vincenot, *La Vie quotidienne des paysans bourguignons au temps de Lamartine*, Paris, Hachette, 1976, S. 149.

102 F. V. Raspail, *Histoire naturelle de la santé et de la maladie chez les végétaux et chez les animaux en général, et en particulier chez l'homme ...*, Paris, 1842, Bd. 2, S. 520.

103 Ebd. (Ausgabe von 1860), Bd. 3, S. 65.

104 Ebd. (Ausgabe von 1846), Bd. 2, S. 182.

105 Ebd. (Ausgabe von 1843), Bd. 2, S. 523.

106 Ebd., S. 526.

107 Ebd.

108 Ebd., S. 452.

109 T. de Bordeu, *Recherches sur les maladies chroniques* (1775), in: *Œuvres complètes*, Paris, 1818, S. 979.

110 Brieude, »Mémoire sur les odeurs que nous exhalons, considérées comme signes de la santé et de la maladie«, in: *Histoire de la Société de Médecine et de Physique médicale pour la même année*, Paris, 1789, Bd. X.

111 A. Landré-Beauvais, *Séméiotique ou traité des signes des maladies* (1806), Paris, 1813, S. 419–432. Zu diesem ganzen Abschnitt in der Geschichte der Gerüche vgl. A. Corbin, op. cit., S. 53 ff.

112 H. Cloquet, *Osphrésiologie ou traité des odeurs, du sens et des organes de l'olfaction ...*, Paris, 1821, S. 35.
(Deutsch: *Osphresiologie oder Lehre von den Gerüchen*, Weimar, 1824).

113 E. Monin, *Les odeurs du corps humain* (1885), Paris, 1903, S. 5–16.

114 D. Laporte, *Histoire de la merde*, Paris, Christian Bourgois, 1978, S. 46. Dominique Laporte verdeutlicht die Gleichzeitigkeit dieser beiden neuen Bestrebungen: die Sprache wird gereinigt, die Stadt wird gereinigt. Die Verordnung von Villers-Cotterêts erscheint am 15. August 1539, die *Défense et illustration de la langue française* im Jahr 1549.

115 A. Paré, *Traicté de la peste ...*, op, cit., S. 51.

116 E. Gourmelen, *Advertissement et conseil à Messieurs de Paris tant pour préserver de la peste, comme aussi pour nettoyer la ville et les maisons qui ont été infectes*, Paris, 1581, S. 7 und 27.

117 *Traité de la peste avec remèdes certains et approuvés pour s'en préserver et garantir. Nouvellement faict par le collège des maîtres chirurgiens de Paris*, Paris, 1606, S. 12 ff.

118 P. L. Sarlat, »Un des premiers règlements sur la peste (Gap 1565)«, in: *Contribution à l'histoire thérapeutique de la peste*, Marseille, 1936, S. 57 ff.

119 L.-S. Mercier, *Tableau de Paris* (1781), Amsterdam 1782–1788, Bd. 5, S. 294 ff.

120 M. Foucault, Surveiller et punir, Paris, Gallimard, 1975, S. 199–206. (Dt.: *Überwachen und strafen.* Frankfurt a. M., Suhrkamp, 1976.) Vgl. auch R. Baehrel, »Epidémie et terreur: histoire et sociologie«, in: *Anna-*

*les historiques de la Révolution française,* Paris, 1951, S. 112–146. Baehrel vergleicht die Maßnahmen, die in pestbefallenen Städten ergriffen wurden, mit solchen während der Schreckensherrschaft.

121 Guillaume de Nangis, *Chronique latine de 1113 à 1300,* avec *La Continuation de cette chronique de 1300 à 1368,* Paris, 1843, S. 31–35.

122 Von lateinisch *putida,* »stinkend«.

123 A. Mizaud, *Singuliers secrets et secours contre la peste ...,* Paris, 1562, S. 7: »Nicht wohnen bei Gerbern, Riemenschneidern, Fleischern, Kürschnern, Flickschustern, Lumpensammlern, Trödlern, Schleifern und ähnlich schmutzigen, widerlichen und nichtswürdigen Handwerkern.«

124 *Traité de la peste avec remèdes certains et approuvés ...,* op. cit., S. 13.

125 A. Sala, *Traité de la peste,* op. cit., S. 33.

126 Vgl. »Avis des médicins d'Agen ...«, in: A. Magnen, *La Ville d'Agen pendant l'épidémie de 1628 à 1631,* Agen, 1862, S. 27 f.

127 V. Laval, *Des grandes épidémies qui ont régné à Nîmes,* Nîmes, 1876, S. 117.

128 M. de Toulon, op. cit., S. 115.

129 P. Hecquet, op. cit., S. 245 ff.

130 J. Howard, op. cit., S. 101.

131 Dies sind die von Garnier verwendeten Ausdrücke. Vgl. J. Garnier, *Une visite à la voirie de Montfaucon,* Paris, 1844, S. I.

132 L. Roux, *De Montfaucon, de l'insalubrité de ses établissements et de la nécessité de leur suppression immédiate,* Paris, 1841, S. 12 f., 18 ff. und 25 ff.

133 A. Corbin, op. cit., S. 191.

## Dritter Teil: Blut und Weihrauch – woher stammt die Macht der Düfte?

1 O. Ferrier, *Remèdes, préservatifs et curatifs de la peste,* Lyon, 1548, S. 20 f.

2 A. Paré, *Discours de la licorne,* in: *Œuvres complètes,* op. cit., Bd. 3, S. 510.

3 M. Ficino, *Antidote des maladies pestilentes* (1477), Cahors, 1595, S. 41 ff.

4 A. Paré, *Traicté de la peste ...,* op. cit., S. 124.

5 *Correspondance de Madame, duchesse d'Orléans* (1843), Paris, 1890, Bd. 2, S. 94.

6 Saint-Simon, *Mémoires,* Paris, Hachette, 1884, Bd. 4, S. 352.

7 J. Fournier, op. cit., S. 130.

8 Nach einer Legende, die Plinius berichtet, soll das Nil-Pferd sich selbst zur Ader gelassen und dadurch die Menschen auf den Gedanken gebracht

haben. In einer anderen Überlieferung heißt es: »Bei der Rückkehr aus Troja wurde der ruhmreiche Bruder des Machaon von einem Sturm auf die Küsten Kariens geworfen; dort fand ihn ein Hirte, der sich beeilte, als er von der Herkunft des Schiffbrüchigen erfuhr, ihn zu Damaethos, dem König dieser Provinz, zu bringen. Die Tochter des Königs hatte einen schweren Sturz erlitten; sie war vom Dach des Palastes gefallen. Podalir ließ sie an beiden Armen zur Ader, wodurch er ihr das Leben bewahrte, wie jedenfalls der Vater meinte, der ihm zum Lohn die Hand seiner Tochter und den Chersonnes als Mitgift gab.« Vgl. A. Dechambre, *Dictionnaire encyclopédique des sciencse médicales,* Paris, 1878, S. 146.

9 Albert le Grand (Albertus Magnus), *Secrets merveilleux de la Magie naturelle et cabalistique du Petit Albert, traduit exactement sur L'Original latin, intitulé: Alberti Parvi Lucii, libellus de mirabilibus Naturae Arcanis* . . ., Lyon, 1729, S. 87–90.

10 P. V. Piobb, *Formulaire de haute magie,* Paris, 1937, S. 243.

11 H. C. Agrippa von Nettesheim, *De occulta philosophia. Drei Bücher über die Magie,* Nördlingen, Greno, 1987, I, S. 103–105.

12 W. Atallah, »Un rituel de serment chez les Arabes Al-Yamin Al-Gamus«, in: *Arabica,* 1973, Bd. 20, Nr. 1, S. 70.

## 5. Kapitel: Das Heilige

1 S. Mayassis, *Architecture, religion, symbolisme,* Bd. 1, Athen, B.A.O.A., 1964, S. 115.

2 W. Kaufmann, *Le Grand Livre des parfums,* Paris, éd. Minerva Vilo, 1974, S. 35.

3 A. Erman, *Ägypten und ägyptisches Leben im Altertum,* Tübingen, Mohr, 1923, S. 607 ff.

4 Ebd.

5 Larousse, *Grand Dictionnaire du XIX*[e], Genf, 1982, Artikel »parfum«.

6 Herodot, *Historien,* op. cit., II, 40, S. 117.

7 L. Reutter de Rosemont, op. cit., Bd. 1, S. 23.

8 L. V. Thomas, *Le Cadavre. De la biologie à l'anthropologie,* Paris, éd. Complexe, 1980, S. 142–152.

9 A. Erman, *Die Religion der Ägypter* (1907), Berlin und Leipzig, de Gruyter, 1934, S. 177.

10 J.-C. Goyon, *Rituels funéraires de l'ancienne Égypte,* Paris, éd. du Cerf, 1972, S. 43.

11 Das *Totenbuch* beschreibt die Welt der Toten als ähnlich der ägyptischen. Sie wird von einem langen Fluß durchzogen. Die »Duat« ist in zwölf Regionen eingeteilt, die den zwölf Stunden der Nacht entsprechen. Die To-

ten kamen auf der Sonnenbarke herausgefahren, um zusammen mit Re zu strahlen, wenn er in den frühen Morgenstunden wieder auferstand. Vg. L. Dérobert, H. Reichlen, J.-P. Campana, *Le Monde étrange des momies,* Paris, Pygmalion, 1975, S. 23.

12 Ein von den Griechen entlehnter Terminus der modernen Historiker für die Hauptbezirke des ägyptischen Territoriums.

13 J.-C. Goyon, op. cit., S. 45 ff.

14 Ebd., S. 165.

15 II Moses, 30, 1–11; 30, 23–25; 30, 34–36.

16 IV Moses, 16, 40–41.

17 II Moses, 24, 5–8.

18 Markus, 14, 22–25.

19 I Moses, 17, 9–15. Vgl. auch II Moses, 4, 25–26.

20 III Moses, 16, 14–15.

21 R. Dussaud, *Les Origines canaéennes du sacrifice israélite,* Paris P.U.F., 1941, S. 79.

22 R. K. Yerkes, *Le Sacrifice dans les religions grecque et romaine et dans le judaïsme primitif,* Paris, Payot, 1955, S. 71 f.

23 Ezechiel, 33, 25.

24 V Moses, 12, 16, 23.

25 III Moses, 17, 10–11.

26 III Moses, 22, 17–26.

27 III Moses, 21, 16–24.

28 II Moses, 29, 19–20.

29 III Moses, 4, 5–8.

30 II Moses, 29, 36–37 und 30, 10.

31 C. Duverger, *La Fleur létale. Économie du sacrifice aztèque,* Paris, Le Seuil, 1979, S. 165.

32 Fray Bernardino de Sahagun, *Histoire générale des choses de la Nouvelle Espagne* (1547–1590), aus dem Spanischen, Paris, F. Maspero, 1981, S. 100.

33 Ebd., S. 106 f.

34 C. Duverger, op. cit., S. 134.

35 Bernardino de Sahagun, op. cit., S. 103.

36 G. Dumas, »L'odeur de sainteté«, in: *La Revue de Paris,* November 1907, S. 534.

37 J. Collin de Plancy, *Dictionnaire critique des reliques et des images,* Paris, 1821, Bd. 2, S. 358 f.

38 Plutarch, *Moralische Schriften,* Stuttgart, Metzler, 1828–1837.

39 Lukian, *Histoire vraie,* in: F. Bar, *Les Routes de l'autre monde,* Paris, P.U.F., 1946, S. 148. Dt.: *Der wahren Geschichte erstes und zweites Buch,* in: *Werke,* Stuttgart, Metzler o. J., Bd. 2.

40 M. Aubrun, »Caractères et portée religieuse des ›Visiones‹ en Occident

du VIe au XIe siècle«, in: *Cahiers de civilisation médiévale*, Poitiers, 1980, S. 117.

41 J. Goubert und L. Christiani, *Les Plus Beaux Textes de l'audelà*, Paris, La Colombe, 1950, S. 316.

42 H. Larcher, *Le sang peut-il vaincre la mort?* Paris, Gallimard, 1957, S. 196.

43 Bollandistes, *Acta Sanctorum*, 1643, Nr. 1047. Vgl. auch Larcher, op. cit., S. 27.

44 H. Larcher, op. cit., S. 196.

45 M. Charbonnier, *Maladies et facultés mystiques*, 1874, S. 43 f.

46 G. Dumas, op. cit., S. 544.

47 Ebd., S. 205.

48 Ebd., S. 221 f.

49 H. Larcher, op. cit., S. 222.

## 6. Kapitel: Grundstoffe des Lebens

1 S. Mayassis, *Le Livre des morts de l'Égypte ancienne est un livre d'initiation*, Athen, B.A.O.A., 1955, S. 325.

2 Empedokles, in: H. Diels, *Fragmente der Vorsokratiker*, Bd. 1, Berlin, 1951, 105, S. 350.

3 V Moses, 12, 23.

4 J. G. Frazer, *Der goldene Zweig*, Köln, Berlin, Kiepenheuer & Witsch, 1968, S. 332 f.

5 J. Chelhold, *Le Sacrifice chez les Arabes*, Paris, P.U.F., 1955, S. 103.

6 W. Robertson Smith, *The Religion of the Semites*, London, 1927, S. 133.

7 L. E. de Païni, *La Magie et le Mystère de la femme*, Paris, 1928, S. 271.

8 J. G. Frazer, op. cit., S. 161.

9 M. Granet, *La Civilisation chinoise* (1929), Paris, Albin Michel, 1968, S. 223–225.

10 »Extrait de la liturgie de la fête du Précieux Sang«, in: *Triades* (Le Mystère du sang), Paris, 1953, Nr. 4, S. 4.

11 E. Porée-Maspero, *Études sur les rites agraires des Cambodgiens*, Paris-La Haye, Mouton, 1967, S. 276–279. J. Soustelle, *La Vie quotidienne des Aztèques à la veille de conquête espagnole*, Paris, Hachette, 1980, S. 132, C. Duverger, op. cit., S. 164 f.

12 G. Maspero, »Le conte des deux frères«, in: *Les Contes populaires de l'Égypte ancienne*, Paris, Maisonneuve et Larose, 1967, S. 25.

13 L. Catelan, *Rare et curieux discours de la Plante appelée Mandragora . . .*, op. cit., S. 8.

14 Ebd., S. 6.

15 Codex Fejervary Mayer pl. 4 in C. Duverger, op. cit., S. 225.

16 Vgl. M. Meurger, »Stella Nocens, essai sur *L'Assemblée des sorcières* de

Frans Francken au Kunsthistorisches Museum de Vienne«, in: *Anagram,* Paris Maisonneuve et Larose, 1981, Nr. 9, S. 90.

17 U. Harva, *Les Représentations religieuses des peuples altaiques,* Paris, Gallimard, 1959, S 99.

18 J. G. Frazer, op. cit., S. 332 f.

19 G. Raynaud, *Le Popol-Vuh, les dieux, les héros et les hommes de l'ancien Guatemala d'après le Livre du Conseil,* Paris, Maisonneuve et Larose, 1980, S. VIII f.

20 W. Robertson Smith, op. cit., S. 427.

## Vierter Teil: Die Nase der Philosophen

### 7. Kapitel: Die ambivalente Einschätzung des Geruchs in der griechischen und römischen Philosophie

1 Aristoteles, *Über die Sinneswahrnehmung und ihre Gegenstände,* in: *Kleine Schriften zur Seelenkunde,* Paderborn, Schöningh, 1953, S. 36.

2 Theophrast, *Enquiry into Plants and Minor Works on Oduors and Weather Signs* (griechisch und englisch), London, Loeb Classical Library, 1976, S. 331.

3 Platon, *Timaios,* in *Werke,* Bd. 7, Darmstadt, Wissenschaftliche Buchgesellschaft, 1972, S. 135.

4 Aristoteles, *Problemata physica,* Darmstadt, Wissenschaftliche Buchgesellschaft, 1962, S. 91.

5 Aristoteles, *Über die Seele,* Paderborn, Schöningh, 3. Aufl., 1961, S. 83 ff.

6 Lukrez, *Von der Natur der Dinge,* Frankfurt a. M., S. Fischer, 1960, IV, v. 690 ff., S. 144.

7 Aristoteles, Über die Seele, op. cit., S. 83.

8 Platon, *Timaios,* op. cit., S. 135.

9 Aristoteles, *Über die Sinneswahrnehmung* . . ., op. cit., S. 43.

10 Platon, *Philebos,* in *Werke,* Bd. 7, Darmstadt, Wissenschaftliche Buchgesellschaft, 1972, S. 389.

11 Platon, *Der Staat,* Breslau, 1834, IX, S. 247.

12 Platon, *Philebos,* loc. cit.

13 Platon, *Der Staat,* op. cit., S. 236.

14 Aristoteles, *Über die Sinneswahrnehmung* . . ., op. cit., S. 45.

15 Lukrez, loc. cit.

16 M. Conche, *Épicure, lettres et maximes,* Villers-sur-Mer, éd. de Mégare, 1977, S. 30.

## 8. Kapitel: Das Christentum und die Abwertung des Geruchssinns

1 Das Hohelied, 1, 8.
2 Evangelium des Johannes, 12, 1–8.
3 Paulus, Brief an die Galater, 5, 16–19.
4 Erster Petrusbrief, 3, 3–5.
5 C. Romain, *Les Deux Epîtres aux vierges* (v. 96), Paris, 1853, S. 141–143.
6 Tertullian, (160–235?), *La Toilette des femmes* (aus dem Lateinischen), Paris, éd. du Cerf, 1971, S. 101–103.
7 Ebd., S. 167.
8 Ebd., S. 143.
9 Ebd., S. 117.
10 Johannes Chrysostomos (344–407), *Homélies ou sermons,* Paris, 1665, S. 361 f. Das Thema wird schon bei Paulus angeschnitten (2. Korintherbrief, 2, 15–17).
11 Bernard de Clairvaux (Hl., 1091–1153), *Lettres,* Dijon, 1847, S. 102.
12 Thomas v. Aquino (Hl.), *Summa theologica* (1266–1274), zitiert nach der französischen Übersetzung Paris, Tournai, Rome, éd. La Revue des jeunes; Bd. *L'âme humaine,* 1928, S. 180.
13 Thomas v. Aquino (Hl.), op. cit., Bd.: *La Résurrection,* 1938, S. 181 f.
14 Thomas v. Aquino (Hl.), op. cit., Bd.: *L'Eucharistie,* 1967, S. 260 f.

## 9. Kapitel: Montaigne und die Gerüche

1 J.-N. Biraben, *Les Hommes et la Peste en France et dans les pays européens et méditerranéens,* op. cit., Bd. 1, S. 48.
2 L. Febvre, *Le Problème de l'incroyance au XVI*[e] *siècle,* Paris, Albin Michel, 1962, S. 461 f.
3 M. de Montaigne, *Essais* (1580–1595), Paris, P.U.F., 1965, II, Kap. XII, S. 587–588.
4 Ebd., S. 315. Deutsch in: M. de Montaigne, *Versuche,* Berlin, Wiegandt & Grieben, o. J., S. 358 ff.
5 P. Moreau, *Montaigne,* Paris, Hatier, 1966, S. 52.
6 F. Dagognet, *La Maîtrise du vivant,* Paris, Hachette, 1988, S. 29.

## 10. Kapitel: Die Abwertung des Geruchssinns im 17. Jahrhundert: Die Allianz von Rationalismus und Christentum

1 R. Descartes, *Les Principes de la philosophie* (1644), in: *Œuvres et Lettres,* Paris, Gallimard, 1953, S. 657.

2 R.Descartes, *Traité de l'homme* (1664), in: *Œuvres et Lettres,* op. cit., S. 827.
3 R. Descartes, *Sixièmes réponses* (1641), in: *Œuvres et Lettres,* op. cit., S. 542.
4 E. Bréhier, *Histoire de la philosophie moderne,* Paris, P.U.F., 1960, S. 72.
5 R. Descartes, *Deuxième méditation,* in: Œuvres et Lettres, op. cit., S. 280 f.
6 R. Descartes, Sixième méditation, ebd., S. 333.
7 N. Malebranche, *De la recherche de la vérité où l'on traite de la nature de l'esprit et de l'homme et de l'usage qu'il en doit faire pour éviter l'erreur dans les sciences* (1678), Paris, Vrin, 1962, Bd. I, Buch I, X, S. 129; sowie *Entretiens sur la métaphysique et sur la religion. Entretiens sur la mort* (1696), Paris, Vrin, 1965, Bd. XII, Buch IV, XV, S. 100.
8 O. Arnold, *Le Corps et l'âme,* Paris, Le Seuil, 1984, S. 139.
9 J. B. Bossuet, *Traité de la concupiscence* (1693–1694), Paris, 1879, S. 8 und S. 13 f.
10 A. M. de Liguori (Hl.), *Un aide dans la douleur,* Paris, 1877, S. 305. Dieser neapolitanische Prediger und Theologe schuf ein moraltheologisches System, das unter der Bezeichnung »Äquiprobabilismus« bekannt ist.
11 A. M. de Liguori, *La Véritable Épouse de J.-C.*, Paris, 1877, S. 235.

## 11. Kapitel: Die Rehabilitation des Geruchssinns bei den Philosophen des 18. Jahrhunderts

1 J. O. de La Mettrie, *Histoire naturelle de l'âme* (1745), Oxford, 1747, S. 349.
2 C. A. Helvétius, *De l'homme, de ses facultés intellectuelles et de son éducation* (1722), Liège, 1774, S. 135.
3 E. B. de Condillac, *Traité des sensations* (1754) in: *Œuvres philosophiques,* Paris, P.U.F., 1947, S. 222, 224 und 239.
4 F. Dagognet, Vorwort zum *Traité des animaux* von Condillac, Paris, Vrin, 1987, S. 10.
5 D. Diderot, *Lettre sur les sourds et muets* (1751), in: *Premières Œuvres,* Bd. 2, Paris, Éditions sociales, 1972, S. 99.
6 D. Diderot, *Lettre sur les aveugles à l'usage de ceux qui voient* (1749), in: *Œuvres,* Paris, Gallimard, 1951, S. 819. Deutsch in: Diderot, *Philosophische Schriften,* Bd. 1, Frankfurt a. M., Europäische Verlagsanstalt, 1967.
7 D. Diderot, *Lettre à Mademoiselle de la Chaux* (1751), in: *Correspondance (1713–1757),* Paris, éd. de Minuit, 1955, S. 118 f.
8 J.-J. Rousseau, *Émile ou De l'éducation* (1762), in: *Œuvres complètes,* Paris, Gallimard, 1969, Bd. IV, S. 370. Deutsch: *Emil oder über die Erziehung,* Paderborn, Schöningh, 1958, S. 121 f.

9 G. L. Leclerc (comte de Buffon), *Histoire naturelle des animaux* (1753), in: *Œuvres philosophiques*, Paris, P.U.F., 1954, S. 325, 326, 331 und 415.
10 J.-J. Rousseau, *Discours sur l'origine et les fondemenst de l'inégalité parmi les hommes* (1754); hier zitiert nach der zweisprachigen Ausgabe *Diskurs über die Ungleichheit*, Paderborn, Schöningh, 1984, S. 97 ff.
11 J.-J. Rousseau, *Emil oder über die Erziehung*, op. cit., S. 160.
12 J.-J. Rousseau, *Diskurs* . . ., op. cit., S. 109.
13 J.-J. Rousseau, *Emil* . . ., op. cit., S. 160.
14 J.-J. Rousseau, *Diskurs* . . ., op. cit., S. 157.
15 J.-J. Rousseau, *Emil* . . ., op. cit., S. 160 f.
16 Ebd.
17 J.-J. Rousseau, *Lettre du 15 décembre 1763 au Prince de Wurtemberg*, in: *Lettres philosophiques*, Paris, Vrin, 1974, S. 123.
18 J.-J. Rousseau, *Emil* . . ., op. cit., S. 160 ff.
19 P. J. G. Cabanis, *Rapports du physique et du moral* (1802), in: *Œuvres complètes*, Paris, P.U.F., 1956, S. 226 und 228.
20 J. Cazeneuve, *Œuvres complètes de Cabanis*, Introduction, S. XXVIII.
21 P. J. G. Cabanis, op. cit., S. 555.
22 E. Bréhier, *Histoire de la philosophie moderne*, Bd. 3, Paris, P.U.F., 1981, S. 537.
23 P. J. G. Cabanis, op. cit., S. 570 f.

## 12. Kapitel: Kant und Hegel: Der antisoziale Sinn und seine Verbannung aus der Ästhetik

1 I. Kant, *Anthropologie in pragmatischer Hinsicht*, in: *Gesammelte Schriften*, Bd. 7, Berlin, G. Reimer, 1917, S. 158 f.
2 J. C. de La Metherie, *De l'homme considéré moralement, de ses mœurs et de celles des animaux*, Paris, Jahr XI (1802), Bd. 2, S. 294.
3 G. W. F. Hegel, *Ästhetik* (1832), Stuttgart-Bad Cannstatt, 1964, Bd. 1, S. 67 f.
4 Ebd., Bd. 2, S. 388 ff.
5 Ebd., Bd. 2, S. 254.

## 13. Kapitel: Zwei Philosophen mit Nase: Feuerbach, Nietzsche

1 L. Feuerbach, »Über das ›Wesen des Christentums‹ in Beziehung auf den ›Einzigen und sein Eigentum‹« (1845), in: *Werke*, Frankfurt a. M., Suhrkamp, 1975, Bd. 4, S. 70 ff.
2 L. Feuerbach, »Zur Kritik der Hegelschen Philosophie« (1839), in: *Werke*, op. cit., Bd. 3, S. 11.

3 L. Feuerbach, »Grundsätze der Philosophie der Zukunft« (1843), in: *Werke*, op. cit., Bd. 3, S. 279 f.
4 Ebd., S. 315.
5 Ebd., S. 302.
6 F. Nietzsche, *Der Antichrist* (1888), in: *Werke*, VI, 3, Berlin, de Gruyter, 1969, S. 219.
7 F. Nietzsche, *Zur Genealogie der Moral*, in: *Werke*, VI, 2, Berlin, de Gruyter, 1968, S. 339.
8 F. Nietzsche, *Der Antichrist*, op. cit., S. 229.
9 F. Nietzsche, *Götzen-Dämmerung*, in: *Werke*, VI, 3, op. cit., S. 69.
10 A. Schopenhauer, *Die Welt als Wille und Vorstellung* (1819), Wiesbaden, Brockhaus, 1972, Bd. 1, S. 122: »Mein Leib und der Wille sind eines.«
11 A. Schopenhauer, op. cit., Bd. 2, S. 32 ff.
12 F. Nietzsche, *Zur Genealogie der Moral*, op. cit., S. 368.
13 F. Nietzsche, *Götzen-Dämmerung*, op. cit., S. 69.
14 J. Bollack und H. Wismann, *Héraclite ou la séparation*, Paris, éd. de Minuit, 1972, Fragment 7, S. 77.
15 F. Nietzsche, *Ecce homo*, in Werke, VI, 3, op. cit., S. 364.
16 F. Nietzsche, *Götzen-Dämmerung*, op. cit., S. 69 f.
17 F. Nietzsche, *Ecce homo*, op. cit., S. 364.
18 F. Nietzsche, *Götzen-Dämmerung*, op. cit., S. 64.
19 F. Nietzsche, *Ecce homo*, op. cit., S. 273.
20 F. Nietzsche, *Zur Genealogie der Moral*, op. cit., S. 318 f.
21 Ebd., S. 296.
22 F. Nietzsche, *Ecce homo*, op. cit., S. 327.

## 14. Kapitel: Freud und Marcuse: »organische Verdrängung« und »zusätzliche Unterdrückung« des Geruchssinns

1 S. Freud, *Briefe an Wilhelm Fließ (1887–1904)*, Frankfurt a. M., S. Fischer, 1986, S. 165.
2 C. Darwin, *Die Abstammung des Menschen*, Stuttgart, Kröner, 4. Auflage, 1982, S. 19.
3 S. Freud, *Briefe an Fließ*, op. cit., S. 302.
4 S. Freud, *Das Unbehagen in der Kultur*, *Gesammelte Werke*, Bd. 14, Frankfurt a. M., S. Fischer, 4. Auflage, 1968, S. 458–463.
5 J. Lacan, *L'Identification*, Seminar, 1961/62 (unveröffentlicht).
6 H. Marcuse, *Triebstruktur und Gesellschaft* (1955), Frankfurt a. M., Suhrkamp, 1967, S. 43 f.

## 15. Kapitel: Von der Philosophie zur Poesie: Fourier und Bachelard

1 M. Serres, *Les Cinq Sens,* Paris, Grasset, 1985, S. 23.

2 M. Pradines, *Traité de psychologie générale,* Paris, P.U.F., 1958, S. 513.

3 J. Jaurès, *De la réalité du monde sensible,* Paris, 1891, S. 198.

4 C. Pellarin, *Vie de Fourier* (1839), Paris, 1871 (5. Aufl.), S. 32 f.

5 C. Fourier, *Théorie des quatre mouvements et des destinées générales* (1808), in: *Œuvres complètes,* Paris, éd. Anthropos, 1966–1970, Bd. 1, S. 30.

6 C. Fourier, »Traité de l'Association domestique-agricole«, in: *Théorie de l'Unité universelle* (1822), *Œuvres complètes,* op. cit., Bd. IV, 1, S. 31 ff. Fourier schlägt vier neue Wissenschaften vor: von der industriellen Assoziation, von der Anziehung durch Leidenschaft, vom Mechanismus der Aromen und von der universalen Analogie.

7 C. Fourier, *Théorie de l'Unité universelle,* op. cit., Bd. IV, 3, S. 242.

8 C. Fourier, »Sommaires et annonce du traité de l'Unité universelle«, in: *Théorie de l'Unité universelle,* op. cit., Bd. II, 1, S. 192.

9 Cyrano de Bergerac, *Histoire comique des états et empires de la Lune* (1649), in: *Voyages fantastiques aux états et empires de la Lune et du Soleil,* Paris, èditions L.C.L., 1967, S. 29.

10 G. Bachelard, *La Formation de l'esprit scientifique: contribution à une psychanalyse de la connaissance objective,* Paris, Vrin, 1938, S. 102–115.

11 P. J. Maquer, *Éléments de chymie pratique,* Paris, 1751, Bd. 2, S. 54.

12 G. Bachelard, *La Formation de l'esprit scientifique,* op. cit., S. 116.

13 Charas, *Nouvelles Expériences sur la vipère,* Paris, 1669, S. 168.

14 H. Boerhaave, *Éléments de chymie* (aus dem Lateinischen), Leyden, 1752, Bd. 1, S. 494.

15 G. Bachelard, *La Formation . . .,* op. cit., S. 117 f.

16 G. Bachelard, *Le Matérialisme rationnel,* Paris, P.U.F., 1952, S. 220.

17 G. Bachelard, *L'Eau et les Rêves. Essai sur l'imagination de la matière,* Paris, Corti, 1940, S. 10.

18 Die Minze steht wie der Phönix unter dem Zeichen des Feuers und des Aromas. (Vgl. Bachelard, *La Poétique de la rêverie,* Paris, P.U.F., 1960, S. 121: »das Feuer der Minze«. Siehe auch Bachelard, *Fragments d'une poétique du feu,* op. cit., S. 75: »In dem Phönix, der auf seinem Nest von Aromen sitzt und auf seinem Scheiterhaufen von duftenden Pflanzen verbrennt, haben wir ein Element vom Mythos der Gerüche.«)

19 G. Bachelard, *L'Eau et les rêves,* op. cit., S. 11.

20 M. Proust, *In Swanns Welt* (1913), in: *Auf der Suche nach der verlorenen Zeit,* Bd. I, Frankfurt a. M., Zürich, 1954, S. 73 f.

21 M. Proust, *Die Gefangene* (1923), in: *Auf der Suche nach der verlorenen Zeit,* Bd. V, Frankfurt a. M., Zürich, 1956, S. 35 f.

22 G. Bachelard, *La Poétique de l'espace,* Paris, P.U.F., 1957, S. 33. Deutsch: *Die Poetik des Raums,* München, Hanser, 1960, S. 48.
23 G. Bachelard, *La Poétique de la rêverie,* op. cit., S. 122.
24 Ebd., S. 118–121.
25 Bachelard, *Die Poetik des Raums,* op. cit., S. 45 f.
26 Bachelard, *La Poétique de la rêverie,* op. cit., S. 118.
27 Ebd., S. 123.
28 Ebd., S. 120.

## Schluß

1 A. F. de Fourcroy, *L'Art de connaître et d'employer les medicaments dans les maladies qui attaquent le corps humain,* Paris, 1785, Bd. 1, S. 261 f.
2 F. Dagognet, *La Raison et les Remèdes. Essai sur l'imaginaire et le réel dans la thérapeutique contemporaine,* Paris, P.U.F., 1952, S. 25.
3 A. Artaud, »Das Theater und die Pest« (1934), in: A. Artaud, *Das Theater und sein Double,* Frankfurt a. M., S. Fischer, 1969, S. 26. Artaud bringt hier disparate Elemente zusammen: den vor allem von Lampérière empfohlenen Wachstuch-Umhang und die von Delorme erfundene Schnabelmaske, die in Wirklichkeit die Ergänzung zu einer Schutzkleidung aus Marokkoleder darstellte.
4 J. Bazin, op. cit., S. 159.
5 Vgl. Monique Lucenet, *Les Grandes Pestes en France,* Aubier, 1985, S. 124.
6 G. Bachelard, *La Formation de l'esprit scientifique,* op. cit., S. 117.
7 A. F. de Fourcroy, op. cit., S. 121.
8 A. F. de Fourcroy, *Elemens d'histoire naturelle et de chimie* (1782), Paris, 1786, Bd. 4, S. 77.
9 P. J. Macquer, *Dictionnaire de chimie contenant la théorie et la pratique de cette science, son application à la physique, à l'histoire naturelle, à la médecine et à l'économie animale,* Paris, 1766, Bd. 1 ,S. 592.
10 J. J. Virey, *Histoire naturelle des medicamens, des alimens et des poisons,* Paris, 1820, S. 49 f.
11 P. Hecquet, *La Médecine, la chirurgie et la pharmacie des pauvres,* Paris, 1740.
12 N. de Locques, *Les Vertus magétiques du sang. De son usage interne et externe pour la guérison des maladies,* Paris, 1664, S. 45.
13 H. C. Agrippa von Nettesheim, op. cit., I, S. 105.
14 P. Camporesi, op. cit., S. 7.
15 L. de Heusch, Vorwort zu M. Douglas, *De la souillure,* Paris, Maspero, 1981, S. 9.